U0620787

让我们 甲骨文 一起追寻

毒枪手

THE MAN WITH THE POISON GUN

慕尼黑的秘密间谍

A Cold War Spy Story

〔美〕沙希利·浦洛基　著
李　燕　译
Serhii Plokhy

社会科学文献出版社
SOCIAL SCIENCES ACADEMIC PRESS (CHINA)

本书获誉

高潮迭起，让人沉迷的阅读体验。

——《旁观者报》(*Spectator*)

富有想象力……见解深刻……惊人地在读者中引发共鸣。

——《新政治家》(*New Statesman*)

满篇尔虞我诈，令谍战元素与历史洞见交相辉映。

——《电讯报》(*Telegraph*)

（浦洛基的）叙述扣人心弦，他详尽研究了斯塔申斯基的生活历程后，为我们展现了冷战时期至关重要的时刻之一。

——《出版人周刊》(*Publishers Weekly*)

在浦洛基的这部作品中，斯大林的杀手们跟踪政敌，花样百出，却是在执行国家政策，读来让人欲罢不能。

——《华盛顿时报》(*Washington Times*)

浦洛基饶有趣味地详述了斯塔申斯基的谍报生涯……这是一出经过潜心研究、令观者心惊胆战的间谍大戏，将谍战大片的看点都囊括其中。

——《柯克斯书评》(*Kirkus Reviews*)

从柏林的深宵魅影到超级大国们为被俘民族争论不休的大局，都一一呈诸笔端，精彩！

——《泰晤士报》(*The Times*)

史上最精彩的间谍故事。浦洛基这部还原冷战时期克格勃杀手的作品，读来引人入胜，仿佛一部惊悚大片。而这确是一部惊悚片，也因其考证确凿，所以字字千钧。

——迈克尔·史密斯（Michael Smith），
《福利：拯救一万犹太人的间谍》作者

一段不同寻常的往事，讲述一位苏联特工在冷战高峰时期试图摆脱克格勃的专横摆布。浦洛基出色地捕捉到了苏联20世纪50年代末至60年代初的紧张气氛……读来激动人心。

——罗杰·赫米斯顿（Roger Hermiston），
《惊天叛徒：特工乔治·布莱克的秘密生活》作者

《毒枪手》是经典的老式冷战间谍故事。一切经典元素尽在其中：风衣、奇特的武器、香烟的烟雾、危机四伏。浦洛基教授记录详尽，讲述流畅。有关20世纪间谍活动的作品里，本书属上乘之作。

——马克·里贝林（Mark Riebling），《间谍教会》作者

浦洛基是我们这个时代最杰出的历史学家之一。他追踪着

一个杀人犯的足迹，而这本引人入胜的作品就是他此举结出的硕果。不论是学历史的学生，还是间谍惊悚片的爱好者，都会对《毒枪手》爱不释手。

——玛丽·伊莉斯·萨罗特（Mary Elise Sarotte），

《倒塌：柏林墙的意外开启》作者

这是一幅扣人心弦的刺客画像，描绘了主人公从新手招募到执行任务直至叛逃国外的人生旅程。《毒枪手》挖掘出了冷战时期克格勃用喷射毒液的喷雾枪杀害乌克兰人的奇异往事。作者浦洛基在研究原始档案的基础上，讲述了一个细节翔实、发人深省的故事。书中苏联间谍在西欧活动的谍报技巧令读者目不暇接。

——彼得·芬恩（Peter Finn），

《当图书成为武器："日瓦戈事件"始末》作者之一

让人想起经典的间谍惊悚片。当今研究俄罗斯和冷战历史最杰出的专家浦洛基，用如椽之笔讲述了苏联间谍斯塔申斯基以及冷战时期最轰动一时的暗杀事件，简直比虚构的小说还离奇。

——安妮·阿普尔鲍姆（Anne Applebaum），

《古拉格：一部历史》作者

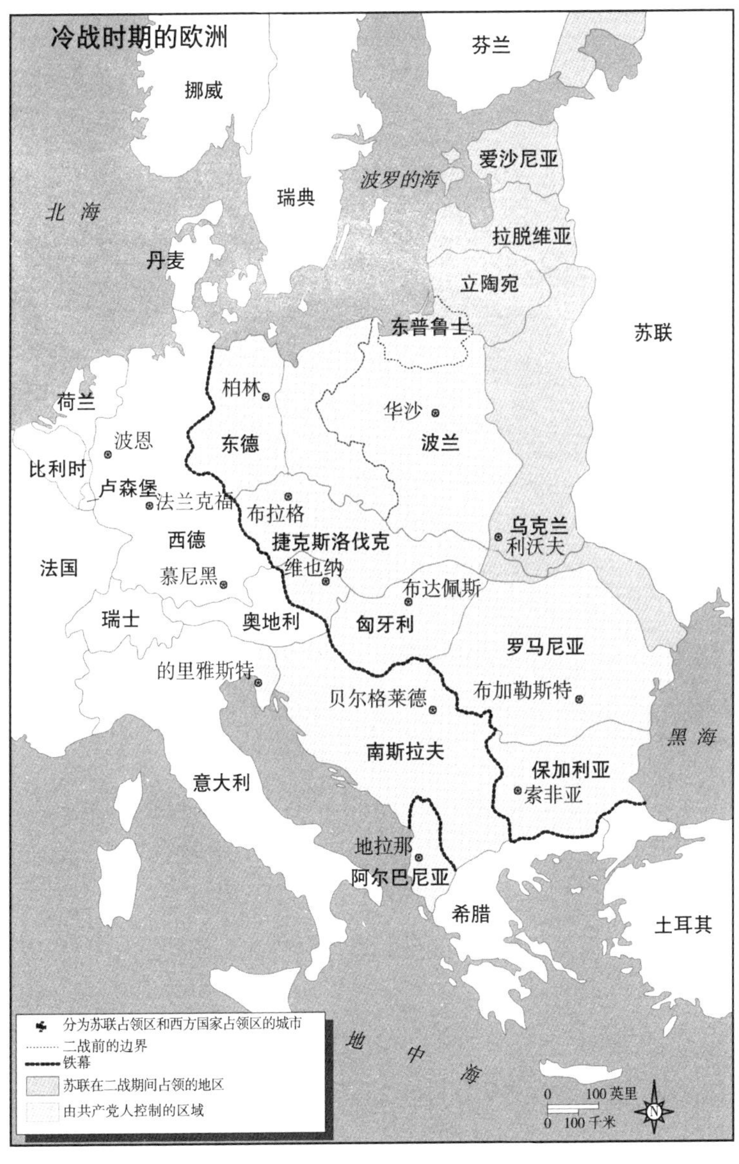
冷战时期的欧洲
芬兰
挪威
爱沙尼亚
波罗的海
瑞典
北海
拉脱维亚
丹麦
立陶宛
东普鲁士
苏联
柏林
荷兰
华沙
波恩
东德
波兰
比利时
卢森堡
法兰克福
布拉格
乌克兰
西德
捷克斯洛伐克
利沃夫
法国
维也纳
慕尼黑
布达佩斯
瑞士
奥地利
匈牙利
罗马尼亚
的里雅斯特
布加勒斯特
贝尔格莱德
黑海
南斯拉夫
保加利亚
意大利
索非亚
地拉那
阿尔巴尼亚
希腊
土耳其
地中海
分为苏联占领区和西方国家占领区的城市
二战前的边界
铁幕
苏联在二战期间占领的地区
由共产党人控制的区域
0 100 英里
0 100 千米
N

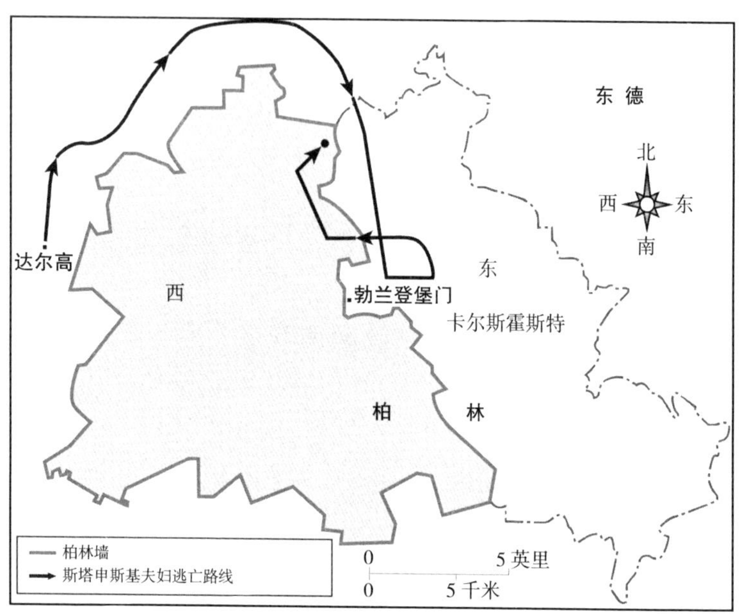
东德
北
西
东
南
达尔高
西
.勃兰登堡门
东
卡尔斯霍斯特
柏
林
柏林墙
斯塔申斯基夫妇逃亡路线
0
5 英里
0
5 千米

目　录

前　言 ………………………………………………………… 001

序　幕 ………………………………………………………… 001

第一部　克格勃特工

1　斯大林的召唤 ……………………………………………… 007
2　王牌杀手 …………………………………………………… 014
3　秘密特工 …………………………………………………… 021
4　空降伞兵 …………………………………………………… 029
5　慕尼黑街头 ………………………………………………… 036
6　神奇武器 …………………………………………………… 046
7　莫斯科的问候 ……………………………………………… 051

第二部　完美谋杀

8　红场 ………………………………………………………… 061
9　波佩尔先生 ………………………………………………… 067
10　送医不治 ………………………………………………… 071
11　葬礼 ……………………………………………………… 079
12　中情局电报 ……………………………………………… 085
13　攀升 ……………………………………………………… 091
14　头号嫌疑人 ……………………………………………… 098
15　积极措施 ………………………………………………… 104

第三部　莫斯科的夜晚

16　寄予厚望 …… 113
17　高层人物 …… 118
18　个人问题 …… 124
19　授奖 …… 131
20　求婚 …… 137
21　介绍新娘 …… 144
22　间谍月 …… 149
23　原地打转 …… 154

第四部　逃离天堂

24　窃听器 …… 163
25　家人 …… 169
26　计划改变 …… 175
27　新年 …… 179
28　重返学校 …… 184
29　意外来电 …… 189
30　柏林 …… 194
31　最后时刻 …… 199

第五部　重磅炸弹

32　冲击波 …… 207
33　叛逃者 …… 213
34　深入调查 …… 218
35　新闻发布会 …… 224

36　高层政治 …… 230
37　国会议员 …… 236

第六部　审判

38　卡尔斯鲁厄 …… 245
39　忠诚与背叛 …… 251
40　第一桩谋杀 …… 259
41　重要日子 …… 265
42　质疑 …… 271
43　检方发言 …… 279
44　魔鬼代言人 …… 285
45　判决 …… 291

第七部　分离

46　信函未复 …… 299
47　华盛顿来客 …… 303
48　审判者 …… 307
49　消失 …… 311
50　克里姆林宫的幽灵 …… 314
51　亡命天涯 …… 318
52　重归故里 …… 324

尾声：冷战重来 …… 331
致　谢 …… 339
注　释 …… 344
索　引 …… 370

前　言

1961年秋，在被柏林墙割裂不久后的柏林城，美苏两军坦克还在查理检查站列阵对峙[1]；英国间谍戴维·康威尔——其笔名约翰·勒卡雷[2]更为读者所熟悉——正打算创作他的第一本小说《冷战谍魂》；与此同时，一名苏联间谍正在接受西德警方的讯问。

此人30岁样貌，身材瘦削，所携文件显示他是东德的约瑟夫·莱曼（Josef Lehmann），但他声称自己的真名叫博格丹·斯塔申斯基（Bogdan Stashinsky），是苏联人。斯塔申斯基供称自己独自追捕并刺杀了两个藏匿于慕尼黑的乌克兰流亡人士，他们一直在慕尼黑密谋解放乌克兰，企图颠覆苏联。斯塔申斯基使用的是特制的新型秘密武器——一种可以释放液体毒药的喷雾手枪，若向受害者面部发射，它可杀人于无形。苏联领导人赫鲁晓夫曾在乌克兰任职多年，与这两位流亡人士的

---

① 指1961年柏林墙事件。1961年8月13日民主德国政府开始沿西柏林边界修建柏林墙。10月27日，美苏两军就美方进入苏占区权利一事发生争执，双方在弗里德里希大街查理检查站的边界线两侧各部署了30辆主战坦克，对峙16小时之久。（本书页下注皆为译者注。）

② 约翰·勒卡雷（John le Carré），原名戴维·康威尔（David Cornwell），是英国20世纪最著名的间谍小说家。五六十年代他曾在英国军情五处（MI5）和军情六处（MI6）工作。1963年发表间谍小说《冷战谍魂》（又译《柏林谍影》），获得英国金匕首奖和美国埃德加·爱伦·坡奖，成为他最著名的代表作。

领导人结怨颇深。他们是克格勃[1]特工数次暗杀的主要目标，最终倒在了斯塔申斯基的毒枪之下。

斯塔申斯基的供述将克里姆林宫掌门人牵扯进国际政治暗杀活动，此举仿佛投下一枚炸弹，震惊了整个间谍界和国际政坛。斯塔申斯基案改变了苏联的冷战较量手段，克格勃被迫暂缓实施境外暗杀，克格勃主管亚历山大・谢列平（Aleksandr Shelepin）也被迫下台。此人曾图谋取代赫鲁晓夫和勃列日涅夫，要爬上苏联权力金字塔的顶端。斯塔申斯基案还影响了西
xii 德对纳粹战犯的审判。许多纳粹被告援引斯塔申斯基案，声称自己和苏联间谍一样，只是谋杀的帮凶，而下令杀人的上级才是主犯。西德立法者最终修改了法律，使纳粹战犯不得援引斯塔申斯基案来辩护。

在美国，参议院设立了小组委员会对斯塔申斯基案进行调查，而在调查肯尼迪总统被刺事件时，沃伦委员会还曾参考他所提供的证据。许多阴谋论者至今依然认为，李・哈维・奥斯瓦尔德[2]和斯塔申斯基一样是由克格勃训练出来的。

斯塔申斯基的故事激发了西方世界的想象力。《生活》杂志以此为主题刊发了长篇文章。前中情局局长艾伦・杜勒斯（Allen Dulles）把它写进了自己编撰的《著名的真实间谍故事》（*Great True Spy Stories*）一书。在伊恩・弗莱明（Ian Fleming）最后一本邦德小说《金枪人》（*The Man with the Golden Gun*）

---

① 克格勃的全称是苏联国家安全委员会，是 1954 年 3 月至 1991 年 11 月间苏联的情报机构。其前身是捷尔任斯基创立的全俄肃反委员会（契卡），之后名字多有变化，如国家政治保卫总局、国家安全总局、国家安全部等，本书未严格区分，译者据原文译出，特做说明。

② 李・哈维・奥斯瓦尔德（Lee Harvey Oswald），美籍古巴人，被认为是肯尼迪遇刺案的主凶。

中，邦德被苏联人洗脑，打算用一支装有氰化物的毒枪刺杀上司。世界各地有许多广播剧和电视节目都以斯塔申斯基的故事为蓝本，它所激发的灵感也催生出不少书籍和纪录片，至少包括两部小说、两部戏剧和一部电影。

数十年来，克格勃一直否认与斯塔申斯基暗杀事件有牵连，而中情局官员始终无法完全确认斯塔申斯基的说辞到底是真是假。时至今日，有些作家依然认为，斯塔申斯基实际上是忠于克格勃的特工，他是受派来西方世界做伪证的，以保护执行暗杀任务的真凶。本书将挖掘搜罗鲜为人知的资料，最终厘清此前对斯塔申斯基暗杀事件产生的种种理论和推测。书中更将斯塔申斯基的经历置于冷战——这是一场东西方文化与意识形态的无情争斗——的大背景之下，并展现苏联给生活在铁幕以东的人带来的影响。

今日我们所了解的斯塔申斯基——他的罪行和他所接受的 xiii
惩罚——大部分来自 1962 年 10 月时他在德国卡尔斯鲁厄（Karlsruhe）受审时留下的证词。现在，我们还有中情局最新解密的文件、德国和波兰的档案，以及前克格勃官员的访谈和回忆录以资补充。对柏林郊区墓地记录的研究或可证实斯塔申斯基的一部分说辞。我还采访到南非一位前警察局局长，得以获知这位原苏联刺客在南非的活动踪迹。或许他如今还生活在那里，时时担惊受怕、小心提防，深知克格勃的旧习要改也难。

序　幕

1959年10月15日上午，秋阳和煦，一辆有轨电车从慕尼黑市中心缓缓驶来，在跨越伊萨尔河（Isar River）的路德维希大桥上靠站停车。只听见售票员报站道："德意志博物馆到了。"电车打开车门上下客。德意志科学技术杰作博物馆（German Museum of Masterpieces of Science and Technology）就在几百码开外，主建筑在伊萨尔河中的小岛上。二战前这里收藏了世界上最多的科技展品。虽然从博物馆的外观还能看出盟军轰炸期间[①]遭受的破坏，但过往乘客也能见到战后复兴的迹象。博物馆大楼正在重修，伊萨尔河右岸被炸毁的齐柏林大街（Zeppelinstrasse）上也造起了新房。

此时，路德维希大桥上站着一个年近30的男子，瘦削平胸溜肩膀。年轻男子似乎在等着什么，并没有要坐车的意思。眼看对面开往市中心卡尔广场（Karlsplatz）和火车总站（Hauptbahnhof）的电车也开走了，他还在原地徘徊。他似乎也不是要去博物馆。他站在桥上，望着河面和右岸的齐柏林大街。过了一会儿，他走下桥面，沿着齐柏林大街向67号走去。那里停着一辆深蓝色欧宝轿车。年轻男子走到近前，看了看轿车的车牌，然后又转身踱回桥上，从那里留意着那辆车和附近

① 二战期间，慕尼黑曾先后遭受盟军71次空袭。

2 的房屋。大约到了正午时分，终于有一些动静引起了他的注意：一个 50 多岁的男人和一位年轻女子步出大楼上了车。轿车从路边开出，沿着齐柏林大街行驶。年轻男子盯着那辆车，看着它离路德维希大桥越来越远，等到它从视线中消失，便转身跳上了开往市中心的电车。

十二点一刻，路德维希大桥上的年轻男子出现在城市的另一头。他在马萨广场（Massmannplatz）下车后，走到克赖特大街（Kreittmayrstrasse），向着街尾的圣本诺教堂（St. Benno's Catholic Church）走去。他在新建的 7 号公寓楼门前停下脚步，透过拱门向里头的院子和车库张望，但那辆深蓝色欧宝轿车却不见踪影。他又沿着大街踱起步来，时不时地抬起手腕看表。终于，他发现那辆欧宝轿车朝着他慢慢驶来，可以看清车牌，正是之前那辆车。但那名女子不见了，只有司机一个人。

趁着欧宝轿车拐进 7 号公寓拱门的时候，年轻男子快步向大门走去。他掏出钥匙开门进去，转身从里面把门锁上，然后踏上一楼的楼梯，打算在那里等着欧宝轿车的主人走进门厅。突然，楼上有女声传来："那再见啦！"接着便听出有人朝楼下走来。年轻男子有些发慌，这下要被堵在楼梯上了，而欧宝轿车的主人随时都可能出现。最终他决定回到一楼，按了电梯的按钮，然后面朝电梯门站定。几秒钟后，背后传来脚步声：是个女人，能听出高跟鞋的笃笃声。那女子推开大门走出了公寓。

年轻男子松了一口气，又转身回到刚才的地方，躲在楼梯的第一个拐角后，这样外面进来的人就瞧不见他了。过了片刻，他偷偷向外张望，正好瞥见他等待的对象——齐柏林大街

上那辆欧宝轿车的主人。那男人中年秃顶，矮个子很敦实，正
好不容易从大门上拔出钥匙。他胳膊底下还夹着几个袋子，其 3
中一个袋口敞开着，可以看到里头装的番茄。年轻男子弯下腰去假装系鞋带——他知道这个姿势看起来不太自然，但大门敞开着，他不想这个时候去接近那个人。接着年轻男子直起身子，继续向门口走去，随口问着："又坏啦？""啊，现在好了。"欧宝轿车主人答道。

年轻男子左手握着大门的外侧门把，右手攥着一张卷起来的报纸。他上前一步，将报纸卷筒的尾端对准男人的面部。只听一记轻柔的爆裂声，便见那人退后半步，紧接着身体就向一边倒去。年轻男子未等对方倒地就一步跨出门外，并将身后的大门轻轻带上。走在大街上后，他打开报纸，取出藏在里面的8英寸长枪筒放进口袋。任务完成，斯塔申斯基终于得手了。[1]

第一部　克格勃特工

1 斯大林的召唤

赫鲁晓夫这位苏联领导人，谢顶壮硕，却出人意料的精力 6
充沛。那天他正在台上演讲，突然从台下递过来一张字条，让他尽快给莫斯科回电。

这时是1949年12月1日，赫鲁晓夫担任乌克兰第一党委书记，正在乌克兰西部城市利沃夫（Lviv）向当地的教授和学生发表演讲。利沃夫市郊在二战前属于波兰，1939年根据《苏德互不侵犯条约》（Molotov-Ribbentrop Pact）并入苏联。苏德短暂的联盟瓦解后，1941年6月德军入侵，苏联失去了这块土地。1944年7月，苏联收复失地。自此之后，苏联一直想说服当地乌克兰民众接受苏联统治下的生活，但实现起来却困难重重：乌克兰人想独立建国。就在赫鲁晓夫发表演讲的前几周，乌克兰民族主义游击队获得了重大胜利，他们暗杀了共产主义作家雅罗斯拉夫·哈兰（Yaroslav Halan）。此人是新政权的主要宣传者之一。赫鲁晓夫亲临利沃夫监督调查，追捕凶手。经调查杀手中有一名学生，所以赫鲁晓夫正在向当地大学的管理人员和党的积极分子发表讲话，提醒他们严防民族主义的危险。

给莫斯科致电的要求让赫鲁晓夫心头一紧。他呼吁学生们 7
在各自岗位上与民族主义做斗争并对游击队保持警惕，然后便匆匆结束演讲离开会场，赶紧给克里姆林宫拨电话。电话那头是斯大林的得力助手马林科夫（Georgii Malenkov），负责苏联官员的人事任免。他要求赫鲁晓夫立即赶回克里姆林宫。“有多紧急?”赫鲁晓夫问。答复是：“非常紧急。搭明天一早的飞机回来。”赫鲁晓夫后来回忆道：“我揣测着发生各种不愉快的可能，已经做好了最坏打算。”[1]

三年前，也就是1946年时，斯大林免去了赫鲁晓夫乌克兰共产党第一书记的职务，给他任命了一个不那么重要的职务——乌克兰内阁首脑。此事事出有因。1946~1947年乌克兰发生饥荒，起因是斯大林要求上缴的粮食配额过高，赫鲁晓夫坚持要求莫斯科帮助缓解困境，而斯大林既不想听取汇报，也不愿施以援手。他对赫鲁晓夫的要求十分恼火，这次调任就是惩戒。他让卡冈诺维奇（Lazar Kaganovich）接替赫鲁晓夫。此人是直接造成1932~1933年乌克兰大饥荒的责任人之一，那次大饥荒造成大量乌克兰人丧生。受了教训的赫鲁晓夫学乖听话了，也毫不留情地从已经精疲力竭的乌克兰农民手中榨取粮食。这次饥荒又吞噬了许多乌克兰人的生命。1947年秋，斯大林让赫鲁晓夫官复原职。[2]

但这次斯大林在想什么?莫斯科的传召或是因为哈兰被刺杀而眼见赫鲁晓夫也无力终结乌克兰人的抵抗?游击队的战士普遍被称为班德拉派（Banderites）——这个名字源于乌克兰民族主义者组织（Organization of Ukrainian Nationalists，OUN）最激进的“革命”分支领导人斯捷潘·班德拉（Stepan Bandera）。据赫鲁晓夫的回忆录记载，他第一次知道班德拉这个人是在1939年。那年赫鲁晓夫担任乌克兰共产党第一书记，正在敦促西乌克兰加入乌克兰苏维埃社会主义共和国（Ukrainian Soviet Socialist Republic）。班德拉因1934年刺杀波

兰内务部部长被判处终身监禁，1939 年德国入侵波兰时出狱，
自此从苏联的指缝中溜走了。赫鲁晓夫后来回忆道：“班德拉 8
的档案表明他是波兰政府的敌对分子，这一点我们过目难忘，但我们当时应该考虑到像他这样的人也会是苏联的敌人。”

斯大林在与希特勒分享《苏德互不侵犯条约》战利品的过程中，首先吞并了西乌克兰和白俄罗斯（Belarus），然后控制了波罗的海国家和罗马尼亚的摩尔达维亚（Moldavia）及布科维纳（Bukovyna）。与此同时，班德拉领导乌克兰民族主义者组织中的一部分人反抗该组织的原领导层，并率他的部队投向德国。苏德同盟很快瓦解。1941 年 6 月 22 日，德国军队越过苏联边界开始向东推进，将节节败退的红军赶出了西乌克兰。1941 年 6 月 30 日，在德国向苏联这个前盟友发动袭击一周后，班德拉及其人民宣布成立独立的乌克兰国。

但独立的乌克兰在德国的规划中并无立足之地：德国想要的生存空间①，是清除当地居民，为德国人定居准备的土地。盖世太保逮捕了班德拉及其同伴，要求他们撤销声明，但遭到班德拉拒绝。于是战争中大部分时间里，他都被关押在萨克森豪森（Sachsenhausen）集中营。他的两个兄弟则死在奥斯威辛（Auschwitz）集中营。“的确，当班德拉意识到希特勒党徒不打算信守承诺，支持一个独立的乌克兰时，他所率领的部队起而反抗，”赫鲁晓夫回忆说，“但即使到了如此地步，他对苏联的仇恨也没有改变。在战争后期，他实际上是同时在与苏德两国作战。”[3]

---

① 生存空间（Lebensraum），是德国法西斯侵略扩张理论中的术语，指国土以外可控制的领土和属地。

到1944年时，乌克兰民族主义者已经组织起了人数多达10万的游击队。正式人员组建了乌克兰反抗军（Ukrainian Insurgent Army）。非正式的就被称为班德拉派。“随着我们把德国人往西驱赶，我们又遇上了老对手——乌克兰民族主义者，”赫鲁晓夫后来写道，“班德拉派正在建立自己的游击队。”班德拉从萨克森豪森集中营获释后，逃往奥地利。起义已经由他人率领，这些起义首领与那位远走他乡的领导人鲜有
9 接触，但班德拉的名字依然与地下组织有着密切联系。游击队各种类型的武装冲突，不论是好是坏，都打着班德拉的旗号——不论是为了乌克兰的独立事业，或是在西乌克兰对波兰人进行种族清洗，抑或是地下民族主义者个人参与大屠杀，还有针对像哈兰这样与苏联“勾结”的人实施残酷暗杀，乌克兰青年男女都愿意为之献出生命。[4]

苏联动用了数万人的正规军、数千人的特种部队和当地组建的民兵与地下民族主义者做斗争。据报从1944年到1946年，他们剿灭了10万多名“匪徒”，并逮捕25万人，将数十万平民从西乌克兰驱逐到西伯利亚及哈萨克斯坦。现在乌克兰反抗军只有不足5000名士兵，他们的指挥官们只能调整策略，对苏联政府机构和军事设施展开小规模袭击。针对苏联统治者和当地“勾结者”的个人恐怖活动成为惯用手段。起义者们也心知肚明，自己无法在需要大批人员参与的激战中取得胜利。他们对个人生存以及乌克兰独立建国的唯一希望，是再来一次全球大战。这一次对阵的双方将是美国和苏联。

苏联无情地镇压叛乱以及针对当地居民的恐怖活动，慢慢收到了效果。到1948年时，乌克兰民族主义抵抗力量遭到极大削弱，苏联已经可以开始推行大规模集体化农业——这是它

的社会主义改造计划的核心。苏联特工渗透了不少残余的反抗军组织，试图控制当地反抗军与移居国外的班德拉追随者之间的联系。这些班德拉的追随者把活动总部放在德国美占区的中心慕尼黑。尽管如此，苏联秘密警察还是无法触及反抗军的首领，也没法阻止针对像哈兰这样的政权支持者的暗杀。[5]

赫鲁晓夫认识哈兰。1946 年，哈兰代表苏联乌克兰媒体参加了针对主要战犯的纽伦堡审判（Nuremberg Trials），他提出要从德国的美占区引渡班德拉。从纽伦堡归国后，他撰写了 10
措辞激烈的小册子攻击乌克兰民族主义者。哈兰还把乌克兰天主教会作为攻击对象。教会的主教遭逮捕，神父被迫接受俄国东正教管辖。这些都是苏联与梵蒂冈争斗以及在苏控欧洲地区扩大政治、宗教和文化影响力的手段。天主教会的信徒只能转入地下活动。哈兰对教会的攻击也引起罗马方面的注意。1949 年 7 月，教宗庇护十二世（Pope Pius XII）宣布将他逐出教会。哈兰又撰写了一本小册子予以回应，其中有一句："我呸他的教宗。"不少人认为就因为这句话，在反抗军眼中哈兰已在劫难逃，因为反抗军已经与遭镇压的乌克兰天主教会结成了同盟。[6]

哈兰的死讯被第一时间报送赫鲁晓夫，后者立即致电莫斯科，向斯大林报告利沃夫的最新情况。斯大林颇为不悦。这位苏联统治者年事已高，却越来越多疑猜忌。这次暗杀行动毫无疑问地表明，虽然红军从撤退的德军手中夺回西乌克兰已五年有余，红旗在柏林市中心的德国国会大厦上空飘扬也已经过去四年，乌克兰的民族主义地下组织却还在与获胜的超级大国苏联作战。这一切还并非发生在共产主义世界的外围，而是在其核心——苏联的国境线之内。斯大林将手下最干练的秘密警察部队派往乌克兰。他们得到的指示是："斯大林同志对安全机构在西乌克兰打击土匪的工作非常不满意。"他们受命找出这次暗杀事件的主凶并摧毁残余的乌克兰抵抗力量。[7]

赫鲁晓夫很清楚，他的职责就是要服从上级。因此，他不仅亲自赶到利沃夫监督案件调查进展，而且带来了自己的工作组，致力于加强当地青年意识形态的工作。这个工作组的成员包括内政部部长、乌克兰共产党中央的几位书记，甚至还有苏联共青团乌克兰支部的第一书记。赫鲁晓夫希望手下的得力干将能将利沃夫乃至西乌克兰变成坚不可摧的堡垒。曾有传闻说
11 他准备采取严厉措施，切断地下组织招募成员的来源：他打算召集所有年轻人，把他们送去顿巴斯矿区①或乌克兰东部的贸易学校，甚至可能通过实行内部护照制度（户籍制度）严格管理人口流动，此举将把整个地区变成苏联法律之外的大型集中营。这一计划遭到斯大林安全专家的反对，于是赫鲁晓夫放弃了这个打算。其中一位专家认为赫鲁晓夫提出的措施，会把乌克兰年轻人赶向丛林，直接送到叛军手中。[8]

赫鲁晓夫接到克里姆林宫的召唤后，暂时搁置了他的计划，遵命飞往莫斯科。他后来回忆道："我不知道再回到乌克兰时会是什么身份——甚至不清楚还能不能回来。"这次旅行是他职业生涯的转折点。赫鲁晓夫既没有被斥责也没有遭逮捕，而是得到了升迁。年迈的统治者希望赫鲁晓夫能留在莫斯科，跟随左右，并授权他管理莫斯科市的党组织，肃清内部敌对分子。斯大林正在党内干部中清理所谓列宁格勒派的支持

---

① 顿巴斯矿区（Donbas Mines）。顿巴斯是顿涅茨煤田的简称，是乌克兰最大的煤炭基地。位于乌克兰东部和毗邻的俄罗斯罗斯托夫州。

者，指控这些人企图组成独立的俄罗斯共产党，对斯大林领导的全联盟共产党团结造成威胁。赫鲁晓夫一直是乌克兰的领导人，自然成为斯大林对抗俄罗斯特殊主义的盟友。

赫鲁晓夫如释重负，对斯大林的信任表示感谢。“我一贯受领导抬爱。感谢所有帮助管理乌克兰的同志，但我还是很高兴能回到莫斯科。”斯大林希望他先回乌克兰，处理好未尽事宜，然后及时返回苏联首都，参加定于 1949 年 12 月 21 日举行的庆祝斯大林 70 岁寿辰的盛大活动。那天，斯大林将赫鲁晓夫的座席安排在自己身边，另一边则坐着中国共产党领导人毛泽东。

赫鲁晓夫开始登上苏联权力的巅峰。但他永难忘记斯大林突然召见时内心的恐慌，还有那个他认为让乌克兰反抗苏联的罪魁祸首：斯捷潘·班德拉。[9]

2　王牌杀手

12 当赫鲁晓夫在莫斯科参加斯大林的生日庆典之时，他原先乌克兰的部属仍在追捕地下组织的首领。不少人都没有回基辅（Kyiv）或莫斯科过节，在利沃夫度过了1950年的新年，之后又在西乌克兰待了几个月。这其中包括帕维尔·苏多普拉托夫（Pavel Sudoplatov）将军。他是莫斯科派往利沃夫人员中级别最高的安全官员，任务是消灭武装抵抗运动的领导人。他服从了命令，事实上捕杀乌克兰民族主义运动领导人正是他的专长。

苏多普拉托夫第一次受派执行这类任务是在1937年11月，当时他才30岁，还是个驻外国情报人员。他先去了斯大林的内务人民委员部部长尼古拉·叶若夫（Nikolai Yezhov）的办公室，后来又被带去见了斯大林。苏多普拉托夫是乌克兰本地人，能讲一口流利的乌克兰语。当时他冒充乌克兰地下组织的代表，已经混入了流亡欧洲的乌克兰人士社交圈。斯大林急于掌握乌克兰各组织领导人之间的关系，便将苏多普拉托夫召入他的办公室。苏多普拉托夫表示，这些人彼此竞争想坐上未来独立的乌克兰政府的头把交椅，但最危险的是乌克兰民族
13 主义者组织的领导人尤金·科诺瓦列茨（Yevhen Konovalets）。科诺瓦列茨当时是班德拉的上级，而且乌克兰民族主义者组织得到了德国军事情报机构阿勃维尔（Abwehr）的支持。

“你有什么建议吗?”斯大林问道。苏多普拉托夫并没有对策。斯大林给了他一周时间，制订一个打击科诺瓦列茨及其组织的计划。一周后，苏多普拉托夫回到斯大林办公室，报称打算让科诺瓦列茨组织里的苏联特工渗透到德国军事情报机构阿勃维尔内部。

这个计划显然不合斯大林心意，于是又请参加这次会议的格里戈里·彼得罗夫斯基（Hryhorii Petrovsky）发言。这位彼得罗夫斯基是个老布尔什维克，苏联乌克兰领导人之一，所以受邀参会。苏多普拉托夫后来回忆称，彼得罗夫斯基“庄严宣布乌克兰社会主义国家缺席审判科诺瓦列茨，因其犯有危害乌克兰无产阶级的严重罪行，被判处死刑”——即使以政治理由当借口，那还是暗杀。他还特别提到 1918 年在镇压基辅布尔什维克起义中，科诺瓦列茨所扮演的角色——当时此人是曾短期独立的乌克兰国政府的军事指挥官。斯大林发言表示支持彼得罗夫斯基的建议：“这不仅仅是一种报复行为，尽管科诺瓦列茨就是德国法西斯主义的拥趸。我们的目的是使乌克兰的法西斯组织在战争爆发前群龙无首，而且让这些匪徒为争权夺利而自相残杀。”

显然，斯大林在第一次召见苏多普拉托夫时，脑海里就已有了暗杀的念头：他只是不想当着未来杀手的面，率先提出暗杀的主意。苏多普拉托夫没能领会领导的意图，于是斯大林让彼得罗夫斯基来提出暗杀的建议，并且为残杀找好了法律依据。这一切完全是斯大林的主意，而不是彼得罗夫斯基的想法。因为就在他们开会的前几天，苏多普拉托夫私下见过彼得罗夫斯基，后者只字未提暗杀之类的事情。现在既然暗杀的主意已经摆上了桌面，斯大林便向这位情报人员施压：“科诺瓦

列茨有什么个人癖好，尽量加以利用。”苏多普拉托夫在国外潜伏时不止一次见过科诺瓦列茨，不管他们去哪儿，这位乌克
14 兰领导人都爱买一盒巧克力。他回答克里姆林宫的主人道：“科诺瓦列茨非常爱吃巧克力。”斯大林建议苏多普拉托夫在这一点上多动动脑筋。

离别前斯大林问这位未来的杀手，是否理解自身使命的政治重要性。苏多普拉托夫向斯大林保证自己很清楚，并且准备为之牺牲生命。斯大林与他握手，并祝他成功。科诺瓦列茨在革命期间的举动让暗杀行动在法律上找到了正当理由，他与德国军事情报机构的关系提供了政治理论基础，而将他领导的民族主义运动视为法西斯则成就了意识形态的借口。最后一点后来将成为苏联抹黑乌克兰民族主义运动的主要武器。乌克兰民族主义运动在意识形态上是右翼激进的，但只有苏联这个对手给它打上了法西斯的烙印。斯大林已在准备与德国开战，正希望敌对阵营里一片混乱。所以，科诺瓦列茨必须死。

苏联秘密警察听取了斯大林要求利用科诺瓦列茨弱点的建议。技术专家制造了一枚伪装成一盒巧克力的炸弹：将盒子从垂直方向放到水平位置就会启动计时器，倒计时 30 分钟后炸弹会被引爆。1938 年 5 月 23 日，苏多普拉托夫约了科诺瓦列茨在鹿特丹市中心亚特兰大旅馆（Hotel Atlanta）的餐厅见面，给了他这盒巧克力。随后杀手借故离开餐厅，走进附近街上的一家商店，买了一顶帽子和一件雨衣作为伪装。中午过后不久，他听到了爆炸声，看到人群朝他刚才来的方向跑去。苏多普拉托夫则直接赶到火车站登上了开往巴黎的火车。“礼物已送出。包裹现在巴黎。我购物时开的车爆胎了。”这是当天从巴黎发往莫斯科的密电。[1]

苏多普拉托夫后来从报纸上得知，科诺瓦列茨当场毙命。暗杀过后不久，苏多普拉托夫患上了剧烈的头痛，但他从不为自己做的事后悔。苏多普拉托夫后来提到这位受害者时认为：“1938年春，我们普遍认为战争的前景已经不可避免，我们很清楚到时他将会协助德国人作战。”他实施的暗杀行动被几代克格勃官员视为经典：优雅、高效、政治上一劳永逸。如斯大 15
林预计的那样，科诺瓦列茨之死引发了地下民族主义者的权力争斗。暗杀事件两年后，年轻而野心勃勃的班德拉率领激进的同伴，与安德烈·梅利尼克（Andrii Melnyk）上校对抗。梅利尼克上校此前长期担任科诺瓦列茨的助手，后来继续领导他的队伍。班德拉成功从梅利尼克手中夺取了组织的大部分控制权，但两个派系之间的分裂，导致了持续几十年的公开冲突，实际上削弱了民族主义阵营的力量。[2]

这次暗杀使苏多普拉托夫成为苏联秘密警察中的名人，并迅速为他的职业生涯助力。战争期间他的地位进一步提升，负责德国国境线后的一切牵制和暗杀活动。战后他的技能依然颇受赏识，这一次的目标是亚历山大·舒姆斯基（Oleksandr Shumsky）。此人在20世纪20年代曾担任乌克兰教育人民委员（the people’s commissar of education of Ukraine），被指控为乌克兰民族主义者，遭多年监禁和流放后，依然坚持他有权返回乌克兰。1946年9月，苏多普拉托夫溜进从萨拉托夫（Saratov）开往莫斯科的火车的车厢，和他一起行动的是他的下属——特种秘密警察毒药实验室的负责人格里戈里·麦兰诺夫斯基（Grigorii Mairanovsky）上校。“夜里苏多普拉托夫带领的暗杀小组进入车厢隔间，先悄悄蒙住舒姆斯基的嘴，然后由麦兰诺夫斯基注射毒药。”事后撰写的暗杀报告中这样描述道。麦兰诺夫斯基使用的毒药是“箭毒”（curare，一种植物提取物）。随后的尸检未发现任何毒药痕迹，认定死亡原因是中风。

两人的下一个目标是乌克兰天主教会大主教特奥多尔·罗姆扎（Teodor Romzha），他是外喀尔巴阡州（Transcarpathia）的教会领袖。外喀尔巴阡州在二战前属于捷克斯洛伐克。根据苏多普拉托夫的说法，1947 年苏联情报机构收到报告，说梵蒂冈正在游说美英两国支持的乌克兰天主教会及其盟友——地下民族主义组织。罗姆扎是最后一位还没进监狱的乌克兰天主教会大主教，所以极其危险。1947 年 2 月，乌克兰安全部部长向莫斯科提交了一份暗杀罗姆扎的计划。1947 年 10 月下旬
16 第一次下手，用一辆卡车撞了主教乘坐的马车。但罗姆扎幸免于难，被送往当地医院。之后还是由苏多普拉托夫和麦兰诺夫斯基来完成任务：由秘密警察招募的一位护士给主教大人注射了麦兰诺夫斯基提供的毒药。

苏多普拉托夫的回忆录和苏联秘密警察的档案都表明，苏多普拉托夫和麦兰诺夫斯基（此人也被称为“死亡博士”）犯下的所有罪行，都经过了斯大林的批准，其他人无权决定苏多普拉托夫暗杀小组手中那些秘密被害人的命运。但是，把谁列入计划名单有可能出自其他苏联领导人的提议。苏多普拉托夫声称，杀害舒姆斯基和罗姆扎都是在赫鲁晓夫的坚持之下执行的。据称赫鲁晓夫在前往乌日霍罗德（Uzhhorod）的途中曾与麦兰诺夫斯基会面。根据苏多普拉托夫的说法，是赫鲁晓夫最终下令展开刺杀罗姆扎的行动，在他与乌克兰安全部部长谢尔盖·萨夫琴科（Sergei Savchenko）通话下达刺杀指令时，苏多普拉托夫就在现场。不管这一说法真伪如何，有一点毫无疑问，最初刺杀罗姆扎的计划是在基辅起草的，而不是在莫斯

科。如果没有赫鲁晓夫首肯，暗杀计划根本就不可能向莫斯科提交。[3]

1949 年 12 月，苏多普拉托夫接到了到当时为止最重要的任务：追踪并除掉乌克兰反抗军首领罗曼·舒赫维奇（Roman Shukhevych）。舒赫维奇是年 42 岁，这位经验丰富的民族主义组织领导人 1941 年时曾是德国军事情报机构阿勃维尔所辖特种部队夜莺营①的指挥官，在那里习得了军事技能。他在班德拉被囚禁于萨克森豪森集中营期间，接管了乌克兰民族主义者组织中班德拉的部队。苏多普拉托夫和乌克兰安全部副部长维克托·德罗兹多夫（Viktor Drozdov）将军动用了大批秘密警察和特工追捕舒赫维奇。1950 年 3 月初，事情总算有了突破，一名前地下组织成员供出了舒赫维奇的信使：25 岁的达里娅·胡赛克（Daria Husiak）。达里娅被捕后由苏多普拉托夫亲自审问，但她什么也没交代。随后秘密警察把她和一名女线人关在同一间牢房，线人从达里娅手中拿到了一张要交给舒赫维奇的字条，上面的收信地点是利沃夫附近的一个村庄。600 多 17
名官兵迅速赶到比洛霍斯卡村（Bilohorshcha），搜捕这位抵抗运动领导人。

当苏联军队闯入舒赫维奇躲藏的房子时，他曾试图反抗突围，最终在战斗中被打死。苏多普拉托夫在报告中写道："我们一群人进入房屋开始行动，其间曾要求舒赫维奇投降。对方

① 二战期间班德拉与德国情报部门合作，曾提议设立"乌克兰军团"，接受德方训练和指挥。1941 年 2 月 25 日该提议获得阿勃维尔负责人威廉·卡纳里斯（Wilhelm Canaris）批准，预计军团人数 800 人。当年春，军团重组为夜莺营和罗兰营。乌克兰方面的领导人是舒赫维奇和后来成为西德联邦部长的西奥多·奥伯伦德尔。

开始用机枪扫射，以武装抵抗作为回答，他打死了乌克兰安全部的处长列文科（Revenko）少校。虽然本打算要活捉，但他在枪战中被一名中士击毙。”舒赫维奇有一处伤口表明，他是在枪战中为了防止落入秘密警察之手而自杀的。不过，苏多普拉托夫已经可以向莫斯科报告任务完成了。乌克兰民族主义运动的又一位领导人倒下了。[4]

舒赫维奇离世后，班德拉作为地下组织象征性的领导人以及地下组织持续抵抗的标志，其意义变得格外重要。这与他实际参与乌克兰民族主义运动发展的程度已不成比例。地下民族主义者成功暗杀了为苏联鼓吹的哈兰，更将班德拉推上苏联政权敌对分子名单的首位。赫鲁晓夫打算结果他的性命。据说苏联最高法院是在 1949 年秋对斯捷潘·班德拉做出死刑判决的。苏多普拉托夫后来回忆称，赫鲁晓夫一到莫斯科就请他准备一份计划，“消灭目前在西欧的乌克兰法西斯运动领导人班德拉，他的存在是对苏联领导人的傲慢侮辱”。[5]

3 秘密特工

1950 年夏夜，一名便衣警察出现在利沃夫附近博尔晓维 18
奇村（Borshchovychi）的一户普通农舍门前，这里住着斯塔申斯基一家。父亲是个木匠，平时爱看书，颇受村民尊敬。母亲执掌家务。两人育有三个孩子：两个女儿和一个儿子，都是二十岁上下的年纪。[1]

这个家庭只有不足两英亩的土地，但他们并不欢迎共产主义政权。他们是忠诚的乌克兰爱国者。许多邻居在他们家里第一次听到了乌克兰国歌，第一次看到带三齿鱼叉的徽章——1920 年被布尔什维克摧毁的乌克兰国，虽然存在时间很短，却曾采用这个图案作为国徽。他们居住的地区在 1939 年之前一直受波兰统治，因此演唱乌克兰国歌、展示乌克兰国徽绝不仅仅是本地人爱国这么简单。苏联接管该地区后，斯塔申斯基一家发现周围都处在布尔什维克的统治下。1940 年 10 月，苏联特工逮捕了他们的一位亲戚，36 岁的彼得罗·斯塔申斯基（Petro Stashinsky）。彼得罗是乌克兰文化运动的积极分子，也是乌克兰民族主义者组织的成员。1941 年 6 月，就在苏联人撤离利沃夫的几天前，甚或是几个小时前，彼得罗在狱中被枪
杀。数千名乌克兰爱国者遭遇了同样的命运。斯塔申斯基一家 19
为彼得罗被捕并最终被杀痛心不已。

1944 年苏联人重返之时，斯塔申斯基一家都成了乌克兰

民族主义者组织的坚定支持者。他们竭尽所能地帮助丛林中的部队，这个家成了安全的避难所。有时会有二三十人前来，斯塔申斯基太太会到附近乡邻家里为他们收集食物。女儿伊琳娜（Iryna）和玛丽亚（Maria）则为地下组织送信。两姐妹都曾被秘密警察逮捕并关押过。多年后据他们的一位邻居回忆，“当时她们被举报了，秘密警察把她们送去了亚里奇夫（Yarychiv）的监狱”，他所说的是附近城镇的监狱。“她们遭殴打被侵犯，甚至玛丽亚都放弃了以后结婚的希望。她常说：‘我都被毁了，还能指望什么？’”伊琳娜本来是当地学校的老师，也被解雇了。斯塔申斯基一家都上了秘密警察的嫌疑人名单。父亲身边总带着一份面包，以防被捕后遭流放，要长途跋涉去西伯利亚。[2]

警察这次前来是要和 19 岁的博格丹谈谈。儿子是这个家庭的骄傲，家里第一个考上大学的人，也很受当地女孩青睐。年轻人瘦高个子，大长脸，鼻梁挺拔，下巴中间有一条明显的美人沟，瘦长的身子总是挺得笔直，蓬松的头发向后梳着，出现在人前时很注意自己的仪表。博格丹生于 1931 年 11 月 4 日，先后在波兰、苏联、德国，然后又是苏联的统治下接受教育。波兰人统治时，学校主要使用的语言是波兰语。在德国人和苏联人统治时，主要语言是乌克兰语，然后根据占领者的要求，把德语或俄语设为一门外语课程。1945 年战争结束后，他去了离家 17 公里的利沃夫继续深造。他梦想着成为医生，但没能进入医学院，而是在当地的师范学院学习数学。他每隔几天就要坐火车回家拿些吃的东西，但他买不起车票，经常逃票蹭车回去。

20 便衣警察出现是让博格丹马上去火车站警察局把前几天的

车票事情说清楚。原来前几天博格丹坐车逃票被抓，当时警察记下了他的名字和地址，就打发他走了。现在他们让博格丹回去谈谈。由于他的家庭背景以及家人和地下组织的关系，结果会如何看来不是什么问题。他可能会被指控犯有严重罪行。或许现在就是这种情况。博格丹跟着警察到了车站。令他吃惊的是，等着他的是一位高级军官。“康斯坦丁·西特尼科夫斯基（Konstantin Sitnikovsky）上尉。”军官自我介绍道。他很热情，似乎对年轻学生的生活状况和处事态度比对火车上的事件更感兴趣。他问了博格丹的学业、他的家庭和父母的情况，谈话就此结束。友好交谈后，军官就让他回家了。博格丹不知道警方是否还会来找他，但至少目前警方没动他。这是个好消息。玛丽亚地下组织的同伴因参加抵抗运动被逮捕后，西特尼科夫斯基上尉将她痛打一顿，并用枪顶着她的头，模仿枪决。[3]

博格丹从他在利沃夫的朋友处得知，自从哈兰被暗杀之后，秘密警察就一直特别关注学生。其中一名凶手已经确认，是当地农业大学学生、18 岁的伊拉里·卢卡舍维奇（Ilarii Lukashevych）。当局几乎立即逮捕或驱逐了所有与卢卡舍维奇关系密切的同学，他们还对来自该地区的学生加强了思想教育。那次行动是由乌克兰共青团第一书记、未来苏联克格勃主管弗拉基米尔·谢米恰斯内（Vladimir Semichastny）亲自领导的。1949 年 10～11 月，秘密警察逮捕了 100 多名大学生和学校员工。就在赫鲁晓夫发表那场被字条打断的演讲后不久，利沃夫学院开除了 50 名学生。这一年，利沃夫职业技术学院（Lviv Polytechnical Institute）一共减少了 344 名学生，占学生总数的 8%。从全市范围来说，利沃夫有 2% 的学生受到这次清洗行 21
动的波及，他们几乎都来自最近才划归苏联的西乌克兰。[4]

同时，秘密警察加紧在利沃夫学生中招募线人。这些学生的家庭都在农村地区，那里常有游击队出没。为了避开秘密警察的注意，有些人转学到了其他学院；有些人则转投函授课程，离开利沃夫回家去了。1950 年夏被迫离开利沃夫的学生中有一位后来成为顶尖的乌克兰历史学家：尼古拉·科瓦利斯基（Mykola Kovalsky）。1949 年秋，他被免去了学生会主席的职务。1950 年 3 月，他被迫加入共青团。是年夏季学期结束时，他收拾好东西，签署了转学函授课程的申请。他将这个离开的决定归因于当时的社会氛围：“那时斯大林主义肆虐，针对西乌克兰青年意识形态和政治上的恐怖活动横扫利沃夫的高等教育机构。（秘密警察）线人常向警方告密揭发，背叛是迫于上面的压力。”科瓦利斯基的密友泽农·马蒂西亚科维奇（Zenon Matysiakevych）——后来也成为历史学家——就没有这么幸运。他被学校开除了。科瓦利斯基和马蒂西亚科维奇都和地下组织毫无瓜葛。[5]

博格丹可能也是不走运的那个。过了几天，那个警察又出现在他家门口，再请他去见西特尼科夫斯基上尉。这次上尉想谈谈地下组织以及他的家人参与其中的情况。听起来他似乎什么都知道。博格丹后来回忆道：“西特尼科夫斯基熟悉我们村子里的情况，知道我的姐妹与地下组织合作。”毫无疑问，西特尼科夫斯基想把博格丹招为线人。“他给了我两个选择：要么将我逮捕，判处 25 年监禁，父母流放西伯利亚，要么我也可以帮自己和父母摆脱困境。”他回忆起与西特尼科夫斯基的
22 第二次会面时这么说道。博格丹心知这位军官并非虚言恫吓。被秘密警察逮捕的那些人所犯的“罪行”，大多没有他们家的情况那么严重。[6]

博格丹居住的博尔晓维奇村周围都是森林，那里活跃着一支乌克兰反抗军游击队。游击队由邻村名叫伊万·拉巴（Ivan Laba）的人率领，他以19世纪的著名乌克兰农民起义者“卡玛琉克”（Karmeliuk）为化名。1941年德国人把班德拉的追随者驱赶到地下活动后不久，拉巴就加入了民族主义运动。和其他许多乌克兰民族主义者一样，拉巴被盖世太保抓获并关进了奥斯威辛集中营，但他设法活到了战后。战争结束他再次加入游击队，成为当地的领导人之一。拉巴曾和博格丹的妹妹玛丽亚约会，也认识博格丹。博格丹还认识不少地下组织成员，因为他们经常来他家。[7]

西特尼科夫斯基上尉解释说，抵抗毫无意义，博格丹心里也默认。他知道如果混迹丛林就等于被判处死刑：地下组织成员十有八九都会被警察抓住或打死。他应该与警方合作来拯救自己和家人吗？如果他拒绝，接受教育的梦想将从此无望，非但如此，他还将锒铛入狱，家人也将遭遇同等命运。西特尼科夫斯基并未要求他立即答复。“虽然他是在招募我，但并没有直接那样问我，”博格丹后来回忆说，“他采取了谨慎的态度，这样我就不会认为自己是叛徒。”为了救家人，他现在必须暗中监视他们。“我明白如果我接受了这个建议，我肯定会和父母争吵起来，但处在那种情况下，我清楚地知道还是接受他的提议比较好，”博格丹回忆说，“我相信这样能保护父母不被流放西伯利亚，姐妹俩也可免受牢狱之灾。”

博格丹未置可否便离开了，但是他的沉默意味着默许。他没向家人吐露心声，也没有试图寻求他们协助以找到解决办法。他确信自己是在拯救家人，即使这样做违背了他们的意愿。博格丹也是在拯救自己。他才19岁，对政治并不热衷，还梦想着光明的未来。现在光明的未来受到威胁，他决定采取合作的态度。村里熟悉他的乡邻认为他只是被吓坏了。下一次与西特尼科夫斯基会面的地点安排在上尉的私人寓所。

这位新特工得到了乌克兰语的代号“奥列赫”（Oleh），这个名字源于中世纪基辅的第一位王子。从此以后，博格丹提交的所有报告都要以这个名字签署。最初报告中大部分地下组织的情报都是他从姐姐伊琳娜那里听来的，但这些还不够。西特尼科夫斯基表示，为了让自己在当局眼中完全恢复名誉，为了保护家人，博格丹必须再执行一项任务——混进伊万·拉巴领导的抵抗组织。他的任务具有重大的政治意义。西特尼科夫斯基上尉已经得知暗杀哈兰的凶手之一最近加入了这支队伍。博格丹要进入丛林找出这个人，获得他的信任，并弄清楚是由谁下令实施暗杀的。西特尼科夫斯基答应博格丹这是他最后一次任务，任务完成就可以继续学业。他再次感到除了同意之外，别无选择。这一次他还是没有向家人求助。

博格丹从报纸上看到过哈兰遭暗杀的事。他还知道其中一个杀手是林业大学的学生卢卡舍维奇，此人被逮捕并判了死刑。他不知道其实他早已见过第二个杀手米哈伊洛·斯塔胡尔（Mykhailo Stakhur），那时他知道的是对方的化名：“斯特凡”（Stefan）。斯塔胡尔加入了拉巴的队伍，常在他家村子附近活动。1951年3~4月时，秘密警察散布谣言说他们要逮捕博格丹，因为他和地下组织有联系。秘密警察假装到处在找他。博格丹从利沃夫赶回家乡，和亲戚们说秘密警察对他紧追不舍。如此一来，大家都同意确实别无选择，只能让他遁迹丛林，加入游击队了。

博格丹的姐姐伊琳娜给丛林里的朋友送了消息，于是拉巴亲自来接他。地下组织有些成员怀疑博格丹的意图，但伊琳娜 24
很坚持，拉巴还是把他带进了队伍。拉巴承认他手下确实有一个暗杀了哈兰的凶手。1951 年 5 月，博格丹遇见了斯塔胡尔，后者证实自己曾与卢卡舍维奇一起参与暗杀行动。他们俩去了哈兰的公寓，在和他谈话的过程中，让作家去关上窗户。就在哈兰转身背对他们的时候，他用一把藏在外衣下的小斧子砍死了他。博格丹觉得掌握了这些信息就算完成了使命。他寻到了凶手，摸清了暗杀的情况，现在可以告诉西特尼科夫斯基上尉罪犯的藏身之处了。

1951 年 6 月中旬，博格丹突然脱离地下组织。他将自己完成任务的成果报告给了西特尼科夫斯基。不到一个月后的 7 月 8 日，一个秘密警察特别行动小组逮捕了斯塔胡尔。秘密警察逼迫当地一对老夫妻在给抵抗分子提供食物时，把安眠药粉放到果盘里给他们吃。安眠药生效后，秘密警察逮捕了斯塔胡尔以及和他一起的另外三个人。其中一人是雅罗斯拉夫·卡奇（Yaroslav Kachor），他早在几个月前就建议拉巴不要接收博格丹。斯塔胡尔于 1951 年 10 月受审并被执行绞刑。[8]

博格丹突然不见踪迹，随后斯塔胡尔被捕，这使得他的身份暴露无遗：他是为秘密警察工作的。这个消息令斯塔申斯基一家震惊不已。现在村里的人见到他们都避之不及，因为不少村民都是地下组织的支持者。这下博格丹试图拯救的对象成了他的敌人，他们拒绝承认这个儿子和兄弟。博格丹的世界崩塌了。他是获得了继续深造的权利，但若失去家人的支持，他也无法继续学业。教育贷款是没有的，奖学金也少得可怜。那些很少或者根本没有家庭支持的学生通常六个人住一个宿舍，靠吃廉价的小鱼过活，能吃上土豆就是大餐了。[9]

25 然而，秘密警察总算信守诺言。其他人陆续遭到逮捕，斯塔申斯基一家安然无恙。他们又给了博格丹两个选择：他可以继续完成学业，也可以加入秘密警察下属部门，月薪为 800 ~ 900 卢布——是乡村图书管理员工资的三倍——按学生的标准来衡量简直是一笔巨款。博格丹后来回忆说："这（只）是一个建议，但我别无选择，只能接受，继续为内务人民委员部（NKVD）工作。事到如今，我已经没有回头路了。"的确，博格丹·斯塔申斯基①无处可去。他以背叛家人的方式救了家人。他们再也不想要他陪伴左右。秘密警察成了他新的家人。[10]

---

① 自此，博格丹·斯塔申斯基正式开启间谍职业生涯。为方便起见，后文将以斯塔申斯基称之。

4　空降伞兵

斯塔申斯基被分配到国家安全部（Ministry of State Security， 26
国家安全部是克格勃的前身）的一个特殊部门。该部门的成员都是之前的叛乱分子，他们或被胁迫或出于自愿为原来的敌人工作。

这支部队始建于1944年，当时红军开始接管原先由德国人控制的西乌克兰领土。这些人伪装成乌克兰反抗军的部队，从事恐怖、欺骗和破坏活动，包括针对平民百姓实施的残暴罪行，目的是激起公众对反抗军的抵触情绪。这些卧底的秘密警察总共杀害了1000多人，逮捕了2000多人。有些卧底部队成员经过再三考虑，重返丛林，向真正的反抗军透露了国家安全部反情报行动的所作所为。但大多数人则被迫困守原地：他们手上已经沾满自己人民的鲜血，和斯塔申斯基一样，他们已无处可去。

斯塔申斯基加入国家安全部时，这个部门已有将近150名特工，分成若干个行动小组，每组人数不超过10人。利沃夫国家安全部有三个这样的组织，代号为“雷雨”“台风”“流星”。特工可以使用秘密警察特别实验室研制的产品，如对方收到后才会爆炸的隐藏炸弹，装满有毒气体和特殊安眠药粉的
牙膏管等。其中的安眠药粉被称为“海神47号”，任何人只 27
要喝下放入这种物质的水，几分钟内就会失去知觉。[1]

斯塔申斯基所在小组在执行任务时表现十分出色，他们的做法后来成为其他小组学习的标准样本。警方关押的叛乱分子如果经过严刑拷打，依然拒不交代，就会被移交给一群身穿苏联制服的人，说是要把他转移到其他地方。不料运送囚犯的卡车意外在一处农场附近抛锚，而小组其他成员装扮成反抗军成员就在那里等候。打扮成反抗军的人马攻击车队，假装把他们都打死，并“救出”囚犯。战斗进行得很顺利：双方会互相开火，秘密警察部队的成员假装都被击毙，横七竖八地躺在地上，血流成河——那是事先准备好的几袋鸡血。

然后，骗局会发生意想不到的反转。伪装成反抗军的人声称找到了囚犯的审讯记录，文件表明他已经交代了秘密，背叛了组织。他们威胁要处死这位一脸疑惑的受害人，除非他能说出掌握的一切抵抗组织的情报来表达他的诚意。在这种情况下，除非这些“演员”中有人心生同情——他们自己也曾是地下组织的成员——站出来提醒惊魂未定的囚徒，这只是一场骗局，否则他必定会把一切所知如竹筒倒豆子般和盘托出。询问一结束，另一队身穿苏联制服的秘密警察就会现身并将“叛军”击溃，夺回早已晕头转向的囚犯。他又被拘捕了。秘密警察记下真实的供词，斯塔申斯基和小组成员就可以回利沃夫休息玩乐去了。[2]

负责管理国家安全部特别小组执行任务的指挥官伊戈尔·库普里安克（Ihor Kupriienko）后来写道，这些特工“筹备并上演了一出舞台剧。这是由真正的演员演出的作品”。库普里安克自己也在国家安全部的一桩事件中扮演了重要角色，后来改变了斯塔申斯基的人生。事情始于 1951 年 6 月，也就是斯
28 塔申斯基离开丛林游击队加入秘密警察的时候。那时，一个由

地下组织前成员组成的国家安全部特别小组，联系上了一个被秘密警察称为“迈斯基”（Maisky）的人。“迈斯基”的意思是“五月来客”。此人的真名叫迈伦·马塔维耶科（Myron Matviycyko），是班德拉的安全部门负责人。

英国人对马塔维耶科团队寄予厚望。1949 年夏，苏联造出了自己的原子弹，几个月后中国成为共产主义国家，英美两国都在为可能发生的欧洲军事冲突做准备。当时人们认为，只有美国的核垄断才能阻止苏联在欧洲使用数量占优的武装部队。如果战争爆发在即，西方国家需要尽可能多地掌握苏联情报。英国军事情报部门军情六处，希望了解苏联军队及其技术能力和基础设施相关情况。为此英方愿意提供技术支持和武器供给，把整个乌克兰的游击队情报网络收归己用。为了实现这个目标，英国将于 1951 年 5 月 15 日把马塔维耶科空降到乌克兰。这只是开始，之后还有一系列后续计划。[3]

马塔维耶科当时 37 岁，是经验丰富的安全人员。他已经开始为空降做准备。之前他在班德拉组织的代号为“斯迈利”（Smiley），现在英国人给了他新代号“穆迪”（Moody）。最初的计划是将班德拉和马塔维耶科一起空降乌克兰，由班德拉担任领导，但在行动开始几周前计划改变了。英方认为行动成员不要包括班德拉，理由是一旦行动失败，指控他们的罪名将不仅有对苏联进行间谍活动，还会有因为协助西方世界最大的反苏组织领导人入境而涉嫌密谋推翻现有政府。而且他们也不想负担班德拉的安全责任：那样风险太大了。马塔维耶科只得撇下他的领导独自前往乌克兰。

1951 年 5 月，班德拉前往伦敦向马塔维耶科告别，并给了后者临别赠言。班德拉认为，获得抵抗运动领导人的信任是

29 马塔维耶科的首要任务。他希望马塔维耶科能说服乌克兰反抗军新任指挥官、乌克兰民族主义者组织领导人瓦西里·库克（Vasyl Kuk），让他支持班德拉控制乌克兰移民的愿望。马塔维耶科还将就反抗军前指挥官舒赫维奇的死亡真相展开调查。有传言称是库克泄漏了舒赫维奇的安保信息。如果库克不肯拥护班德拉，马塔维耶科受命可以亲自接管游击队的领导权，如有必要还可以清除“叛徒”。[4]

1951 年 5 月 7 日，马塔维耶科和团队五名成员身穿英国军队制服，携带给波兰公民签发的文件，乘坐英国军用飞机飞往马耳他。由于天气恶劣，随后去乌克兰的飞机行程推迟了。他们在马耳他度过了漫长的一周，焦急地等待空降许可。终于在 5 月 14 日夜，马塔维耶科和团队成员从英国空军基地起飞，穿越希腊、保加利亚和罗马尼亚，飞行约 6 个小时，于 5 月 15 日 0 点 15 分，飞抵德涅斯特山谷（Dniester valley），在山谷间低空飞行。此处河岸高耸，岸边有森林覆盖，可以躲避苏联雷达的搜索。伞兵们安全地着陆在了西乌克兰的土地上。随后飞机转向西方，让另一组乌克兰伞兵在波兰降落。

苏联早在马塔维耶科离开马耳他之前就已获悉马塔维耶科团队的行动。他们的情报来源是金·菲尔比（Kim Philby）。菲尔比是英国军情六处与美国中情局的联络官，20 世纪 30 年代苏联军事情报部门策反他成为双面间谍。马塔维耶科是被菲尔比出卖的众多团队之一。对菲尔比而言，这不过是常规操作。“我不知道当事人后来怎样了，”菲尔比在回忆录中写道，“但我可以做出合理猜测。”他出卖的人大多被逮捕、审问、枪决，有些幸运的则在古拉格长期服刑。

苏联雷达已经发现英国飞机侵犯苏联领空，但并没有采取

任何行动。国家安全部的指挥官们打算守株待兔。14 架飞机
严阵以待，近 1100 名官兵已经动员起来，准备寻找降落区，
将伞兵们一网打尽。但这一次马塔维耶科似乎异常幸运。飞机 30
非但没有被苏联拦截，空投也完全按计划进行，团队更没有丢失任何成员。队员没有被苏联搜索队俘虏，都设法集中于一处。除了西班牙的骆玛（Llama）手枪、英国的司登（Sten）冲锋枪、大量苏联和外国现金之外，这些伞兵还备有充足的罐头食品，可以在森林里逗留很久，不必与当地人接触。5 月末，他们设法与唯一在意的那个人——乌克兰抵抗运动领导人瓦西里·库克，取得了联系。

乌克兰反抗军首领派人把马塔维耶科接去当地一处指挥总部。马塔维耶科也急于前往。在外流亡多年，他很想与这些坚持在敌后作战的战友会面。反抗军更高兴看到来自西方世界的使者。于是双方相谈甚欢，都拿出些吃食彼此招待。酒足饭饱正打算过一下烟瘾时，谁知听到“来抽根烟吧”这句话，据称是库克手下的那帮人突然发动了袭击。马塔维耶科只觉得浑身瘫软，无力抵抗——他刚才喝的水里掺了一种药粉：海神 47 号。“反抗军”实际上是苏联警方的特工，和几个月后斯塔申斯基将要加入的组织差不多。

在马塔维耶科看来，游戏好像已经结束了。但是，抓获他的人不这么认为。他们告诉他，真正的游戏才刚刚开始。马塔维耶科是安全部门的负责人，该部门负责审讯、拷打、处决那些与班德拉及其组织作对的人，所作所为令人胆寒。所以马塔维耶科心知肚明，国家安全部绝对有办法让自己言听计从。马塔维耶科被带到莫斯科由斯大林的王牌杀手苏多普拉托夫将军亲自审问。苏多普拉托夫后来回忆称，一旦让马塔维耶科明白

苏联人对他的团队已经了解得一清二楚，他马上决定采取合作态度。他们缺少的似乎只有第二梯队成员的姓名了。马塔维耶科愿意合作可能还有其他原因。由于自己领导着苏联人认为是“英国间谍”的团队，又在班德拉的安全部门担任领导职务，他
31 无疑也做过菲尔比所说的“合理猜测”，结果就是除非合作，不然的话他是不会被送去古拉格集中营的，等待他的只有枪决。

马塔维耶科已经准备听听对方的打算。他们准备和英国人以及班德拉的民族主义者玩一场无线电游戏，而这位班德拉的使者将担任其中的主角。马塔维耶科在国家安全部的操控下工作，给伦敦和慕尼黑拍发由管理人员编造的无线电报。这些情报中会有一些真实信息，但其中亦掺杂大量专为两地打造的假情报。马塔维耶科将假称乌克兰抵抗运动获得成功，但还存在一些实际困难。事实上这场有组织的运动，早已被国家安全部特工彻底渗透，遭到苏联军队打击，正奄奄一息地处于崩溃边缘。英国方面和班德拉会告知马塔维耶科以后每次空降的计划——这些信息将直接送往国家安全部。马塔维耶科接受了他们提出的条件。

无线电游戏于 1951 年 6 月下旬正式启动，那是马塔维耶科空降乌克兰一个多月、被捕三周后的事情。库普里安克是这一项目的主管之一。在他和同事的监管下，国家安全部在丛林中组建了一支假游击队。其成员在农村建起活动基地，并开始散布谣言，说班德拉的使者和他们在一起。马塔维耶科将从这个基地发送电报到国外。一年时间里，国家安全部向英国位于科隆的中心发送了 32 封电报，收到伦敦回电 29 封。

英国方面和班德拉简直乐不可支。他们认为之前与乌克兰抵抗组织都只能通过信使进行零星的接触，现在终于可以定期

联络了。他们得到的情报也许还不是最好的，但至少看来是真实的。然而，苏联方面才是赢家。国家安全部的管理人员获得绝佳机会接触敌方的计划，还能给对方提供错误信息，从内部挫败他们的行动。国家安全部一直无法说服班德拉来乌克兰拜
访马塔维耶科，但成功用假情报使各处领导人彼此对立，从而 32
进一步加深了乌克兰民族主义派别之间原有的分歧。[5]

从马塔维耶科空降乌克兰、他的自白以及无线电游戏中搜集的信息都清楚表明，班德拉总部在乌克兰反抗军残余部队的抵抗斗争中所起的作用越来越重要。苏多普拉托夫在审讯马塔维耶科时，特别留意班德拉的行踪和他的起居环境、生活习惯以及他与乌克兰移民群体间的联系。海外的国家安全部官员接到任务，要求他们找到并除掉班德拉以及其他乌克兰移民的领导人。斯塔申斯基，这位国家安全部特别任务组的新手，将为实现这一目标发挥重要作用。

1952 年夏，斯塔申斯基在小组中工作近一年后，被召到乌克兰基辅，为在国外秘密工作进行为期两年的培训。斯塔申斯基一定是个优秀的特工。他的受教育水平明显高于同伴。许多反抗军战士都只是懵懂少年，他们知道的只有自己居住的山区，从未去过大城市，更没有乘火车见识过外面的世界。他们中很少有人读到高中毕业。甚至在秘密警察的官员和特工中，也只有 13% 的人受过大学教育，不到一半人完成了高中学业。斯塔申斯基读过几年大学课程，自然会鹤立鸡群。这次机会对斯塔申斯基来说肯定是一种解脱，再也不用背叛家庭，再也不必面对真正的反抗军，去冒在交火中被杀的风险了。他同意转换岗位，开始接受训练，踏上了在不久的将来要与班德拉相撞的生活轨道。[6]

5 慕尼黑街头

33 随着冷战升温，斯大林着手改革和重组情报机构。1952年11月，他就如何组织新的情报机构发表了意见。“我们的主要敌人是美国，”这位年迈的领导人宣称，“但主要压力不应针对美国本身。首先应在周边国家建立法外聚居区（illegal residencies）。人民需要的第一个基地在西德。”他希望特工能时刻准备执行莫斯科的指令。这位领导人继续说道：“那些对间谍活动、对契卡（早期秘密警察的名字）工作不以为然的共产主义者，那些恐怕弄脏双手的人，自己应该先投井自尽。”[1]

1952年夏，斯塔申斯基进入外国情报学校，接受了苏联领导人所能想到的一切训练任务。他未来要被部署到的国家是西德——斯大林情报计划的核心。在基辅的两年时间里，斯塔申斯基学习了摄影、驾驶和射击的间谍技巧。他还跟随私人教师上德语课。1954年夏，斯塔申斯基终于准备开始西行之旅。此时，他已经是一名克格勃成员——当年3月苏联秘密警察启用了克格勃这个名字。机构名称更改伴随着对苏联安全部门老
34 干部的清洗。1953年3月，斯大林死后，前乌克兰第一书记、现任苏共领导人赫鲁晓夫发动了一场政变，翦除斯大林最得力的助手——前安全部门主管拉夫连季·贝利亚。赫鲁晓夫及其盟友于1953年6月逮捕贝利亚，同年12月对其执行枪决。他

们还逮捕了贝利亚的主要助手，包括苏多普拉托夫将军。他在苏联监狱被关了几年。王牌杀手虽已成明日黄花，但赫鲁晓夫在莫斯科掌控的力量已今非昔比，追捕班德拉的任务传递给了新一代情报人员。斯塔申斯基成为克格勃为在中欧地区对乌克兰移民采取行动而投入的新生力量。

斯塔申斯基途经波兰前往德国。载着秘密特工的车辆穿过了利沃夫西边的苏波边境。经波兰指挥官事先提点，边境警卫解除过境障碍，停止对边境两边的车辆进行检查，将边境开放了将近一个小时，等着斯塔申斯基和上司搭乘的车辆通过检查站。他们开车穿过了波兰，前往以前的德国城市斯特丁（Stettin）。该市原先位于东普鲁士，1945 年波茨坦会议后东普鲁士被波兰和苏联瓜分。现在它是波兰领土，改名什切青（Szczecin）。他们最终到达什切青旧城斯塔加德（Stargard），这是一个中世纪城镇，镇子的中心区域在二战后期全部毁于盟军轰炸。城中的德国居民被驱逐，由波兰人、乌克兰人取代，其中乌克兰人也是从新划的苏波边境地区被驱赶过来的，目的是削减那边支持乌克兰反抗军的民众。

斯塔申斯基在斯塔加德获得了新身份。他之前在基辅使用的名字叫莫罗兹（Moroz），现在他成了布罗尼斯瓦夫·卡乔尔（Bronisław Kaczor）。他和一名波兰秘密警察住在一起。由于一旦到了德国就要启用伪造的新身份，他花了五个月时间研究为这个身份编造的履历。新身份名叫约瑟夫·莱曼，1930 年 11 月 4 日出生于波兰东部的一个德国人和波兰人结合的家庭。他的生日没变，还是 11 月 4 日，只是出生年份长了一岁。
莱曼之前经历坎坷，来东德之前曾在乌克兰和波兰生活。这样 35
就能解释为什么他说德语时会带有口音。斯塔申斯基甚至去探访了莱曼履历中所写的在波兰生活的地方。等他将莱曼的经历背得滚瓜烂熟，他的克格勃上级将他领到奥得河（Oder）边的波德边境。夜晚他们走上大桥，越过奥得河。斯塔申斯基上交了卡乔尔的身份文件，自此成为约瑟夫·莱曼。

斯塔申斯基在这里第一次见到了新上级，谢尔盖·亚历山德罗维奇·达蒙（Sergei Aleksandrovich Damon）中尉，至少介绍时是这么说的。达蒙45岁上下，微卷的棕色头发向后梳着，鼻梁很尖，脸庞看着显年轻，带着愉快的微笑，看着让人不由得放下防备。而在这样的表象之下，他其实是个久经沙场、强硬的反叛乱作战人员。他来自乌克兰，能说乌克兰语，曾与那里的民族主义反抗军作战。从今以后，他们两人将组成一个小团队。[2]

达蒙把斯塔申斯基从边境带到东柏林。这是斯塔申斯基第一次来卡尔斯霍斯特（Karlshorst，意为卡尔的巢穴）。这里是位于东柏林郊区的由重兵把守的大院，是苏联军队和情报部门——克格勃和苏军总参谋部情报总局格鲁乌（GRU，军事情报机构）设在德国的中心。这块大约一平方英里的土地周围建有三米高的围墙，由一支克格勃特勤队守卫。苏联的高级军事指挥官、文职人员和间谍不仅在卡尔斯霍斯特工作，也在这里生活。有些东德高级官员认为卡尔斯霍斯特守卫森严，在这里生活、养育孩子更为安全，于是也搬进来居住。

1954年时，分裂的柏林是冷战世界的原点，是分割欧洲东西方的铁幕中唯一的透气孔。从理论上说，这座城市仍然被美苏英法四个战胜国占领，但真正有意义的是西方世界和苏联占领区之间的分界，此时这条界线还没有用铁丝网或混凝土的柏林墙隔开。柏林位于东德中部，但那里有通往西德的高速公路。苏联派遣了数百名军官和特工在西欧各地执行秘密任务。他们还利用柏林基地为苏联在美国和世界其他地方的间谍活动提供支持。从东柏林出发，一会儿就可以到城西的坦佩尔霍夫（Tempelhof）机场，然后就可以飞往世界任何地方。

柏林这个透气孔可不是一条单行道。如果说从东柏林到西方国家易如反掌，那么反过来也一样简单。几十个——甚至成百上千的——西方情报官员和特工利用这个孔洞来到东方以监视苏联和东德的军事、工业设施。“在东柏林和西柏林间穿行，就像从哈默史密斯①到皮卡迪利②一样容易，”英国双重间谍、获得苏联颁发勋章的明星间谍乔治·布莱克（George Blake）写道，“虽然主要街道上都有检查站，但人们可以自由往来。地铁则根本没有人检查。这使得柏林成为最理想的情报活动中心，各方都充分利用机会浑水摸鱼。有人认为柏林每两位成年人中就有一位为情报组织工作，不少人还同时为多个机构服务。”[3]

斯塔申斯基在卡尔斯霍斯特住了大约一个月，才获准可以到市里居住。他在基辅学的德语还不足以让他独立生活：他能看懂文字，但当地人说话就听不懂了。1954 年圣诞节，他一个人住在东柏林的一家旅馆。对于一个来自异国他乡说着异国语言的农村孩子来说，那一定是个寂寞的假期。他的家人远在千里之外。事实上，他根本没有家人可言，他的克格勃家人也都度假去了。

1955 年头几个月，斯塔申斯基一直在学习德语和当地的

---

① 哈默史密斯（Hammersmith），位于伦敦中心以西，是伦敦的一个自治市。

② 皮卡迪利（Piccadilly），伦敦市中心的皮卡迪利大街，以时髦的商店、俱乐部、旅馆和住宅著称。

生活方式。4 月，他的上司达蒙认为已经可以启用新身份了。斯塔申斯基被派到茨维考（Zwickau）为一个苏联东德合资企业工作。原计划要他做办公室工作，但他的德语还不过关，所
37 以他们让他当了工人。约瑟夫·莱曼现在成了一个真实存在的人，有了第一份真正的工作，第一张工作记录，证明文件上盖了第一个真实的印章。1955 年夏，因他工作卖力，克格勃奖励他去黑海度假。秋天，他又回到东柏林，在城里租了一间房子，对外称自己是东德对外贸易部的雇员。东柏林成为他的行动基地，但他的最终目的地是西德，特别是慕尼黑，那是班德拉以及乌克兰民族主义运动的其他领导人的活动总部。

1956 年年初，达蒙把斯塔申斯基派去慕尼黑见一个名为“纳迪钦”（Nadiychyn）的克格勃特工，这个代号源自乌克兰语“希望”。纳迪钦的真名叫伊凡·白沙迦（Ivan Bysaga）。白沙迦于 1919 年出生于外喀尔巴阡的一个乌克兰农民家庭。他出生时外喀尔巴阡刚成为新成立的捷克斯洛伐克的一个省，但 1945 年又归苏联控制。二战结束后，白沙迦在基辅受训成为间谍。1953 年，他以难民身份出现在奥地利。1954 年，那一年斯塔申斯基开始在波兰接受培训，为今后以约瑟夫·莱曼的身份开展行动而做准备，白沙迦搬到了慕尼黑。他起初尝试与班德拉等人搭上关系，但未成功，因为他们怀疑他（就像其他 1945 年以后从乌克兰来的人一样）为克格勃工作。白沙迦倒是成功地赢得了班德拉的竞争对手的信任。这些人是以一家报纸为核心组织起来的，这张报纸名为《乌克兰独立派》（*Ukrainian Independentist*），报纸的主编是当时 44 岁、原先做律师后来成为政治活动家和记者的列弗·里贝特（Lev Rebet）。[4]

里贝特和妻子达里娅（Daria）带着孩子安德里（Andrii）和奥克萨娜（Oksana）住在慕尼黑。达里娅也是一名政治活动家及记者。夫妻俩是乌克兰民族主义者组织内部反对派的领导人。支持班德拉的一方指责里贝特及其支持者是美国中情局的傀儡。斯塔申斯基的克格勃上司达蒙认为里贝特是乌克兰民族主义者的知识分子领导，他的作品抹黑了苏联的国际形象，阻碍了乌克兰移民停止敌对活动返回乌克兰。斯塔申斯基开始为卡尔斯霍斯特和白沙迦送信。克格勃计划绑架里贝特，然后带回东柏林，让他像其他“叛逃者”一样为反西方的宣传活动 38
做贡献。斯塔申斯基也算这个计划的接应人员。

斯塔申斯基根据卡尔斯霍斯特高层的指示，建议白沙迦在里贝特的食物里加点料，让他暂时失去知觉，这样实施绑架就容易多了。白沙迦虽然从未直接拒绝，但不愿采取这种冒险手段。他告诉斯塔申斯基，自己还没法这么接近里贝特，所以这个方法根本行不通。里贝特的儿子安德里后来回忆称，当时他还只是个 13 岁的孩子，和 4 岁的妹妹奥克萨娜去报社办公室看望父亲，白沙迦对小奥克萨娜表现出特别的喜爱。这一点很可能吸引了里贝特的注意，但他固执的妻子达里娅对白沙迦持怀疑态度，所以他一直没能成为这家人的密友。[5]

斯塔申斯基的任务不仅是为白沙迦的活动提供资金，把他的书面报告送回卡尔斯霍斯特，也为他提供精神支持。白沙迦作为一个克格勃特工，除了无法接近里贝特之外，还有着其他烦恼。他明显抵抗不住压力，处于崩溃边缘。他认为班德拉的安全人员、西德和美国的反情报机构都在追踪他。最终，斯塔申斯基协助他回到了东柏林。遇到这种情况，克格勃就会把特工从西方国家撤回来当宣传工具。苏联媒体发表了白沙迦的

“叛逃”信，谴责乌克兰移民领导人以及他们针对苏联的颠覆活动。[6]

白沙迦走了，但里贝特还在。斯塔申斯基很快就明白，将由他继续对白沙迦的目标进行监视。1957 年初春，达蒙给斯塔申斯基看了一张照片，照片上是一个戴着圆框眼镜的秃头男子，这人就是里贝特。达蒙知道里贝特在慕尼黑市中心工作的地方，但他还想让斯塔申斯基去核实一下此人的家庭住址。4 月，斯塔申斯基前往位于西柏林的坦佩尔霍夫机场，登上了飞往慕尼黑的航班。

在慕尼黑的格林瓦尔德酒店（Grünwald Hotel），斯塔申斯基填写了一张登记卡，上面写道：西格弗里德·德雷格尔（Siegfried Dräger），埃森－哈扎普夫（Essen-Haarzopf）居民，1930 年 8 月 29 日出生于波茨坦（Potsdam）附近的雷布吕克（Rehbrücke）。文件是伪造的，但达蒙向斯塔申斯基保证，伪
39 造证件的质量很好。真正的德雷格尔确实住在埃森，所以斯塔申斯基在飞往慕尼黑之前还去了一趟埃森，好熟悉一下那个城市。他还去看了他准备冒充的那个人住的房子。这次探访是要以防万一。如果他被逮到，警察询问他居住的城市或街道的情况，他就能应答自如，令人信服了。

在不知情的外人眼里，这位新来的德雷格尔先生热爱户外运动，而且对慕尼黑建筑格外钟情。他在市中心一待就是几个小时，观察建筑物和人群。此外，他还很喜欢慕尼黑北部的施瓦宾格（Schwabing）。根据克格勃的档案记载，里贝特和家人就住在这一带。斯塔申斯基从卡尔斯霍斯特得到的地址是弗兰兹－约瑟夫大街（Franz-Joseph-Strasse）47 号。大楼的入口处没有上锁，斯塔申斯基把每层楼都逛了个遍，查看门上钉着的

铭牌，但里贝特这个姓氏遍寻不着。斯塔申斯基接下来花了几天时间，想弄清里贝特是否真的住在这里。他每天早上 7 点到 10 点、中午午餐时间、下午 3 点到 5 点，都会来观察大楼和附近的街道，但始终不见里贝特的踪影。星期天，斯塔申斯基去了乌克兰天主教堂做礼拜，慕尼黑的大多数乌克兰移民都会去那个教堂。他希望能在那里遇上里贝特，但里贝特还是没有露面。

斯塔申斯基又把观察哨挪到了慕尼黑市中心。他爱流连于慕尼黑最著名的地标之一——卡尔广场。另一个喜欢的地方是慕尼黑最长大街达豪大街（Dachauerstrasse）的起点。根据克格勃的情报，里贝特在这两处都有办公室。斯塔申斯基在卡尔广场运气更好些。有一天，他认出了照片上那个秃顶的男子正从卡尔广场 8 号的大楼里走出来。里贝特向附近的电车站走去，跳上了一辆电车。斯塔申斯基跟着他上了车。车子开动起来，他意识到这是在向施瓦宾格区开去，那可是他很熟悉的地方。斯塔申斯基这时正站在他的目标背后。他努力让自己冷静下来，但这不太容易做到。他搞不清该买哪种票。票价是根据乘坐距离的长短区分的，但他不知道里贝特要坐到哪儿下车——里贝特有电车通票，所以不需要买票。如果他买了一张 40
25 芬尼[①]的票，而里贝特坐到了下一个区，那该怎么办？犹豫了一下，他买了一张 30 芬尼的票。然后，他发现电车里只有他自己一个人戴着太阳镜。根据克格勃的训练，他带上太阳镜是为了融入环境，不要引人注意。那天天气晴朗，戴太阳镜也很合适，但电车里没有其他人戴。他忙把眼镜摘下。

---

① 芬尼（pfennig），当时德国辅币单位，100 芬尼等于 1 马克。

斯塔申斯基突然感觉自己被跟踪了。他的感觉对吗？为了安全起见，他赶紧站得离里贝特远一些。电车到了离英国花园入口不远的慕希纳菲特站（Münchner Freiheit station），里贝特下车了。斯塔申斯基不敢再跟，就没下车。第二天，他离开慕尼黑回柏林。他得到的指令是不能在慕尼黑停留超过十天，而他已经超过了这个时间。但是，他在慕尼黑的时光没有白费。克格勃档案中保存的旧地址现在可以扔进废纸篓了，里贝特新住址所在区域已经探明。克格勃现在知道他是乘坐哪路电车上下班了。

1957 年 6 月，斯塔申斯基回到慕尼黑进一步搜集目标人物的信息。这一次他又住在格林瓦尔德酒店，但这回他要了一间朝向达豪大街的房间，里贝特的办公室就在这条街上。这下里贝特早上走路上班，就会从斯塔申斯基的窗户下经过。如此一来，要跟着他从一处办公室到另一处办公室就容易了，最后还可以跟着他回家。有一天，斯塔申斯基跟着他乘电车到了慕希纳菲特站，然后走到附近的奥卡姆大街（Occamstrasse）。这次跟踪他搭乘了另一辆电车，没有戴太阳镜。尽管如此，他还是很紧张：他感觉自己已经被发现了。才走到奥卡姆大街，里贝特就拐进了右侧一条路的拱门，那条路通往一家电影院。斯塔申斯基跟着他走进了拱门，出乎意料的是，里贝特就站在前面，正抬头看着电影海报。斯塔申斯基出现的那刻，里贝特从拱门里走了出来。

回到大街上，他看着里贝特走进街角的一栋大楼。他紧随
41 其后假装经过那栋楼，就在入口处看到了里贝特的名字。第二天他又回到那栋大楼，等着里贝特上班离开后，走进大楼拍了几张住户铭牌的照片。卡尔斯霍斯特的克格勃官员对结果非常

满意：这个冒用德雷格尔名字的年轻特工成功找到了里贝特的住所，还完全确定了他上下班的路线。是年 7 月，斯塔申斯基又回到慕尼黑，除了再次证实之前的情况外，还要看看里贝特居住的大楼入口大厅里有没有邮箱。

斯塔申斯基不知道克格勃对付里贝特的计划是什么。他知道克格勃的规矩，所以从来没问。他知道克格勃曾要求慕尼黑的前联系人白沙迦绑架里贝特，但白沙迦现在已经回苏联了。与此同时，斯塔申斯基接到了一项新任务——跟踪与里贝特同在《乌克兰独立派》报社工作的另一位办报人。至少在他看来，里贝特的任务已经结束了。[7]

6　神奇武器

42 尽管不能说没有压力，斯塔申斯基过着相对来说还算舒适的间谍生活。他多次随着乌克兰移民前往慕尼黑：到情报秘密传递点送东西（在特定地点藏钱或指令等物品，以便接收者稍后来取，从而避免人员接触），监视美国和西德的军事设施。他的生活很有规律。然而，这样规律的生活在 1957 年 9 月结束了。当时达蒙请他到卡尔斯霍斯特的克格勃安全屋参加一次会议。达蒙说他们要会见一位来自莫斯科的重要客人。他意味深长地补充道："时候到了。"斯塔申斯基搞不清到底是怎么回事，直到那位未透露姓名的客人从口袋里拿出一样东西：这是一个金属圆筒，长 8 英寸，直径不到 1 英寸，附带一个保险栓和扳机。

这位莫斯科来客告诉斯塔申斯基这是一件武器，还解说了它的工作原理。金属圆筒里装有一个安瓿的液体。扣下扳机后，引爆的火药激发撞针击碎装有毒液的安瓿，药剂就从枪筒中喷出。枪筒必须对准目标的脸或胸部，让他吸入气体和液体毒物。毒药会导致昏迷，然后死亡，而药剂释放后几乎立即蒸
43 发，不留痕迹。达蒙解释说，药剂引发的第一反应就和窒息一样。莫斯科来客表示，心脏骤停将在两到三分钟内导致死亡。他接着解释道："液体一旦蒸发，就不会留下任何痕迹。死亡一分钟后，静脉恢复到原来的状态，也就无法检验出这是非自

然死亡。”达蒙补充道，这种武器万无一失。[1]

事情的转变让斯塔申斯基暗自吃惊。他们显然希望他充当刺客，否则绝不会给他看秘密武器，更不会解释它的工作原理。斯塔申斯基也明白，他不是第一个使用喷雾枪的人。他当然不可能知道，这种武器很可能是苏联在德国二战时期的液体毒药枪基础上生产的改进版。

莫斯科来客想要展示他这万无一失的武器，于是给枪里装上了清水安瓿。然后，他打开撞针扣下扳机。斯塔申斯基就听到一记好像手掌拍击的声音。喷雾枪将水射到一条钉在墙上的毛巾上，射程大约 1 米远。水在毛巾上留下了直径大约 20 厘米的印迹。来客解释说，毒药安瓿的射程可以再远 0. 5 米，因为毒液比水轻，而且距离越远影响的范围也会更大。他从箱子里拿出一把扳手，拧开圆筒的螺栓，清洗武器后重新装弹。他又射击了几次，然后用扫帚把打破的安瓿掉在地上的玻璃碎片扫到一处。这些小玻璃碎片的直径不超过 1 毫米。

最后结束之前，莫斯科来客向斯塔申斯基解释说，开枪的人也有吸入毒气的危险，但有两种方法可以保证这个过程很安全。第一是在枪击 60 ~ 90 分钟前服用一粒药丸。它可以防止血管收缩，而且药效能维持 4 ~ 5 个小时。另一种方法是在枪击后立即吸入安瓿装的专用解毒剂。斯塔申斯基必须把安瓿弄碎，把解毒剂倒在一块布上，然后吸入其上的气体。这位专家 44
说，解毒剂药效很强，如果攻击目标在一分钟之内吸入解毒剂，那人就会苏醒。最安全的办法是在枪击前服用药丸、枪击后再吸入解毒剂。莫斯科来客还表示，让斯塔申斯基看看喷雾枪中装上毒药而不是水的情况，会很有帮助。达蒙表示同意。他们决定用一条狗来测试一下武器，并说待一切都准备好了会通知斯塔申斯基。会面到此结束。[2]

达蒙主动提议开车把斯塔申斯基从卡尔斯霍斯特送回城里。他很兴奋，还祝贺斯塔申斯基能有幸获得如此高级别的任务。达蒙看出斯塔申斯基有些沉默寡言，似乎情绪不高，便问他是否充分理解当局对他的信任。斯塔申斯基后来回忆称，达蒙表现得好像他们两个就是国家的救星。斯塔申斯基有些困惑。在背叛游戏中他不算新手，也曾和喀尔巴阡山脉及丛林里的叛乱分子一起经历残酷的生死突击。但是，他无法想象自己亲手杀死一个手无寸铁的人。他出生于基督教家庭，父母教给他的那些价值观无法全部抛诸脑后。与此同时，他也同样明白自己不能拒绝这项任务。他又一次感到处于受困的窘境——随着时间推移，这种感觉越来越强烈。他用无数个日夜努力寻找解决道德困境的办法，最终却一无所获。

几天后，他们对一条狗进行了一次带毒喷雾枪试验，但这并没有减轻他的精神痛苦：如果有什么变化的话，此举只增加了他的焦虑。达蒙和莫斯科的神秘来客在当地市场买了一条小狗，然后开车到城里载上斯塔申斯基。他们驱车前往东柏林郊外米格尔湖（Müggelsee Lake）附近的一片树林。莫斯科的毒物专家给了斯塔申斯基一颗药丸。他们把狗拴在树上，等了一个小时待药物起效。斯塔申斯基没法知道它是否已经起效了。莫斯科来客递给他一支装好“子弹”的枪筒。斯塔申斯基不忍心看着小狗，他为这个小家伙感到难过。他拿着枪走近时，
45 小狗还要来舔他的手。斯塔申斯基把头扭开，扣下了扳机。喷雾射向小狗的嘴部。小狗跌倒了，四肢抽搐，几分钟后就死了。“这是我的第一个受害者。”斯塔申斯基心中暗想，他知道以后还会有更多。有人把解毒剂的安瓿压碎，三人轮流吸了

之后上车回东柏林，宣布测试成功。[3]

斯塔申斯基对于谁将会是下一个受害者毫无疑问。在他第一次受邀与莫斯科来客会面时，达蒙提到会和他的“老熟人”有关。虽然这个“熟人”的名字从未在会上明确提及，但斯塔申斯基肯定那是指里贝特。白沙迦走了，目前没有其他人可以接近里贝特，克格勃决定不再绑架这个麻烦的记者，而是直接干掉他。尽管克格勃官员得到保证这支枪曾被成功使用过，但他们还未确定这种武器是否能躲过检查。事实上，他们相当肯定暗杀行动很快就会被人识破，而责任将落在里贝特的死敌班德拉一方。就和斯大林下令暗杀科诺瓦列茨一样，他的继任者希望通过谋杀里贝特来加深分歧，挑起乌克兰移民领导人之间的冲突。

说到“消灭”乌克兰移民领导人，这在卡尔斯霍斯特的移民部门看来是司空见惯的寻常事。因为据说这些领导人阻碍他们的追随者与苏联政权达成和解并返回家乡。但斯塔申斯基从未想过，或者说不愿去想这在实践中意味着什么。现在他想起了达蒙说过的话，当初还以为那不过是闲扯。那次他向这位上司描述第一次跟踪里贝特去施瓦宾格区时，在电车上离他有多近，达蒙就曾说给里贝特扎一针就能解决所有问题了。毫无疑问，他说的是毒针。同时斯塔申斯基也开始明白，达蒙为什么要他去弄清楚里贝特家的大楼门厅里是否有邮箱。克格勃可能也讨论过使用包裹炸弹来消灭这位乌克兰记者的可能性。斯 46
塔申斯基向达蒙报告称，里贝特家的大楼里没有邮箱，此举可能就决定了他只能执行 B 计划的命运了。[4]

斯塔申斯基觉得左右为难。他不想杀任何人，但他也无法想象不服从命令。不服从的后果他很清楚。刚来德国的那几个月，他在报纸上读到克格勃杀手尼古拉·霍赫洛夫（Nikolai Khokhlov）叛逃的消息，斯塔申斯基还问了达蒙，霍赫洛夫是谁以及他在克格勃里担任什么职务。达蒙回答说霍赫洛夫是一个冒险主义者，一个道德败坏的人。然后他又补充了一句，这句话在斯塔申斯基的记忆中挥之不去——“我们迟早会抓到他的。”他们做得到。那位从莫斯科带来喷雾枪的访客很可能也参与了另一项科学“实验”：企图暗杀霍赫洛夫未遂。当月霍赫洛夫在法兰克福出现放射性铊中毒症状。克格勃言出必行，这些离群的杀手逃到哪里，他们就会追到哪里。霍赫洛夫拒绝杀害他的目标并逃到西方世界，现在他自己也成了被追捕的对象。

斯塔申斯基最终找到了解决道德难题的办法，为自己即将要做的事情在政治理论中寻求合理庇护：他杀死这个人，是为了帮助更多的人找到回家的路。这是达蒙给出的理由，斯塔申斯基抓住了这个想法，把自己的疑虑深埋心底。[5]

7　莫斯科的问候

1957 年 10 月 9 日下午，西柏林坦佩尔霍夫机场，法国航 47
空公司的乘务员登记了一名要飞往慕尼黑的年轻人，此人出示的是西德公民西格弗里德·德雷格尔的证明文件。他的口袋里还有一份文件，上面写的是东德居民约瑟夫·莱曼，1930 年 11 月 4 日出生于波兰卢布林省（Lublin）。这位叫德雷格尔或莱曼的年轻人，行李里带着超过 1000 西德马克，还有两罐法兰克福香肠。他似乎做好了万全准备以应对一切可能发生的情况，包括东德突然接管西德，或者西德商店突然断绝了食品供应。

这些文件、钱和香肠都是他们在卡尔斯霍斯特交给斯塔申斯基的。他们让他在飞往西德的航班上使用西德护照，之后就使用东德护照；如果被抓住就声称自己是东德公民，这有可能会增加他返回东方国家的机会。行李中最确凿的罪证就是香肠。他带着两罐香肠，但只有一罐是真的。另一罐已经由卡尔斯霍斯特的克格勃技术人员打开过，并重新设计以来藏匿武器——喷雾枪。武器用棉花包着，装在一个金属圆筒里。然
后，圆筒放入盛满水的锡罐中。武器和圆筒都是铝制的，而假 48
香肠罐和真香肠罐的重量相同。他们在假罐子上做了特殊标记以区分，除此之外，两个罐子看起来一模一样。

原先一度计划通过外交渠道将武器运到西德，即先请一名

东欧外交官将武器带到慕尼黑，再把它交给斯塔申斯基。海关官员不会对外交官进行检查，克格勃的策划者认为这样可以确保秘密武器顺利通过边境。不过后来还是放弃了这一计划，因为有人指出外交官可能会被西德的反情报人员跟踪，还会把特工引向斯塔申斯基，那他就可能因持有武器而被抓个现行。最终的决定是斯塔申斯基随身携带武器飞往慕尼黑。如果因检查发现行李里的假罐子而被抓，就告诉调查人员他在东德遇见一个人，那人付钱请他把两个罐子带到慕尼黑，然后把它们交给马克西姆酒吧里的一个女人。如果是在使用武器之后被抓获，就说那是他刚才在楼梯上捡到的。

斯塔申斯基在边境没有遇到检查。10 月 9 日星期三傍晚，他安全抵达慕尼黑。他得到的指示是在卡尔广场 8 号的办公大楼内行动。如果执行起来有困难，可以由他选择在达豪大街的办公楼或是奥卡姆大街的住宅楼内行动。10 月 10 日星期四上午 8 点左右，他服下了第一粒解药。他总共备有十粒药丸，两支安瓿——这是为他执行任务十天分配的补给。一切都准备妥当。他把武器放在口袋里，外面用报纸包起来，然后在报纸上扣了个洞，这样就能操作保险栓和扳机。他把装武器的罐子扔进了英国花园的垃圾箱。

上午 8 点 30 分，他在街上观察着办公楼的入口。卡尔广场 8 号里也有许多专业办公室，包括医生的诊室。如果他在行动中被抓，就说自己是东德游客，正在欣赏慕尼黑的建筑，突
49 然觉得牙痛，想在大楼里找个牙医。如果行动结束刚好被人撞见，他就假装刚刚发现受害者躺在地板上，正想帮他。那天他一直等到 10 点 30 分，里贝特都没有出现。当天下午也不见他的踪影。10 月 10 日星期四和 11 日星期五，他都没有露面。

每次里贝特不出现，对斯塔申斯基来说都是一种解脱，但他内心的焦虑也在与日俱增。斯塔申斯基每天早晨醒来，都感到焦虑也开始苏醒。心理压力会在早上指定要执行任务的时间达到顶峰。然后随着早晨过去下午临近，斯塔申斯基又会感到有些宽慰。他会走在城市的大街上，努力忘记内心深处的不安，但第二天早上一切又会重演。摆脱压力，让生活重回正轨的唯一办法看来只有执行命令，但他又觉得自己做不到。这简直是个恶性循环。[1]

里贝特通常周末不去办公室，而在家里进行惯常的阅读和写作。10 月 12 日星期六，他决定破例一次。前一天晚上，他熬夜读了亚历山大·杜甫仁科（Alexander Dovzhenko）新出版的自传体小说《迷人的捷斯纳河》（*The Enchanted Desna*）。这是那位著名电影人的最后作品，他已于头年在莫斯科去世。长期以来，斯大林一直禁止杜甫仁科回故乡乌克兰生活和工作。在这最后一部小说中，充满了他对童年时代的怀念，那里是他曾经生活的风景如画的乌克兰乡村。对于自小在乌克兰村庄长大、长期流亡在外的里贝特来说，他对这一主题自然深有共鸣，尽管两人在意识形态上存在分歧，他是坚定的民族主义者，而杜甫仁科是苏联电影制作人，信仰共产主义。

10 月 12 日上午，十多岁的儿子安德里练习钢琴时，里贝特似乎表现得很感兴趣，这可是几个月来头一次如此，他甚至拍了拍他的头。他通常不愿向孩子展现自己温柔的一面。妻子达里娅在厨房里向他大声说，不要工作太久，不要太晚回来误了午餐，他告诉她不用担心。他还开玩笑说，说不定还没走到 50
办公室他就回来了。家里人后来觉得，里贝特对那天要发生的事情有预感。[2]

星期六上午 9 点刚过，斯塔申斯基就到了卡尔广场的观察点。这天阳光明媚，天气舒适宜人。他把大衣忘在了旅馆里，穿着西装四处走动。和往常一样，他很紧张。他吃解药的时候还服了些镇静剂，可镇静剂没什么作用。等待目标出现的过程，焦虑会逐渐增加。压力感在上午 9 点后达到顶峰，然后就开始消退。现在已经接近 10 点，而里贝特还没有出现，斯塔申斯基开始放松了。突然，他发现一个身影，现在他已经可以从成千上万的人中认出那个人了。里贝特已经下了电车，径直向他的猎手走来。斯塔申斯基转过身，向卡尔广场 8 号的大门走去。这一切都像在梦里一样。“那刻之前和事情发生当时，我觉得自己仿佛半梦半醒，”他后来回忆道，“我的周围、人群、街道上来往的车辆似乎并没有进入我的意识。一切都在阴影中，仿佛只能接触到我的潜意识。”不管这是卡尔斯霍斯特给的药丸产生的效果（后来化学专家说，那不是解药，而是一种抗焦虑药物），还是渴望摆脱这么多天压在心头的重负，斯塔申斯基决定执行命令。他走进大楼前，取出裹着报纸的枪筒，右手握好武器，之后人影便消失在门廊里。

他走上楼梯，到二楼的楼梯平台上停下，打开枪的保险，手指从报纸上的洞里穿过，摆好位置准备面对他的猎物。当听到楼下开门声时，他开始沿着楼梯左边往下走，这样里贝特就得从他的右手边经过。他很快看见一个人从另一边上来，正是里贝特。两人就要擦肩而过时，斯塔申斯基举起握着报纸卷的右手，扣动了扳机。他尽量不看受害者的方向，不过还是忍不住眼角瞥见他的目标正向前倒去。斯塔申斯基没有再去看他的
51 猎物后来如何了。他把枪筒放回口袋，拿出解药安瓿，按照在卡尔斯霍斯特得到的指示，用一块纱布把它压碎，吸入烟雾。

他感觉自己快要晕倒了。

斯塔申斯基出了大楼左拐，走了一段又向左拐了。离开大楼10~15分钟后，他的头脑才慢慢恢复正常。“周围的环境又开始能够进入我的意识，给我留下印象了。”他后来如此回忆说。最后，他走到了慕尼黑最繁华的街道路德维希大街（Ludwigstrasse），穿过大街，便来到宫廷花园（Hofgarten）。这是17世纪初由巴伐利亚选帝侯马克西米利安一世（Elector Maximilian I of Bavaria）建造的一处公共花园（以前是王家园林）。他朝着花园另一头走去，途中经过一座跨越科格米尔巴赫河（Kögelmühlbach）的桥梁，桥下是穿过花园的河道，他把喷雾枪扔进了河水里。到目前为止，从开始直到把武器扔进这条河，他都一丝不苟地按照在卡尔斯霍斯特得到的指示行事。

离开宫廷花园后，斯塔申斯基打算返回酒店，他忽然想到警方也许会用警犬来追踪他的气味。所以他没有直接走回酒店，而是搭乘电车漫无目的地坐了几站，然后再往回走。多年以后，他还能记得从宫廷花园出来后途经的每一个细节。他禁不住跟随潜意识的冲动，打算重回犯罪现场。卡尔广场8号的大楼前围着人群和警察。斯塔申斯基调转目光，匆匆赶回酒店。他收拾好自己的东西，把德雷格尔的西德身份证明放进口袋，将法兰克福香肠留在酒店，付了酒店的账单，便赶去慕尼黑火车总站。他得到的指示是完成任务后就立即离开这座城市。他不折不扣地遵照执行。[3]

上午10点20分至10点45分间，有人在办公楼的楼梯上发现了里贝特。他努力爬到了二楼的楼梯平台后才死去。清洁女工听到他的呼救声（尽管莫斯科的武器专家再三保证，但

毒气枪并没能让受害者立即失去知觉），发现他躺在地板上，然后叫来了大楼里的其他人。他们召来救护车，然后又打电话
52 报警。上午 11 点过后，巡逻警察接到电话。电话留言说："有人倒在楼梯上了。"一分钟后，他们得知此人已经死亡。赶到现场的瓦尔德马·菲舍尔（Waldemar Fischer）医生估计死亡时间大约在 10 点 50 分，死因是心脏骤停。由于里贝特家里没有装电话，所以没有办法给里贝特的妻子和孩子打电话。不过他们有个乌克兰邻居装了电话，而里贝特办公室碰巧有人知道电话号码。他们电话通知了这位邻居，而他恰巧在家，马上就把这个消息告知了里贝特太太。这位邻居还主动开车送她去卡尔广场。

达里娅·里贝特异常震惊，因为丈夫从未提过有任何心脏疾病。但两天后，慕尼黑大学法医学研究所的沃尔夫冈·斯潘（Wolfgang Spann）博士进行的尸检证实了菲舍尔医生的诊断。里贝特有一条动脉明显变窄，慕尼黑大学的专家认为，没有理由判断死亡是由非自然原因引起的。里贝特的亲朋好友也只能接受诊断结果。他们的内心深处也希望这不是他们想的那样：这是一次克格勃行动，是准备消灭他们所有人的序幕。[4]

1957 年 10 月 12 日下午，正当警察、医生和家人忙着弄清楚里贝特的遭遇时，法兰克福洲际酒店（Continental Hotel）的前台接待了一位客人：西格弗里德·德雷格尔。第二天，斯塔申斯基用德雷格尔的身份飞往柏林坦佩尔霍夫机场，然后穿过边境进入东柏林，接着回到市中心的马里恩大街（Marienstrasse）。在那里，他从一位叫斯坦克夫人（Frau Stranek）的妇人手中租了一间带家具的房间。老妇人只知道她的租客名叫约瑟夫·莱曼，移居中东欧的德侨（德

裔）——听得出他说德语带口音。这位莱曼按时付房租，很安静，有礼貌，不惹麻烦，是女房东最理想的房客。莱曼告诉斯坦克夫人，他为东德外贸部做翻译，时不时要出差。这个星期天下午他好像就是刚刚出差回来。星期一早上，他像往常一样上班去了。

斯塔申斯基星期一的首要任务是给卡尔斯霍斯特打电话， 53
告诉上司达蒙他已返回。达蒙问是否一切都好，这次旅行是否顺利。斯塔申斯基回答是的。两人商定在城里会面，除了口头报告，斯塔申斯基还提交了两份书面报告。第一份报告上写了旅行的日期、去过的地方、入住的旅馆以及乘坐的航班。第二份报告性质不同。报告写道："星期六我在很熟悉的镇上遇到了那个人。我跟他打了招呼，我确信传达的问候让人满意。"

达蒙向斯塔申斯基解释，这份报告永远不会复制——只有一份，唯一一份。斯塔申斯基不会知道的是，1957 年 11 月 15 日克格勃情报主管亚历山大·萨哈罗夫斯基（Aleksandr Sakharovsky）给苏联领导人赫鲁晓夫就"在德国采取的措施"撰写了一份秘密报告。这份报告是手写的，只有一份，唯有赫鲁晓夫可以过目。

斯塔申斯基真心希望不要再代表克格勃给别人"传递问候"了。随着刺杀直接触发的内心震动逐渐消退，他感到精神上产生了新的负担——他违背自己的信念杀了人。"现在想来，事情发生以后，"他后来回忆说，"我似乎在各个方面都迷失了方向。后来过了很长时间，我试着告诉自己这事发生过一次，以后不会再发生了。也许执行这项任务还有其他原因，只是我不知道而已。"他再次为自己的所作所为寻找理由。达蒙和卡尔斯霍斯特其他克格勃官员都很愿意帮他减轻心理负担。他们经常说如果移民的领导人不能顺应时代的需求，他们就应该“被清除”。而且他的杀戮行为并非通过暴力实现，也算给了他些许慰藉。他后来回忆说：“我得到的武器经过精心设计，它不需要花大力气，也不需要使用武力就可以导致一个人的死亡。”不需要瞄准，甚至不用看着目标。“我并未眼见杀戮的行为，只看到扣动扳机的动作。”[5]

第二部　完美谋杀

8 红场

斯塔申斯基的地位正在冉冉上升。1959 年 4 月，达蒙告 56
诉他莫斯科召唤他，可能是克格勃首脑想见他。为什么会有这样的荣誉，斯塔申斯基并不知道。但过了些时候，他收到一张车票以及旅行证件，登上了开往莫斯科的火车。

抵达莫斯科后，克格勃派人来接他，给了他苏联货币并帮他在乌克兰饭店（Hotel Ukraine）登记入住。这是斯大林下令建造的“七姐妹”① ——七座高层建筑之一。乌克兰饭店（现在为丽笙莫斯科皇家酒店，Radisson Royal Hotel，Moscow）是一座崭新的建筑。饭店始建于 1953 年，也就是斯大林去世那年，耗时四年完工。在此期间，长期代表斯大林管理乌克兰苏维埃社会主义共和国的赫鲁晓夫，充分巩固了手中掌控的权力。1957 年 5 月，饭店正式营业，苏联媒体将之誉为欧洲最大的酒店。毫无疑问它肯定是最高的建筑，从地基到塔尖高 650 英尺。饭店的正面和外墙装饰着苏维埃政权的象征：星星、锤子和镰刀。这家饭店坐落在以苏联标准看来迷人的、新建成的库图佐夫大街（Kutuzov Avenue）的一头，大街两旁的

---

① 1947 年，斯大林提议在莫斯科建设一批摩天大楼。至 1953 年共建成 7 座大楼，建筑风格都是结合了巴洛克式城堡塔、中世纪欧洲哥特式建筑以及美国 20 世纪 30 年代摩天大楼的特色，被称为“七姐妹”。除了乌克兰饭店之外，其他几处是莫斯科大学、重工业部大楼、外交部大楼、列宁格勒饭店、劳动模范公寓和文化人公寓。

住宅里住着苏联首都中最有名、有权势的居民。[1]

57 斯塔申斯基到达的第二天，一位克格勃官员来到他的套房。对方只介绍了自己的名字和中间名：格奥尔基·阿夫克谢耶维奇（Georgii Avksentievich）。斯塔申斯基从不知道此人的姓氏或其在克格勃的军衔和担任的职务。“克格勃的做法是，”他后来回忆道，“你和某个同事谈话时，你根本不知道他是什么职务。”他是秘密警察的首脑吗？不清楚。然而，斯塔申斯基后来回忆称，达蒙曾说“克格勃的首脑”会亲自找他谈话。不管他是谁，这个人给斯塔申斯基留下了深刻印象。他似乎40多岁年纪，和斯塔申斯基以前见过的克格勃官员都不一样。“我看他像个贵族，坐在我身旁，从容淡定，用毫不动摇的口吻表达他的想法，让人感觉要反驳他简直不可想象。说话行事绝对自信……不难看出他惯于发号施令，在克格勃中担任要职。”[2]

根据解密的克格勃官员传记，格奥尔基·阿夫克谢耶维奇的姓氏是伊先科（Ishchenko）。他们两人会面时，伊先科上校再有几个月就要过50岁生日了，但他把深色的头发向后梳着，显得比实际年龄更年轻。他的家庭并没有贵族血统。1910年，他出生于俄国库班地区克里姆村（Krymskaia）的一个劳动人民家庭。尽管有着乌克兰姓氏，但他自称是俄罗斯人——这可能是20世纪30年代初苏联国籍政策剧烈变化的结果。1932～1933年乌克兰大饥荒过后，斯大林下令关闭库班地区所有乌克兰语出版和教育机构，该地区所有乌克兰人都要重新登记为俄罗斯人。伊先科最初在党的机关工作，1937年斯大林实行大清洗后，开始转向秘密警察。斯大林统治的最后几年，他在库班地区领导内务人民委员部的分支机构。斯大林去世后，他被派去匈牙利管理内务人民委员部的相关机构，后来担任匈牙利安全事务联络人。1956 年秋，他积极参与镇压匈牙利革命。当时，他与被派往布达佩斯的克格勃负责人伊万·谢罗夫 58 (Ivan Serov) 将军密切合作。[3]

伊先科上校坐在斯塔申斯基饭店房间的桌子旁，向他询问最近完成的任务：成功追踪到班德拉。苏联方面认为班德拉是西方世界人数最多也最危险的乌克兰移民群体的领导人。斯塔申斯基受宠若惊，将自己所知的班德拉的情况都一五一十地如实汇报。

1958 年春，达蒙曾让斯塔申斯基去西柏林书店，寻找一位叫波佩尔（Popel）的作家出版的作品。这是斯塔申斯基第一次听说这个名字。事实上，封面上印着这个作家名字的书全世界只有一本：1943 年出版于利沃夫，书名叫《国际象棋入门》(*A Chess Player's Beginnings*)，由乌克兰棋手斯捷潘·波佩尔（Stepan Popel）撰写。战后，波佩尔赢过无数次巴黎锦标赛，20 世纪 50 年代移居美国后，连续三年获得了密歇根州的冠军。所以 1958 年夏天，斯塔申斯基没有在西柏林书店找到 15 年前波佩尔用乌克兰语写成的这本书，也就不足为奇了。斯塔申斯基告诉上司，他没见到这位作者的书，后来达蒙再也没提这件事。[4]

波佩尔这个名字很快就再次出现在斯塔申斯基的生活中。1958 年 5 月，欧洲的乌克兰移民纪念乌克兰民族主义者组织创始人科诺瓦列茨被暗杀 20 周年。这位创始人是经斯大林亲自下令，由苏多普拉托夫出手杀死的。克格勃官员决定利用科诺瓦列茨的纪念活动，开始策划暗杀他的继任者。纪念仪式定于 1958 年 5 月 25 日，在鹿特丹科诺瓦列茨埋葬的克罗斯维克

（Crooswijk）公墓举行，来自世界各地的乌克兰民族主义组织领导人都聚首于此。对立派系的两位领导人班德拉和梅利尼克都出席了仪式。达蒙想让他的特工去现场看看，好认识他以后将奉命刺杀的对象。但他当然没有透露真实意图，而是让斯塔申斯基带着相机出席仪式，拍几张民族主义组织领导人的照
59 片。因此斯塔申斯基去了鹿特丹。[5]

尽管安保工作严密，斯塔申斯基不仅想办法混进了墓地，给纪念队伍中的人群拍了照。他还走到科诺瓦列茨墓碑近前，看着发言人致辞。其中一位发言人比其他人更受关注，演讲时间也最长，那人他之前没见过。发言人哀悼死者，谴责凶手。“今天我们可以说，就像之前一样，那些与上帝、乌克兰和所有热爱自由的人类为敌者，并没有因为杀害这位创始人、领导者，就摧毁乌克兰民族主义者组织和乌克兰解放运动。但与此同时，我们也感到这是巨大且无法弥补的损失，即使过去 20 年，依然无法弥补。”[6]

斯塔申斯基不知道这位演讲者是谁，但他注意到了他的车——一辆深蓝色欧宝。刚从鹿特丹回来，达蒙就给他看了一份报纸，上面刊载了纪念仪式上发言的演讲稿。其中演讲时间最长的是斯捷潘·班德拉。直到此时，斯塔申斯基才知道这位发言人、那辆欧宝车的主人是谁。

达蒙不仅对斯塔申斯基拍摄的照片以及他在鹿特丹见到的人感兴趣，还对公墓和科诺瓦列茨墓地周围的环境感兴趣。他问斯塔申斯基是否可以在墓地里藏些东西。斯塔申斯基第一反应的回答是可以。但他猛然意识到达蒙此时脑子里想到的肯定是要再放一枚炸弹，这次不是放在巧克力盒子里，而是放在科诺瓦列茨的坟墓里。于是他改变了答案，说要这样做很难。他

还提出由于空间小、人员密集，这种袭击的杀伤对象不仅是民族主义领导人，还会波及妇女和儿童。于是达蒙不再谈论这个话题，但暗杀班德拉的打算显然一直在他心头萦绕。[7]

1959 年 1 月初，达蒙给斯塔申斯基布置了一个任务：去慕尼黑找到班德拉的住处。达蒙告诉他，班德拉很可能使用斯捷潘·波佩尔这个名字。克格勃档案里有他的地址，他或许还住在那儿，但他们想要确认或者更新信息。斯塔申斯基飞到慕 60
尼黑，这次换用了西德的汉斯·约阿希姆·布迪特（Hans Joachim Budeit）的证明文件。没多久他就证实，之前在鹿特丹见到的那个人没有住在他们给的那个地址。此人现在住在哪里，谁也说不清。

任务完成了。斯塔申斯基可以回到柏林上报他的成果。但就在离开前他灵光一闪，想到要查看一下慕尼黑的电话簿。结果找到了！斯捷潘·波佩尔，上面有他的电话号码和家庭住址：克赖特大街 7 号。这就是那位波佩尔先生吗？第二天早上，斯塔申斯基来到克赖特大街。在通向 7 号楼院子的拱门里，他一眼看到了那辆眼熟的欧宝车，还有鹿特丹的那位发言人，正在修理自己的车。大楼入口处的住户铭牌上写有斯捷潘·波佩尔。那天早上晚些时候，斯塔申斯基看到同一辆欧宝车，停在当地乌克兰组织总部附近的齐柏林大街上。毫无疑问，克赖特大街 7 号的斯捷潘·波佩尔不是别人，正是斯捷潘·班德拉。斯塔申斯基是个优秀的特工。他放弃了西乌克兰游击队的藏身之所，一路走到柏林那令人垂涎的职位，自然不是无能之辈。达蒙听取报告时简直不敢相信自己的耳朵。他欣喜地对斯塔申斯基说：“我们终于抓到了班德拉的狐狸尾巴。”

伊先科上校仔细听完斯塔申斯基在慕尼黑追踪班德拉的事

情后，告诉他组织已经决定要像清除里贝特一样，“清算”他的跟踪对象。惊慌失措的斯塔申斯基表达了自己的保留意见：班德拉可不像里贝特。班德拉会配枪，还带着保镖。克格勃上校告诉他，这次他拿到的武器将是改良成双枪筒的新型号。如果有必要，斯塔申斯基可以把保镖一起干掉。“他没有理会我的反对意见，”斯塔申斯基后来回忆道，“我要负责执行，到底怎么做由我自己决定。他说我的尝试一定会成功。”他们开
61 了一瓶苏联香槟，为这次任务成功而干杯。“这让我想起了一部以前看过的俄国电影，”斯塔申斯基回忆说，“那是讲一名间谍的‘英勇行为’，而派遣间谍执行敌后任务的军官用一瓶香槟为他送行。”[8]

伊先科上校告诉斯塔申斯基，能熟悉西欧却不了解莫斯科将是一大憾事。他想让斯塔申斯基去看看苏联的首都。这是克格勃的标准操作，特工和杀手在被派往国外之前会先让他们参观苏联的圣地。列宁墓和红场是最受崇敬的地方。伊先科给了斯塔申斯基一张特殊通行证，可以到红场大看台上观看五一节的阅兵式和大游行。斯塔申斯基在利沃夫和基辅看过游行，但那些都无法和这次的盛大活动相提并论。阅兵式上展示的新式军事装备给斯塔申斯基留下了特别深刻的印象。观看苏联展示武力的同时，他也能见到出现在广场对面的赫鲁晓夫。赫鲁晓夫从未忘记班德拉。现在境遇和命运又把他们联系在一起，纽带只是一个简单的目标：除掉班德拉。[9]

9 波佩尔先生

斯塔申斯基在离开莫斯科之前，看到了新改装的喷雾枪。 62
改进版配有两个枪管，杀手可以一次射杀两个目标，不必重新装安瓿——这次的两个目标是班德拉和他的保镖。有贵族风度的克格勃官员伊先科上校，让斯塔申斯基回东柏林待命。斯塔申斯基回到了东柏林马里恩大街的公寓，开始酗酒。命令于1959年5月的第二个星期下达：莫斯科希望尽快了结班德拉。斯塔申斯基拿到了达蒙给的文件、新型武器、解药和安瓿。他还收到一串可以打开班德拉公寓大门的钥匙。莫斯科方面表示，暗杀行动在门厅执行较为理想。但如果情况允许，在大楼院子里也可以，具体由他自行判断。

到了慕尼黑后，开始几天斯塔申斯基的生活很有规律。早上他在班德拉的公寓楼附近闲逛。上午11点，他就会到齐柏林大街，班德拉的办公室在那里。他见过班德拉几次，大多数时候有保镖陪伴。有一天，他发现班德拉独自回家，开着欧宝车到了克赖特大街公寓的大门附近。汽车拐进了拱门，朝院子
和车库开去。斯塔申斯基从口袋里掏出武器准备执行任务，但 63
在最后一刻改变了主意。为了不让自己再回头，他把喷雾枪朝着地面射击，然后走到桥上把枪扔进了河里，一年半前他曾把暗杀里贝特的武器扔进宫廷花园的同一条河里。

斯塔申斯基拒绝了杀死班德拉的命令后，或许如释重负。

但也有令人担忧之处：他必须回到卡尔斯霍斯特向达蒙解释为什么没能完成任务。就他所知，他很有可能被另一位克格勃特工跟踪，对方会看到他把手枪扔进水里。斯塔申斯基只知道，无论谁跟在他后面，都不可能看到班德拉的院子里究竟发生了什么。斯塔申斯基决定告诉达蒙，当时院子里还有其他人在班德拉的车库附近，于是他被迫放弃了计划。他还竭力证明自己曾努力进入公寓大楼——这是克格勃对暗杀地点的第一选择。他曾尝试用钥匙开门，结果拧断了几把钥匙。他也试过用自己的钥匙开门，可是也弄断了。斯塔申斯基打算给达蒙看看这些被拧断的钥匙，以证明自己已经尽了最大努力。

达蒙听了这个消息自然不高兴，但他也无能为力。8 月，斯塔申斯基回到苏联度了一个短假。回来之后，达蒙就告诉他莫斯科已经下令再试一次。10 月 14 日，斯塔申斯基带着装好安瓿的手枪、解药和一套班德拉寓所的新钥匙飞往慕尼黑。他预计将在慕尼黑待上 7 ~ 10 天——这是规范操作。10 天之后，不管他是否完成任务都要返回。

10 月 15 日应该是斯塔申斯基的第一个“工作日”，他并没有期望能取得什么成果，只是开始观察。即便如此，早上他还是服了解药，把喷雾枪包在报纸里，放进夹克内侧的口袋里。现在去班德拉家已经太晚了，所以他去了齐柏林大街的乌
64 克兰人的办公室。他把观察点定在路德维希大桥上，靠近德意志科学技术杰作博物馆和电车站。参观博物馆的游客和乘坐有轨电车的路人，可能会注意到一个 30 岁上下的年轻人，在那里没有目的地闲逛着，时不时地朝齐柏林大街方向扫一眼。他发现班德拉的车停在 67 号附近。然后大约中午时分，只见一名男子和一位女士离开大楼，上车走了。

看来斯塔申斯基的工作时间结束了。有人陪着班德拉，所以那天没有机会逮到他了。但斯塔申斯基决定乘电车去班德拉的寓所，如果有人在监视他的话，也可以向上司证明他确实已经想方设法要完成任务了。他赶到班德拉公寓门前的街上，并没有见到后者本人或车。斯塔申斯基决定给自己设定一个离开这里的时间，而不要让监视的特工怀疑他还没有尽力。他决定等到下午 1 点。就在他查看手表等待下班时刻到来之时，突然看见一辆车朝着他的方向驶来。那是班德拉的欧宝，而他独自一人。一个小时前斯塔申斯基在路德维希桥上看到的那个女人不见了。

眼见欧宝车拐弯驶进拱门，斯塔申斯基也朝那个方向走去。车停在开着的车库门前，司机正忙着从车后取东西。斯塔申斯基用卡尔斯霍斯特新制的一套钥匙打开了大门。现在他到了大楼的门厅，那里正是克格勃希望他执行暗杀行动的地点。本来一切已就绪，突然他听到楼上有女人的声音。斯塔申斯基转身走向电梯，等着那个女人从他身后经过走出大楼。然后他回到先前的位置，楼梯第一个拐角之后，进门的人看不见那里。斯塔申斯基又重新掌控了局面。他听到有人开门，心知那是班德拉。他开始走下楼梯，右手握着裹在报纸里的枪。待人走到近前，他会像射杀里贝特一样射杀班德拉。但计划出了点问题。班德拉一手拎着一袋蔬菜，只用一只手努力开门：他的钥匙卡在锁里了。班德拉右手拿着袋子，用脚顶住门，想用左 65
手拔出钥匙，但没能成功。斯塔申斯基弯腰假装绑鞋带，实际上是在等着班德拉搞定那扇门。

斯塔申斯基又开始想——或许此时不是执行计划的良机。但他还是继续行动。他随口问班德拉是不是锁坏了，对方回答一切正常。话音刚落，他举起卷在报纸里的武器，向班德拉的脸部喷射。他后来承认自己太紧张，原本用一支安瓿就足够，他把两支安瓿都用了。接着就听到“嘭”一声轻响。然后斯塔申斯基跨步走出大楼，把身后的门带上，转身沿着厄兹基瑟瑞大街（Erzgiessereistrasse）向市中心走去。他打开报纸，将8英寸长的枪筒藏进口袋，掏出一块手帕拿到口鼻处闻了闻。两小时后，他登上了开往法兰克福的特快列车。[1]

斯塔申斯基想尽快离开西德，但他抵达法兰克福时，最后一班飞往西柏林的航班已经起飞了。他订了第二天的机票，在威斯巴登酒店（Hotel Wiesbaden）登记入住53号房间。这家酒店今天依然在营业，广告上的卖点就是酒店交通便利，离市中心仅十分钟车程，离机场只有十五分钟。斯塔申斯基看中的是第二项优势。第二天他到达机场时，报摊上到处都是报道班德拉神秘死亡的报纸。他的邻居都只知道他叫斯捷潘·波佩尔。斯塔申斯基这才证实目标已经死亡。他一抵达柏林，就给达蒙打了电话。他的克格勃上司已经知道了这次行动的结果，祝贺斯塔申斯基漂亮地完成任务。他们在城市东边的华沙咖啡馆会面，斯塔申斯基告诉达蒙事情的细节。他又提交了两份报告——第一份汇报他去过的地方、待了多长时间，第二份报告和刺杀里贝特之后一样，是关于对“熟人”的问候。他在报告中写道，问候已经顺利送达。[2]

10 送医不治

在克赖特大街三楼的公寓里，雅罗斯拉娃·班德拉 66
（Yaroslava Bandera）——邻居们都叫她波佩尔夫人，正等着丈夫回家吃午饭。她听到车开进院子的声音，从阳台望去就看到那辆欧宝车停在车库前，于是转身去打开公寓门。班德拉夫人，这位42岁的家庭主妇，也是三个孩子的母亲。她正准备迎战一场早上就拉开序幕的激烈争吵。让他们吵架的话题是一个女人。

多年来，她一直怀疑丈夫班德拉有婚外情，还竭尽全力与之缠斗不休。据班德拉的保镖说，她常在工作时间打电话查岗，看他是否在办公室。她解雇了帮忙料理家务的女佣，总觉得他在勾引她们。后来她不允许家里接待一切女客，只能勉强招待男客，因为丈夫总会主动提出要送他们回家，然后几个小时不见人影。然而，班德拉夫人的不少朋友都认为，尽管婚姻里有些不如意，但她仍然深爱着丈夫。

班德拉平常工作日尽量不待在家里。他总是最早上班，最晚离开办公室，经常工作到晚上10点以后。的确，他对女性尤其是年轻女性有好感。他的朋友、同事都知道，多年来他一 67
直和一个比他小十多岁的女人有来往，即便在此女结婚后，也没有断绝联系。现在班德拉夫人怀疑他又在引诱年轻姑娘。那是个受过训练的护士，正在公寓一楼的韦纳（Weiner）家里当女佣，照顾家里的三个孩子。熟悉班德拉的人都认为他被迷住了——他抓住一切机会与女佣见面，有时在大楼前，有时趁她出入雇主寓所的时候。班德拉夫人觉察到了危险，每次在大楼里见到那个女人都要怒目相向。她还要求丈夫解释清楚。那天早上他们一直争论的就是这个事儿。班德拉很烦恼，比平常早一些离开了公寓。他听到妻子甩下的最后一句话是："等你回来吃午饭，咱们再慢慢'算账'。"

班德拉夫人满怀期待地等着丈夫上楼来继续早上的话题。但她打开门时，只听到楼下传来吓人的尖叫，还有一楼邻居沙亚·盖姆斯夫人（Frau Chaya Gamse）的声音："我的上帝啊！"沙亚和丈夫迈拉赫（Melach）是纳粹集中营的幸存者，身体状况都不好。班德拉夫人还以为可能是他们家的哪个出了事。随后就见盖姆斯先生跑上楼来，她还问他是否需要用电话，他却让她下楼去：她丈夫躺在一楼楼梯平台上。她一把抓起公寓钥匙就奔下楼去。她的丈夫躺在电梯门和韦纳公寓门口之间，嘴巴、鼻子和耳朵都流着血，但他还活着，眼睛还能睁开闭上，喉咙里发出嘶哑的声音。

玛格达莱娜·温克曼（Magdalena Winklmann），韦纳公寓的女佣，也是班德拉夫人认定的丈夫外遇对象，就坐在他身边帮他擦着脸上的血迹，他似乎还紧紧握着她的手。周围站着盖姆斯夫妇，还有其他人。盖姆斯的公寓和韦纳家隔着走廊，就在对面。当时他们正准备吃午饭，听到楼梯上传来沉重的脚步
68 声，然后好像听到一声惊呼。盖姆斯夫人第一个走出公寓，只见他们认识的斯捷潘·波佩尔躺在地板上。她和刚从韦纳家出来的玛格达莱娜一起，帮着班德拉躺成侧卧姿势，这样他就不会被嘴里流出的血呛到。这是盖姆斯夫人在集中营里学到的。

班德拉夫人一声尖叫，坐倒在地板上。她双手捧着丈夫的头，一边轻轻拍着，一边用乌克兰语问：“斯捷潘，发生了什么事？斯捷潘，快说说发生了什么。”盖姆斯先生已经叫了救护车，救护车几分钟后就到了。班德拉夫人怀疑丈夫是突发中风。她打电话给丈夫在齐柏林大街办公室的助手，告诉他们出了意外：丈夫摔倒在楼梯上，需要治疗。她明显已惊慌失措。几天后，接听电话的人回忆说：“她说得前言不搭后语。我只听到什么摔倒了，躺在台阶上之类的。”他答应马上就到。班德拉夫人陪着丈夫到拉撒雷特大街（Lazarettstrasse）的医院，那里离公寓只有几分钟路程。[1]

班德拉的同事从齐柏林大街赶来时，救护车已经离开了。他们和班德拉十多岁的女儿谈了几句，她说父亲应该是中风了。他们想知道细节，又和盖姆斯夫妇聊了一会儿。大门口和电梯附近的地板上还能看到血迹。此外还有班德拉遭暗杀时拿在手里的那一袋番茄，端正地摆在地板上，仿佛是他倒地前小心翼翼地放下的。班德拉的同事获知此事自然痛心疾首。等他们离开后，盖姆斯夫人和玛格达莱娜拿着扫帚、拖把和水桶把一楼地板彻底清扫了一遍。几分钟后，事发痕迹已被清理干净。盖姆斯先生把那袋番茄也拿走了。[2]

当班德拉被送到医院时，医生宣布病人已经死亡。值班医生检查了尸体，同意死因是中风。班德拉在楼梯上摔倒时磕伤了颅骨，导致鼻子、嘴巴和耳朵出血。没有任何谋杀的迹象， 69
也没有理由怀疑其他可能，只是不幸发生了意外。然而，班德拉的同事不这么想。其中一个人问：是否还能抢救，能不能给他注射强心针或是吸氧。在得到否定回答后，这位同事又问医生是否有可能看起来像意外，实际上却是一场暗杀。医生认为不是，在楼梯上突发中风跌落很危险，有可能导致死亡。班德拉的同事别无选择，只能接受医生签署死亡证明时的结论：突发中风。[3]

班德拉的同事们回到总部，开始对当天发生的事进行调查。10 月 15 日上午，齐柏林大街 67 号大楼里有不少班德拉秘密组织的分支机构，像往常一样开始工作。班德拉由保镖瓦西里·尼诺夫斯基（Vasyl Ninovsky）陪同，8 点过后到达。班德拉进了办公室，尼诺夫斯基去了位于大厦一楼的组织报纸《胜利之路》（*Shliakh peremohy*）的印刷厂。

班德拉的助手和办公室职员 9 点左右陆续来上班。当天上午，班德拉与三名同事有一次会议，这三人后来都接受了警方和班德拉组织内部安全部门的调查。大约上午 11 点 30 分，班德拉离开办公室来到楼下的报社。他的老友尤金妮亚·马克（Eugenia Mak）就在那里工作。他问她能不能陪他去市场买些水果，但她拒绝了。“她拒绝了三次，说自己没心情，”目击者回忆说，“她表示也没什么要买的。班德拉坚持要她陪伴。其他员工都催促她一同去，她才勉强答应。”

两人才要走到一楼，班德拉突然想起把贝雷帽忘在办公室了。他犹豫了一下，对尤金妮亚说，午饭后再来拿吧。班德拉
70 通常是在家里吃午饭，他想先去慕尼黑著名的批发市场（Grossmarkthalle）买些水果和蔬菜。圈子里的人都知道他是“亲力亲为”的一家之主，喜欢跑腿办事，亲自为家人采买食品，他自己也很喜欢美食。他的另一个爱好是车，会耗费几个小时亲自维护，保持车况整洁、运行良好。有时引擎发生些小问题，他也不找修理工，全靠自己动手修理。班德拉和尤金妮亚走出大楼，坐进他的深蓝色欧宝，驶向齐柏林大街西南边位

于伊萨尔河对岸的批发市场。

班德拉在市场里买了些葡萄、李子和番茄，看来打算腌泡菜。买完东西，他们俩把袋子放进车里，开车回齐柏林大街。他在离办公楼不远处放下尤金妮亚。她想拿上在市场里买的核桃，但核桃在后备厢里，被他买的东西压着了，班德拉答应午饭过后给她送去。现在他着急回家。“稍等一会儿。我叫尼诺夫斯基来陪你回去。”尤金妮亚说，她说的是班德拉的保镖。但班德拉历来不服从安全团队的指挥，这次也不打算听话。“等尼诺夫斯基下来，我都到家了。”他如此告诉这位秘书。“一会儿见。”自此之后，关于这位领导人生命最后时刻的事，他的同事就无从知晓了。[4]

后来医务人员叫来负责刑事调查的慕尼黑警察，这并不是对他的死亡原因有什么疑问，只是例行公事。在检查尸体时，医生在班德拉右臂下发现一根枪带，里面装着一把瓦尔特765 PKK。这是一种相对小型的手枪，易于隐藏，最初是为德国警察设计的。在德国，随身携带枪支很不寻常——事实上，携带枪支是非法行为。按照规定，医务人员遇到此类案件时应向当局报告。警方起初也不太感兴趣：医学检查没有发现任何暴力死亡的迹象。最终决定将班德拉的遗体送往慕尼黑大学法医学研究所进行尸检。尸检定于第二天进行，警方必须等待检验结果才能展开调查。负责此案的探员赫尔曼·施密特（Hermann 71
Schmidt）和奥伯科米萨·阿德里安·富赫斯（Oberkommissar Adrian Fuchs）都认为这事不着急。

10月16日星期五，法医学研究所所长沃尔夫冈·拉弗斯（Wolfgang Laves）教授带领一个医生团队进行尸检。拉弗斯教授已经60岁，秃顶戴眼镜，这位医学博士兼科学家自1945年起就领导该研究所。拉弗斯的助手是年轻的沃尔夫冈·斯潘博士。后来希特勒得力助手鲁道夫·赫斯（Rudolf Hess）的尸检也是由这位博士主刀的。班德拉的尸检持续了两个小时。检验结果让警方大吃一惊。凶杀案组负责人施密特回到警察总部时，脸色苍白，显然十分震惊。遇到记者询问时，他只生硬地回答："我什么都不会说的！"随后他召集下属，又打电话给德国联邦宪法保卫局（Bundesamt für Verfassungsschutz）巴伐利亚分部，该机构也负责西德的反情报工作。施密特与对方进行了一次长谈，他不想透露给记者的消息使得这些西德宪法保护者忧心忡忡。

由于施密特保持沉默，记者希望城市警察局局长安东·海格尔（Anton Heigel）能发表些意见，但也收效甚微。海格尔说："目前还没有收到任何报告，我对这事一点儿也不感兴趣。"警察局局长的评论令人失望，但也耐人寻味。警方在尸检结果公布前发布的唯一声明，证实了记者从自己的渠道获知的消息：斯捷潘·波佩尔并非真实身份。新闻稿中写道："不幸意外造成死亡。1959 年 10 月 15 日午饭时分，现年 50 岁的无国籍记者斯捷潘·波佩尔，又名斯捷潘·班德拉，在位于城西的住宅楼梯口跌伤，于送医途中伤重不治。警方将对意外发生过程进行调查。"

72 10 月 15 日晚上 10 点左右，"班德拉"这个名字首次与波佩尔联系起来，当时慕尼黑的巴伐利亚广播（Bayerischer Rundfunk）发布了以下消息："乌克兰移民领袖之一，现年 50 岁的斯捷潘·班德拉今日在慕尼黑去世。据说他在住处楼梯上摔倒，于送医途中不治身亡。警方尚未掌握其死亡的确切情况。"播音员在总结班德拉的经历时说："他是乌克兰民族主义者，在二战之前及战争期间被关押在波兰和德国的监狱或集中营里。”班德拉是西方世界里乌克兰反苏运动中最深居简出的神秘领导人，许多人虽闻其名却从未谋面。媒体只知道他的组织影响着德国、英国、美国、加拿大及其他国家数以万计的新移民。

记者们追着警方寻找解答而不可得，确实有理由恼火——警方显然在向媒体隐瞒着什么。《慕尼黑晚报》（*Abendzeitung*）解释了媒体穷追不舍的理由：“慕尼黑已经成为特工、间谍和移民的乐园，这些人大多来自东方地区。他们的活动笼罩在秘密的阴影之中，不知情的居民通常对此一无所觉。极偶然地掀起帘幕一角，透露出其中的罪恶行径——他们对一个联邦共和国给予政治庇护的人犯下了罪行。”其他慕尼黑报纸的周末版也将刊登班德拉神秘死亡的报道，但对于他到底是中风还是意外，并没有确凿证据。[5]

10 月 19 日星期一，慕尼黑刑警凶杀组发布了一份新闻稿。这下部门负责人施密特上周五表现得心烦意乱又遮遮掩掩的理由显而易见了。新闻稿中声明，班德拉的尸检于星期五开始，一直持续到星期六。报告中明确说：“10 月 17 日法医学 73
研究所进行的调查发现，班德拉死于氰化物中毒。凶杀委员会正在调查这是自杀还是犯罪行为。”

星期五那天，拉弗斯教授的年轻助手斯潘从尸体解剖的大脑中闻到淡淡的杏仁味。进一步的调查发现，胃中残留氰化物痕迹——这是两支枪管一起发射的结果。胃中未发现胶囊，残留的氰化物也不足以致死，但毫无疑问有氰化物出现，并且不知何故进入死者胃里。警方决定公布氰化物中毒的消息，但不说明细节情况。对班德拉胃中发现的化学物质进行全面调查，要很久之后才会有结果。当天，路透社和其他国际新闻机构播报了这则消息。10 月 20 日班德拉葬礼当日，德国报纸也刊登了消息。[6]

班德拉因毒药致死的新闻，不仅让认为他死于自然原因的人感到震惊，连追随他左右、相信他被暗杀的人也大吃一惊。氰化物中毒且没有任何暴力迹象，表明这是自杀而不是谋杀，但班德拉的同事更愿意把他描绘成一个为事业牺牲的殉道者，而不希望他是理想破灭、灰心丧气——不管出于什么原因——自寻死路的形象。然而，进行尸检的医生和参与调查的警方更愿意采信自杀的说法。拉弗斯教授对此毫不怀疑。他向波佩尔夫人（现在人们称她为班德拉夫人）和她丈夫的同事保证，他对“自由斗士”的自杀行为有着丰富经验，因为他对七八个这样的人进行过尸检。他认为“自由斗士”在持续的压力之下，往往倾向于选择死亡。

拉弗斯教授确实有不少这方面的经验，尽管大多是自杀，但自杀的也不都是“自由斗士”。之前他最著名的诊疗对象希
74 特勒就是在 1945 年 4 月自杀的。在与班德拉夫人的谈话中，拉弗斯教授向伤心的未亡人解释说，对于像她丈夫这样的人来说，自杀差不多是一种职业危害。当面对来自敌方的巨大压力时，不论对方是想从心理上击垮他或者胁迫、威胁他的家人朋友，一名“自由斗士”可能会自愿选择自杀。任何以上情境都可能导致班德拉吞下氰化物自杀。

拉弗斯的结论是，毒药是班德拉在死前三个小时之内通过口服进入胃里的。但班德拉夫人及其丈夫的同事依然争辩说如果了解死者的性格，就会知道他根本不可能自杀。拉弗斯博士失去了耐心。“那么是谁杀了他？幽灵？”他不无谦逊地反问对方。事情到此似乎就该结案了。[7]

11 葬礼

由于预计将有来自世界各地的几十名（如果不是几百名） 75
“自由斗士”出席班德拉的落葬仪式，慕尼黑警方和宪法保卫
局为此采取了额外的预防措施，以保护出席葬礼的人群，保证
葬礼顺利进行。他们担心铁幕后的相关当局可能会进行暗杀，
因为“自由斗士”正试图从铁幕下解放自己的祖国。

10 月 20 日下午，天气阴郁寒冷，数百名便衣警察躲在林地公墓（Waldfriedhof Cemetery）的树后——这里是 20 世纪初设计的“天堂花园”。其中有些人带着摄像机，正在录像以记录活动过程。此时正在拍摄录像的不止他们，还有来自东方世界的摄影师，主要是东德及苏联的代表。除了外交官和记者，出席葬礼的还有刚准备在慕尼黑演出的苏联乌克兰民族乐团的负责人。班德拉组织中不少人特别怀疑这些“东欧人”，认为杀害班德拉的凶手有可能就是乐团的成员。

将近 2000 名哀悼者聚集于班德拉的葬礼。仪式的装点形
式几近国葬，尽管死者生前并非独立国家的领导人。一个中年 76
男子扛着大十字架，走在送葬队伍的最前面。众多牧师和教堂
唱诗班跟随其后。接下来是高举蓝黄两色乌克兰国旗和红黑两
色班德拉组织旗帜的旗手。他们身后庄严地走着两个人，两人
身后各有两个助手跟随。这两人手中都捧着一个红枕头，枕头
上放着一个小瓮。一个瓮中装着来自乌克兰的土壤，另一个里

面是来自黑海的海水。对于大多数哀悼者来说，其象征意义显而易见——班德拉不计生死不仅为了国家独立而战，也为了国家统一和领土完整而战，而乌克兰领土从他的家乡喀尔巴阡山脉延伸到遥远的黑海。瓮中的海水是由班德拉的同伴从土耳其带来慕尼黑的，土耳其是黑海周围唯一没有被铁幕阻隔的国家了。[1]

班德拉的橡木棺材由六个最亲密的伙伴抬着，六人都与他年龄相仿，经历相同——他们从乌克兰早期的抵抗运动开始一直追随他左右。棺木后方是班德拉的遗孀雅罗斯拉娃和三个孩子。送葬队伍到达墓地后，第一个发言的是乌克兰的天主教神父，这个人最近刚从乌克兰移民过来。“斯捷潘·班德拉的一生有幸福的记忆，也曾艰难地踏过荆径，”牧师对哀悼者说，“他成年后将近四分之一的时间都在别国的监狱和集中营里度过，而正是这些国家在力图奴役我们的祖国。”

前来悼念班德拉的不仅有乌克兰人，还有“高加索人、格鲁吉亚人和白俄罗斯人、匈牙利人和立陶宛人，”《法兰克福汇报》（*Frankfurter Allgemeine Zeitung*）的记者写道，“人群中似乎都是东欧各国的移民。”他们之中有些人，尤其是左派的一些人，在班德拉生前坚决反对他。然而，现在他们前来声援政治对手：对班德拉的攻击也是对他们所有人的攻击。他们都是弱势的一方。许多聚集于公墓的人心里都有一个念头：不知下一个又是谁。德国报纸《绿色树叶报》（*Das Grüne Blatt*）的一位记者写道：“暗杀真好似悬在空中的剑。”[2]

77 10 月 15 日发生的事件不仅对班德拉的追随者造成重大的情感和政治打击，更是前所未有地攻破了安保防线。有人公开指责班德拉的安全小组成员未能恪尽职守。1951 年 5 月，马塔维耶科空降乌克兰后，他原先负责的班德拉安全部门主管的工作交给了他的副手伊万·卡舒巴（Ivan Kashuba）和卡舒巴的情报主管斯捷潘·穆德里克（Stepan Mudryk），两人都是经验丰富的情报人员。而安全人员认为责任归咎于班德拉本人。"我不止一次警告过领导和他的随从，注意安全威胁，"穆德里克告诉德国警方，"但我的警告经常不受重视，只能说我们的领导对此漫不经心。如果他听了我的话，我想事情不至于到如此地步。"

他们说得没错。20 世纪 30 年代初，班德拉在成功将民族主义者的地下组织变成一个大多是恐怖分子的集体后，他相信自己可以解决安全问题。经历多年的隐蔽生活后，他已经习惯了这种危险的感觉——他居住于慕尼黑郊外时，还经常会在去城里的路上让陌生路人搭车。除了无视安全部门让他遵守的规定之外，班德拉经常对保镖很无礼，造成他们中不少人离他而去，甚至离开组织。最终，班德拉决定自己来应付安全问题。1959 年秋，安全工作只有一个人独挑大梁——他的保镖、司机和通讯员，都由以前在苏联占领的西乌克兰打过游击的瓦西里·尼诺夫斯基担任。[3]

暗杀事件发生两周前，班德拉的安全部门收到让人恐慌的消息，迫使他要更关注自己的安全问题，甚至需要改名。而到那时为止，斯捷潘·波佩尔这个名字他已经用了近十年。1959 年 10 月 2 日，班德拉的情报主管穆德里克正在杜塞尔多夫（Düsseldorf）出差，他从当地给慕尼黑的总部致电，要求次日早上他返回慕尼黑后，必须召开一次组织领导层的特别会议。
穆德里克在回慕尼黑的夜车上几乎彻夜难眠，因为他对即将发 78
布的消息深感不安。

第二天早上，大家都在班德拉的办公室里等着穆德里克。领导坐在办公桌前，他的助手们围坐在桌旁。穆德里克在火车上颠簸一夜后疲惫不堪，衣衫不整地坐在老板面前，叙述他在杜塞尔多夫的一次会面。10 月 2 日，他与一位双重间谍进行了例行会谈，对方为克格勃工作，会定期将自身的活动通报给穆德里克。这名特工刚从东柏林回来，他在那里见了克格勃上司。他告诉穆德里克，莫斯科最高层已经做出决定，要清除班德拉及其亲信。“涉及班德拉的行动已经安排妥当，”双重间谍说，“袭击随时可能发生。记着，你自己也在清除名单里。现在有些技术资源还不为世界上其他国家所了解，你顶不住的。”双重间谍还掌握着更多信息，但那得用金钱换取。穆德里克没有钱给他，但他相信这些信息是可靠的。他希望班德拉离开慕尼黑，或许可以去西班牙，那里有佛朗哥独裁统治，克格勃不能无法无天地活动。

班德拉拒绝听从情报主管的建议。他说双方处于战争状态，危险是理所当然的，大家只有坚持下去。但几天后，他在阿尔卑斯山上度了短假，而穆德里克受命去波恩[①]为班德拉及其家人制作新的身份文件。班德拉将变成另一个人，这样就能摆脱即将出现的克格勃杀手。10 月 15 日清晨，穆德里克再次登上夜间列车到西德首都执行秘密任务。午休时，他打电话给慕尼黑汇报进展情况，但他晚了几分钟没能和班德拉通上话。1959 年 10 月 15 日中午 12 点不到，班德拉离开办公室回家吃饭。在安保人员登记册上，他曾注明本周午餐时间不需要人员

① 波恩（Bonn），德国北莱茵－威斯特法伦南部莱茵河畔的城市，位于科隆以南约 30 公里。1949～1990 年是联邦德国（西德）的首都。

保护，因为他打算在工作地点吃午饭。次日早晨穆德里克打电话回家时，妻子说他在波恩的任务已经没必要进行了：班德拉已死。[4]

现在穆德里克和同伴得面对自己所在组织之成员的怒火， 79
后者要求对出现安全漏洞给出解释。多年来，穆德里克在他的回忆录、私人信件和采访中都竭力捍卫自己作为情报主管的角色。他争辩说已经尽了一切努力来防止这次暗杀。事件发生多年之后，他仍然怀疑班德拉在生命的最后时刻是否记得他的警告。班德拉遇害当天拒绝带上兼职保镖尼诺夫斯基。但在自己当值期间发生如此惨剧，尼诺夫斯基内心已被此事击垮。暗杀事件发生几十年后，尼诺夫斯基的妻子仍在向他的亲属讲述能让她丈夫摆脱责任的内情。根据她的说法，10 月 15 日尼诺夫斯基在医院。此前已经发生过一次袭击事件，一辆不明身份的汽车撞上班德拉的车，尼诺夫斯基救了他的领导。如果尼诺夫斯基那天当值，班德拉就不会死，家族里流传的传奇故事是这样说的。[5]

班德拉的反情报部门负责人卡舒巴，也是直接负责他安全的人。他总是说班德拉是因为恋上邻居家的女佣而自杀的。卡舒巴对一位熟人说：“班德拉爱上了那个德国女人，为了她夜不能寐。他利用一切机会与她会面，常是在大楼前或者邻居家门口，就为了和她聊上几句。他很有可能会在晚上避开妻子及女佣的雇主与她偷偷会面。”卡舒巴认为班德拉故意选择在爱人工作的公寓前自杀——停止呼吸前最后一个握着他手的人就是她。卡舒巴坚持说班德拉对这位德国女佣的恋情，该组织的其他领导人都知道。有人怀疑卡舒巴是否真的相信因失恋而自杀的理论，也许他的这一说法不过是为了搪塞别人对安保漏洞的指责。[6]

随着初秋的暮色渐渐笼罩公墓，人影开始在一排排十字架
80 和四周树木间依稀难辨。最后几位哀悼者先后离开了。来自东德的摄影师也都走了。班德拉葬礼的新闻短片将在月底前发布。慕尼黑警方可以为自己的出色工作感到自豪。葬礼顺利进行，既没有枪击案，也没有发生意外。哀悼者走后不久，隐蔽于公墓礼拜堂院子里的警察部队也散去了。对他们来说，班德拉死亡事件到此结束。

12 中情局电报

中情局慕尼黑站的负责人在事发当天向华盛顿报告了班德 81
拉的死讯。这封优先电报是拍发给中情局局长艾伦·杜勒斯的。它被标记为“红木”（Redwood），表明这是给中情局苏俄分部的行动警报，还标记着“Lcimprove”，意思是其中的信息涉及苏联在世界范围内的情报活动。这封电报于慕尼黑午夜时分发出，内容很隐秘：“10 月 15 日主题：报告斯捷潘·班德拉死讯。细节容后再报。以上。”[1]

虽然把电报发给中情局局长并不意味着他真的会读，但让对方收到是没问题的。慕尼黑站的负责人是时年 39 岁的威廉·胡德（William Hood），他与局长杜勒斯是旧相识。二战末期，他曾在杜勒斯领导的战略情报局（Office of Strategic Services，中情局前身）任职，该机构位于瑞士伯尔尼。当时，杜勒斯及其下属一直忙于与党卫军驻意大利指挥官卡尔·沃尔夫（Karl Wolff）将军建立联系，希望能确保亚平宁半岛的德军投降。杜勒斯与纳粹打交道的消息传到斯大林手中，引发国际丑闻，这是冷战间谍竞争的前兆。胡德于 1949 年加入中情
局。他执行的外派任务包括担任中情局维也纳站副站长，其间 82
曾参与招募和联络中情局的双重间谍、苏联军事情报机构的彼得·波波夫（Petr Popov）少校。随后胡德到慕尼黑接管了当地的中情局基地。负责在整个德国的秘密活动的中情局站点是

法兰克福，但慕尼黑也是中情局在德国的重要活动中心，仅次于西柏林。[2]

二战临近结束时，美国人拿下慕尼黑。城市中心因遭盟军轰炸几乎全部被摧毁。慕尼黑主要旅游景点哥特式建筑天主教大教堂——圣母教堂的屋顶坍塌，洋葱顶双塔有一个已严重损坏。1945 年 4 月 30 日，已于前一天解放了附近的达豪集中营的美国第 42 步兵师官兵，穿过被炸毁的建筑物废墟，来到慕尼黑市中心。部队没有遇到抵抗。20 世纪 20 年代慕尼黑的啤酒馆里诞生了纳粹运动①，现在慕尼黑幸存的市民，只想快些向美国人投降。德国警察到城市主广场玛利亚广场（Marienplatz）交出武器，换取美国士兵出具的收据。另一种选择——撤退到苏联占领的东部——会更糟糕。[3]

慕尼黑在美国的军事管理下成为安全的避风港，也是流离失所者首选的目的地。这些难民来自东方国家，他们想留在西方世界。苏联要求他们回国，称他们是祖国的叛徒。他们通常不接受这些指控，认为他们离开的祖国不属于苏联，只是在战争中被不公正地占领了。这些地方包括波罗的海三国，二战前属于波兰的西乌克兰和白俄罗斯，一战后属于罗马尼亚的布科维纳和比萨拉比亚（Bessarabia），以及曾属于捷克斯洛伐克的外喀尔巴阡。美方最初以武力遣返了一批人，再后来就让这些人留了下来。随着时间推移，大多数人会移居美国、英国、加拿大和澳大利亚。也有些人声称自己无国籍，留在德国。20 世纪 50 年代末，仍有近 8 万名来自东方国家的难民住在慕尼
83 黑。人数最多的族群是一战后来自波兰境内的乌克兰难民。[4]

① 此处指 1923 年 11 月的啤酒馆暴动。

慕尼黑的中情局官员几乎没有人不知道班德拉的。战争结束后，负责美国占领区安全的美国陆军反间谍部队（US Army Counterintelligence Corps，CIC）曾与班德拉的组织合作，在美占区的难民营中铲除苏联间谍。反间谍部队在不少方面也算中情局的先行者。但美方很快与班德拉及其下属产生激烈分歧。据信班德拉使用高压手段、恐吓和暴力，以确保自身在组织中的地位以及该组织在乌克兰难民中的主导地位。班德拉及其追随者坚定地反苏、反共，但这些特征在二战刚结束的美方行动中尚不明显，再过几年冷战开始后美方才逐渐重视这些因素。

班德拉组织能为反间谍部队以及随后成立的中情局提供行动上的帮助似乎也很有限。乌克兰民族主义者组织的班德拉派系是一个高度集中、纪律严明的组织，由一小群针对德国和苏联的职业阴谋家操控，这些人有丰富的游击战经验。对美国反间谍官员来说这样的组织很难使用，更不要说驾驭，因为他们在对付东欧游击战士方面缺乏经验。班德拉的人与反间谍部队进行过接触，但除非涉及苏联可能派人渗透乌克兰难民营，他们几乎没有传达任何可靠的信息。他们严守秘密，同时从事各种非法活动。涉嫌背叛组织或行事不遵循该派别路线的人，他们就会全部消灭。为资助自身活动，他们大量伪造美钞。

苏联曾要求引渡班德拉，他可是公认的乌克兰反苏斗争的象征。他们派军官和特工进入美占区绑架班德拉，但他躲了起来，改了名字，换了住处。美方准备与战时的盟友合作。事实上，战略情报局的官员把苏联的请求看作一次良机，可以摆脱
这位使用不便又异常危险的领导人。然而不管他们如何努力，84
都无法将班德拉递送给苏方。美国情报网已被班德拉支持者渗透，他们提供的领导人行踪都是虚假或误导的信息。而他也是

异常幸运。有一次，他开车外出被一位美国官员拦住，但最终准予放行，因为班德拉持有记者证件。班德拉确实直接参与该组织的报刊出版，他还将继续使用记者身份作为掩护直至生命终点。搜索最终被取消。不久美苏关系恶化，已经不可能再进行任何合作了。班德拉留在了巴伐利亚。[5]

1949 年，成立不久的中情局从美军反间谍部队手中接管了难民及其信息网络的主要职责。虽然他们从未试图抓捕或引渡班德拉，但他们对他以及他的组织所能提供的任何情报机会都敬而远之。班德拉的主要作战基地仍在美占区，但他开始与英国军事情报部门——负责国外军事行动的军情六处合作。与美方相比，英方在处理欧洲民族问题方面更有专长，而对对方的意识形态倾向和操作策略则较少顾忌。当时英方的一份报告称，班德拉是“专业的地下工作者，曾有恐怖主义行动经历，对间谍活动秉持冷酷无情的理念”。英方还认为在苏联和东欧的所有组织中，班德拉的人拥有规模最大和最成熟的网络，可以用于搜集苏联的情报。[6]

美方对此表示怀疑，他们认为班德拉的情报网络已经被苏联秘密警察彻底渗透。中情局没有选择班德拉，而是与他在乌克兰民族主义阵营中的对手结了盟。1947 年，乌克兰民族主
85 义者组织中的班德拉分支分裂。对手集团由组织安全部门的前负责人尼古拉·列别德（Mykola Lebed）领导，此人在 1941 年 7 月班德拉被德国逮捕后接管了该组织的领导权。他领导着组织挣扎求生，同时与纳粹展开英勇斗争。但也是在他的领导下，乌克兰民族主义者组织开始在沃利尼亚（Volhynia）屠杀波兰人，导致数万民众被害。1944 年苏联进军乌克兰，列别德被派往西方世界，在同盟国中代表乌克兰民族主义事业。由

于他对组织的控制及与西方情报机构的联系，他与班德拉产生了尖锐矛盾。据说班德拉曾下令袭击列别德，但这位前安全主管在中情局的帮助下远走美国，在大洋彼岸管理着自己的组织。该组织名为乌克兰最高解放委员会驻国外代表（Foreign Representation of the Supreme Ukrainian Liberation Council）。1957 年遭斯塔申斯基刺杀的里贝特，就是在列别德主政时期流亡的乌克兰知识分子领袖之一。

班德拉的乌克兰民族主义者组织国外小组（Foreign Units of the OUN）与英方合作之时，列别德的驻国外代表为中情局在苏联的秘密行动提供了人员支持。1951 年 5 月，中情局和军情六处两家情报机构合作在苏联领土上空空投特工人员。英方团队由马塔维耶科率领，班德拉曾来为他送行，而美方团队则收到了列别德的祝福。一组又一组人员空降到乌克兰的森林里。最初的消息令人鼓舞：各个小组都躲避了抓捕，并建立起无线电联系。但最终美英两方都开始怀疑，各种迹象表明进展太过顺利，简直不可能是真的。严酷的现实是空降到乌克兰的人员多数很快就落入克格勃手中，然后就和马塔维耶科一样在他们的控制下工作。多年以来特工们一直有去无回，美英两方决定停止空投。中情局开始利用列别德的人员与苏联展开心理战。到 1954 年时，军情六处与班德拉及他的组织断绝了关系。西方情报机构共同认可的一点是，如英国人在电报中所言："尽管我们一致希望班德拉'噤声'，但必须采取预防措施，
确保不让苏联绑架或杀害他。……任何情况下都不能让班德拉 86
成为烈士。"[7]

见到胡德发给华盛顿的神秘电报，毫无疑问说明两家情报机构都失败了。如果真的是苏联最终杀害了班德拉，那么他可

能会成为比在世时更重要的人物。第二天，慕尼黑站发来了更翔实的报告。10 月 16 日的电报中写道：“班德拉送医即告不治。不确定是否因跌倒时头部受伤。班德拉属下怀疑是他杀。”10 月 18 日星期天，验尸结果公之于众前，慕尼黑官员不得不再次向华盛顿拍发电报，报告安插在德国安全部门内的特工传来的最新消息：“初步尸检结果显示，班德拉并非自然死亡。有迹象表明他是中毒身亡的。”这位慕尼黑站负责人并未提及自杀的可能。他也怀疑是谋杀。次日，他要求总部提供“可能使用特定毒药类型”的信息，“这是一种难以检测的毒药，可能在班德拉死前大量使用”。希望能通过鉴定毒药类型进而揭发凶手。[8]

13 攀升

在认为班德拉是遭暗杀后，慕尼黑的中情局官员都想努力 87
查出杀害这位乌克兰领导人的凶手，弄清个中原委。但现实中并没有显而易见的答案。

早在1958年3月，位于兰利（Langley）的中情局总部就曾向慕尼黑站发电报，要求提供有关班德拉活动的最新消息。这一要求来自美国国会，并通过国务院传达给中情局总部。美国首都里有举足轻重的人物想让班德拉来美国。慕尼黑的中情局官员查看了档案，认为根据他最近的活动并没有将他拒之门外的理由。他们还询问了美国驻慕尼黑领事馆，证实班德拉没有申请签证，显然是在等待他的支持者在美国游说的结果。然而，胡德及其下属对支持班德拉申请赴美一度也没什么兴趣。乌克兰移民圈子里有中情局的人——列别德的组织，他们强烈反对班德拉进入美国和加拿大，那里是他们的地盘。于是班德拉还是留在慕尼黑。[1]

但在死亡前几个月，班德拉去了美国驻慕尼黑领事馆，正式申请赴美旅游签证。他希望能在1959年春赴美旅行，但后
来他告知纽约的一位老朋友，说他不确定申请能否获批。在他 88
提交的三个月旅游签证的申请文件中，自称斯捷潘·波佩尔，但以班德拉的姓氏为妻子和孩子申请签证。年轻的领事官克米特·S. 米德休恩（Kermit S. Midthun）与波佩尔（即班德拉）

进行了面谈。米德休恩之前在联邦调查局工作，他觉得班德拉的申请很可疑。他非常怀疑班德拉的组织（全名乌克兰民族主义者组织国外小组）不会完全接受美国在战后欧洲政策中强调的民主原则。[2]

班德拉并无举措来消除米德休恩的疑虑。德国入侵苏联之后，班德拉组织中有一些成员加入了德国警察部队，并在他们的队伍中参与了大屠杀。但犹太人并非乌克兰民族主义者的头号敌人。对他们来说，波兰人和“叛变”的乌克兰人才是乌克兰立国的主要仇敌。恐怖主义不仅是他们在二战前和二战期间始终普遍使用的武器，二战之后也依然如此。战后，恐怖主义主要针对苏联及与之“合作”的乌克兰人。这些拒绝支持民族主义事业的乌克兰人觉到自己腹背受敌，一边是苏联内务人民委员部的军队，另一边是民族主义的游击队。[3]

这位前联邦调查局官员问班德拉，他的组织一旦在乌克兰掌权后会如何建立和维护民主，他的回答让米德休恩非常不满。班德拉声称民主会伴随着立国而自然实现。他承诺将给米德休恩送来组织出版的刊物，以便他对组织中的民主状况做出研判。他很快就给领事馆送来八本小册子，不仅有推动乌克兰争取独立斗争的文章，也有班德拉组织的纲领性文件，还有针对最近苏共代表大会决议以及劳改营的古拉格制度的批判文章。米德休恩没时间也不愿意去读这些小册子，它们最后被送去情报收集与分发处（Intelligence Collection and Distribution
89 Section）。最终，班德拉能否获得入境签证也不是米德休恩一个人说了算。中情局也有发言权。[4]

1959 年 10 月 5 日，即在班德拉遇害前 10 天，胡德致信中情局总部的上司，要求他们考虑帮助班德拉获得美国的入境签证——慕尼黑领事官员这几个月来一直拒绝签发。慕尼黑站负责人的备忘录中还附有一份提出更详细要求的文件，该文件来自德国安全部门代号为“赫达尔”（Herdahl）的中情局联络人。中情局官员向赫达尔保证：“总部对此事非常关注，特别是班德拉有‘洗心革面’的迹象，以及他未来可在军事行动中起某些作用的设想。”据信，班德拉已经放弃了他曾采取的控制组织乃至整个乌克兰移民群体的残暴手段，正是这些手段使得美国领事馆非常紧张。

据官方消息，班德拉向美国申请了三个月的签证以探望亲属。他的真正目的自然并非如此。他计划在美国会见并招募追随者。据德国人估计，他在美国可能有 30 万～40 万人追随。北美也是班德拉组织及其活动的主要资金来源。另据德国人估计，截至 1958 年的 5 年内，该组织仅从加拿大就获得 90 万美元资助。班德拉还希望与美国政府官员会面，讨论合作的可能性。“原则上说，”胡德总结这位特工的观点道，“班德拉在军事行动中可提供的协助，即使不说超过全部，也要超过如今西方世界的大多数其他俄国移民团体。”胡德设想的军事行动是在铁幕之后进行的间谍活动——那是西方情报机构的欲望之地，也是他们的未知领域。胡德认为这个能与中情局共享大量有用信息的人，满足他的请求符合中情局的最佳利益。“如果批准签证，”胡德对上司写道，“未来‘攀升’（Upswing）与班德拉合作，我们将会获得大量信息。如果不予签证，赫达尔很可能因一时气愤而拒绝这方面的合作。”班德拉死亡的噩耗 90
传到慕尼黑站时，胡德还在等待中情局总部的答复。[5]

赫达尔的真名是海因茨·丹科·赫尔（Heinz Danko Herre），此人是德国联邦情报局（Bundesnachrichtendienst,

BND）的高级官员。德国联邦情报局于 1956 年 4 月 1 日愚人节正式成立，由总理康拉德·阿登纳（Konrad Adenauer）直接领导。德国联邦情报局与中情局共享智囊团。过去十年里，中情局资助并管理其前身盖伦组织（Gehlen Organization，或简称为 Org）。该组织以其首脑莱因哈德·盖伦（Reinhard Gehlen）将军的名字命名，此人曾负责在战争期间对苏联红军进行间谍活动。20 世纪 50 年代末中情局的来往通信中，德国联邦情报局的代号是“攀升”，后来改为“登高”（Uphill）。对中情局来说，其创设确实是激动人心的攀升，中情局与这个新成立的组织保持密切联系，但不用再对其资金或日常事务负责。这对盖伦将军来说也是重大跨越，他成为德国联邦情报局局长，并连续主政 22 年。[6]

盖伦组织转型——以德国联邦情报局的形式“合法化”，使得之前英美两方都回避的班德拉及其下属又重新回到了东西方情报战的聚光灯下。班德拉与盖伦联络人的协商始于 1956 年 3 月，甚至早于德国联邦情报局正式成立。美方警告年轻的西德伙伴不要使用班德拉在乌克兰的特工，他们相信那里的情报网络已经被克格勃渗透。德国联邦情报局采纳了建议，停止磋商。但几年后他们又起了与班德拉合作的念头。重新考虑有多方面的原因。德国联邦情报局是新生的情报组织，正需要寻找各种途径来证明自己，对于盖伦来说直接利用二战时积累的旧关系是最简单的办法。盖伦的一位联络人给胡德写信说：“班德拉，我们已经认识他 20 年了。”中情局的反对意见只是将他们的合作往后拖延了些时日罢了。

91 胡德获知班德拉死讯以及对他可能死于谋杀并将要进行调查的信息，来源都是赫尔。在德国联邦情报局的层级中，赫尔直接负责与班德拉及其追随者联系。他碰巧也是德国联邦情报局和中情局之间的主要联络人。他是俄国和东欧事务专家，在二战期间引起了盖伦注意。1942 年 4 月，盖伦将其收归己用，把他从前线调职到总参谋部情报科工作。赫尔在情报科成功策划了一场代号为“一线希望”（Silver Lining）的心理战，目标是促使红军战士开小差。战争结束后盖伦“叛变”投向美方时，赫尔是少数几个盖伦携其共同投敌的军官之一。1957 年，德国联邦情报局“公开”运行一年后，赫尔被任命为反对共产主义国家情报部门的负责人。对一个对付俄国的老手来说，这种感觉就像回家一样。[7]

赫尔的新职责符合中情局在该地区的主要利益。詹姆斯·H. 克里奇菲尔德（James H. Critchfield）是位于慕尼黑郊区普拉奇（Pullach）的中情局站点的负责人，此处也是盖伦组织总部所在地。他将赫尔称作中情局“在盖伦核心圈子里的关键人物”。几十年后回忆起在普拉奇度过的岁月，他称赫尔是“在局势艰难时，能与双方打交道，保持沟通，能领航寻求折中方案的人物”。赫尔辛勤工作，确保了美方“绝对核心”的地位。克里奇菲尔德回忆说：“他甚至都成了美国棒球专家，能不假思索地报出各队的击球率和联赛排名。”[8]

班德拉骤然死亡后，赫尔将警方调查的详细情况都告知了胡德。他还向这位中情局负责人简要介绍了 10 月 14 日他与班德拉及其同事举行的午餐会，此时距离那位乌克兰领导人去世已不足 24 小时。这顿午餐在慕尼黑的伊维格兰佩（Ewige Lampe）餐厅进行，时间从上午 10 点一直持续到下午 2 点。班德拉由两名同事陪同参加，两人后来向警方描述了这次会面，特别强调了午餐中提供的食物，因为他们怀疑其中一道菜

92 可能被下了毒。一名乌克兰参会者告诉警方，是其中一个德国人买了单，但被询问的数人都不愿透露会晤的内容。

赫尔与中情局的联络则较为开诚布公。“午餐主要（是）讨论‘攀升’支持进一步进入苏联的行动，”胡德向兰利总部报告道，“还讨论了目前行动小组的情况，已经有数周未接到该小组的报告，最后报告时他们还没有进入苏联。”1959 年 7 月，赫尔派遣一组班德拉的活动骨干经捷克斯洛伐克边境进入苏联。早在 1959 年 4 月 9 日，赫尔曾与班德拉及一位同事举行一次会议，讨论这次行动。10 月 14 日，他们再次在巴伐利亚霍夫酒店（Bayerischer Hof Hotel）的餐馆见面时，尽管派去捷克斯洛伐克的小组还没有反馈信息，赫尔已经打算扩大德国联邦情报局与班德拉的人的合作。美国中情局最终从乌克兰移民群体内部的消息源那里，获知了赫尔与班德拉会晤的午餐中讨论的具体内容。“德方接受乌克兰民族主义者组织国外小组提出的所有建议，并承诺提供各种援助。班德拉对会谈的结果非常满意。”报告中这样写道。那一天班德拉回到家里，的确心情很愉快。他告诉妻子会议进行得很顺利，他很喜欢那里的食物，山鹑烧得特别好。[9]

班德拉的助手怀疑他们的领导人可能是在与赫尔共进午餐时被下了毒，并提醒中情局注意这种可能性。但慕尼黑的中情局官员心里对此毫不怀疑，无论盖伦还是赫尔都与班德拉的死无关。相反，他们怀疑苏联。10 月 19 日，班德拉倒在公寓大楼的台阶上死去 4 天后，中情局慕尼黑站负责人给中情局总部领导发了一封电报，电报中请总部给德国联邦情报局传递一份“过去俄罗斯情报局（Russian Intelligence Services，RIS）使用特定毒药的信息”。他认为这一信息“会

非常有用，由（它）或可追溯这种没有发现足够数量却通过尸检确认班德拉被毒杀的毒药”。胡德认为，中情局调查过 93
的案件信息中或有一桩可“指向某种特定类型的毒药。这种毒药可能之前已经用过了，但很难检测到，而班德拉死前可能曾大剂量接触”。[10]

14 头号嫌疑人

94 中情局兰利总部的特工并不仅仅从慕尼黑搜集情报，他们也曾试图提供线索协助调查，其中一封电报是1959年11月5日发送给慕尼黑的。电报上写着："Aecasowarry 2号说他死前和Aecavatina 11号的妻子在一起。"（Aecasowarry 2 says wife Aecavatina 11 with him just prior death.）[1]

只有能接触到中情局代码的人才能看懂这封电报。除了"红木"行动（代表中情局苏俄分部）的标记之外，电报右上角还有另一个密码："Aerodynamic"（空气动力学），代表涉及中情局支持的乌克兰最高解放委员会驻国外代表的行动。这群乌克兰民族主义者由列别德领导，此人于20世纪40年代末与班德拉派系分裂，自那时起就与美国中情局密切合作。中情局官员使用"Aerodynamic"的"ae"前缀加在其他代号上，以识别从事反苏联情报活动的行动和个人。Aecassowarry 2和Aecavatina 11显然都属于那一类。cassowaries意思是"食火鸡"——新几内亚岛的一种羽毛五颜六色但不会飞的大型鸟类，它是"Aerodynamic"行动中列别德小组成员的代号。"ae"行动也包括之前空降特工进入苏联。Aecavatina中的cavatina则并非借用动物学术语，而是来自古典音乐的世界，
95 它的意思是"抒情小调"——一首短小简单的歌曲。这是班德拉组织成员的代号。

幸亏最近解密了一批中情局在冷战时期使用的代号密码，我们才能搞清楚这两个列别德和班德拉小组成员各代表着谁。代号“Aecassowary 1”代表列别德小组这个整体；“Aecassowary 2”是该小组的领导人列别德。给班德拉小组的编码方式略有不同，其领导人代号为“Aecavatina 1”。代号“Aecavatina 11”则代表其前安全主管马塔维耶科。[2]

所以中情局总部告知慕尼黑特工从列别德处得来的消息，班德拉去世前与他有最后接触的人，是他的前安全主管马塔维耶科的妻子尤金妮亚。班德拉总部的秘书、他去世前陪他去慕尼黑市场的人，德国警方称之为尤金妮亚·马克，实际上是尤金妮亚·马塔维耶科，是那名长期在苏联后方工作的特工的妻子。尤金妮亚 1916 年出生于利沃夫，1959 年她 43 岁。她的各种朋友、同事认识她时她使用着不同的姓氏，包括马克、斯奇霍尔（Sczyhol）和寇舒林斯卡（Koshulynska）。丈夫被选中在乌克兰执行危险任务后，她留在了战后不久他们才安家的慕尼黑。随后尤金妮亚去为丈夫的老板班德拉工作，在齐柏林大街 67 号上班。

1959 年 10 月 15 日临近中午时分，尤金妮亚·马克离开班德拉的办公室，陪伴他最后一次坐车外出。她现在成了警察以及不少班德拉死因调查人员最感兴趣的对象。所有人都认为是谋杀，慕尼黑警方和巴伐利亚反间谍办公室则认为她可能是同谋。班德拉组织内部的警方线人和医疗报告都指向同一个方向：毒物是由和班德拉关系很密切的人投放的。尤金妮亚·马克发现自己在这份名单中位居榜首。许多人指出尤金妮亚与班德拉的妻子已明争暗斗多年，有些人甚至认为尤金妮亚是班德拉的秘密情人。而且如果班德拉是在市场上品尝水果时被下毒

96 的，那就无法想象尤金妮亚没有参与其中。虽然根据中情局的报告，还没有人“能查明要如何当着班德拉的面在水果中投毒。事先准备好水果的可能性很小，因为这趟出行显然是无心之举，没人事先能猜到这两人会去采购”。[3]

中情局及其乌克兰移民中的线人并未排除尤金妮亚代表其丈夫马塔维耶科采取行动的可能。人们普遍认为，8 年多“奇迹般”未被苏联俘虏的马塔维耶科，实际上是在苏联的控制下行事。在马塔维耶科空降到乌克兰的前几天，中情局从列别德派系的人员中也招募了一个类似小组并进行了空投行动。马塔维耶科率小组人员空降后，很容易就与英方以及班德拉建立了无线电联系。而中情局小组那边遭遇伏击，其领导人也被苏联俘虏。从那以后，马塔维耶科一方就遭到质疑。如果马塔维耶科实际上是在为克格勃工作，那么就必须考虑到尤金妮亚、她的丈夫、班德拉的死和克格勃之间存在的联系。[4]

我们现在知道马塔维耶科是在苏联的控制下，但他在苏联囚禁期间还是努力即便不忠于自己的老板，也忠于自己的事业。1952 年马塔维耶科被安排在利沃夫的别墅与西方世界进行无线电游戏。6 月 16 日晚，在被捕一年多后，他突然从戒备森严的别墅中消失了。无线电游戏开局如此成功，前景光明，如今骤然失去其中最有价值的重要人物，让苏联安全机构大为震惊。苏联国家安全部部长下令逮捕负责无线电游戏的伊凡·肖鲁巴尔卡（Ivan Shorubalka）上校，此人两年前刚刚因参与消灭乌克兰反抗军首领的任务而获奖。对马塔维耶科逃亡的调查由参与纽伦堡审判的苏联首席检察官罗曼·鲁坚科（Roman Rudenko）主持。

在马塔维耶科越狱后的第二天早上，整个克格勃机构都动

员起来搜寻他，而此时马塔维耶科正在疯狂地寻找以前的联系人和安全屋。他简直失望透顶：以前在战争中认识的人都已被 97
杀害或遭逮捕。马塔维耶科被迫接受现实。这次苏联的宣传没有撒谎，他们的抵抗确实仅限于深山老林里一些孤立的小群体。所以，马塔维耶科觉得失败的命运已经注定，他的命运也是如此——他无处可去投靠，迟早会被抓住。绝望之中，马塔维耶科准备了手写传单以解释自己是谁、发生了什么事、自己在谁的控制下工作。他把这些纸条随机丢在城市的街道上，希望或许其中一个能辗转传到地下组织手中，然后最终传递到国外。至于自己的命运，马塔维耶科得出的结论是，他唯一的生存机会是回到遭囚禁的地方。

6 月 17 日晚，获得自由不到 24 小时后，马塔维耶科前往利沃夫主火车站。他在那里走近一名路过的警官，问他是否为秘密警察工作。在警官给出肯定的回答后，马塔维耶科宣布他持有武器并想向安全部门投降，然后他坦白了自己是谁。马塔维耶科乘坐飞机被押送到莫斯科，那里的关押条件与利沃夫自然天差地别。

1953 年 3 月斯大林死后，马塔维耶科才被送回乌克兰原先的管理者手中。英国情报机构和乌克兰的班德拉及其下属，对他获得的短暂自由和后来在莫斯科度过的时光，一无所知。在长达 8 年的时间里，马塔维耶科和他的无线电情报仍然是乌克兰民族主义者组织“领导人”发出的声音。马塔维耶科设法重新获得了抓捕者的信赖。1958 年 6 月，在他被捕 7 年、离奇逃脱 6 年后，莫斯科最高苏维埃一道秘密命令赦免了这位班德拉前安全主管的民族主义活动罪过。那时他已正式与一名女克格勃特工结婚，后者日夜为上司监视着他的行动。[5]

就在去世前几个月，班德拉已经开始怀疑这位乌克兰使者的忠诚。1959 年初夏，这位领导人承认，他们从马塔维耶科
98 那里得到的都是完全虚假的信息。班德拉和他的下属开始担心起来。是否不幸的事还是不可避免地发生了，即马塔维耶科最终落入敌人手中，开始在敌人的控制下工作？班德拉通过通常渠道向马塔维耶科发送了一条信息，让后者有机会秘密而安全地表明他是否在克格勃的控制下工作。如果是的话，他将在回答中使用“乌克兰甜菜汤”（borshch）这个词。马塔维耶科在 9 月底给了回应，没有提到这道菜。

班德拉松了一口气。他计划在 1959 年 11 月举行一场民族主义组织的大型会议，他需要马塔维耶科的帮助和支持。除了评估乌克兰抵抗运动的状况，并就未来任务达成一致意见外，这次会议还打算彻底解决谁才是真正代表“乌克兰作战”的领导人，是班德拉还是列别德。本打算让马塔维耶科带领乌克兰地下组织的关键人物前往德国参会，班德拉亦对此寄予厚望，希望能在漫长得令人疲惫的移民争端中取得胜利。但马塔维耶科告知上司，他无法安排乌克兰代表团秋季出行。不过他确定自己一定会来，一年后会把其他代表也带来。班德拉和尤金妮亚去慕尼黑批发市场购物时——此时离班德拉去世已不到 1 小时，班德拉很高兴地告诉她，她丈夫将于明年回国。班德拉到死都不知道他的乌克兰特使早就背叛了他。[6]

马塔维耶科可以在 8 年时间里躲过克格勃的追捕，班德拉和尤金妮亚似乎是这一奇迹的最后信徒了。调查班德拉死亡情况的中情局特工远没有这么乐观。他们认为马塔维耶科是在苏联的控制下工作，他们困惑的是莫斯科本可以继续通过马塔维耶科操纵班德拉，又为什么决定要把他干掉。中情局能想到的

唯一解释是，也许苏联担心班德拉可能依然怀疑马塔维耶科是
在为克格勃工作，那么他们在慕尼黑见面，可能会逼迫他道出
真相，于是想在筹备的会议举行前把班德拉除掉。在这种情况 99
下，苏联宁愿选择让一个没有这么强势的领导人取代班德拉，
然后才将马塔维耶科送到德国来参加这次会议。[7]

慕尼黑警方和反间谍办公室都没有真的怀疑尤金妮亚给班德拉下毒。“尤金妮亚·马塔维耶科有能力这么做，”《美国中情局关于班德拉之死的调查报告》的作者写道，“但我不相信她亲自给班德拉喂食了氰化物。德国警方也持同样的观点。”截至 1959 年 11 月 12 日，根据当天中情局向兰利总部发送的电报，当时各方较为认可的猜想是“毒物是在班德拉进入公寓后被强行施用的”。基于这一想法，尤金妮亚可能“向凶手提供了班德拉何时回家的信息”，凶手则可能“让电梯停在楼上的某楼层，自己藏身在电梯里”。[8]

调查人员认为班德拉曾试图反抗。中情局的电报中写道：“发现他时，班德拉脸朝下躺在大楼走廊里，左臂弯起压在身下，左手紧紧抓住右肩。”对班德拉同事的讯问显示，班德拉是左撇子，右肩枪套中配有手枪。调查人员相信在他生命的最后时刻，班德拉正准备开枪射杀某人。让他们非常遗憾的是班德拉死亡时地面上留有血迹，但还未及警方仔细检查，身份不明的“看门大妈”（janitress）就已经将血迹擦洗干净了。[9]

15 积极措施

100 1959 年 10 月 16 日，斯塔申斯基完成暗杀班德拉的任务后回到了柏林，达蒙第一个向他表示祝贺。达蒙兴高采烈地称这位特工是英雄。和暗杀里贝特后一样，斯塔申斯基递交了两份报告。第一份报告列数这次去西德的秘密旅行途中停留过的地方。第二份报告说他遇到了上司认识的一个人，向他转达了他们的问候。[1]

关于此事的消息一直上报到卡尔斯霍斯特克格勃金字塔的最高层，又从那里传到莫斯科的克格勃总部。时年 49 岁的少将亚历山大·科罗特科夫（Aleksandr Korotkov）在卡尔斯霍斯特掌管克格勃机构，他自然很有理由要庆祝一番。科罗特科夫的职位管理着克格勃最重要的一处国外情报机构。1941 年 6 月德国入侵苏联前夕，他在外交官身份的掩护下初次来到柏林。当时他正式登记的身份是苏联大使馆三等秘书，实际上在德国指挥着非法的苏联间谍网络。德国入侵后他离开柏林，但 1945 年 4 月又回来了。科罗特科夫正巧参加了在卡尔斯霍斯特举行的德国投降仪式，然后留在那里成为战后德国的第一位苏联情报主管。1946 年 1 月他被召回莫斯科，但 10 年后又领
101 少将军衔回到卡尔斯霍斯特，并以苏联驻东柏林大使馆顾问的身份为掩护。他真正的工作是与东德安全部门保持联系，并在卡尔斯霍斯特负责克格勃的机构运作。[2]

科罗特科夫的下属不仅负责德国境内的行动，也负责西欧其他地区的活动，他们还为北美的秘密活动提供支持。科罗特科夫管辖的范围包括克格勃的各种职能部门。卡尔斯霍斯特内人数最多的克格勃部门，负责为在西德以及西方世界其他国家进行非法活动的特工提供支持。职员较少的部门则负责处理苏联流亡海外人员的事务。这些人员包括从西乌克兰和波罗的海三国出境的人，他们不是苏联公民，但他们的祖国在二战期间被苏联占领了。[3]

1959 年 1 月，莫斯科的克格勃总部在外国情报部之下又设立了一个新部门。它的职责是“采取积极措施”，这是在国外进行造谣活动的委婉说法。部门的负责人是伊万·阿加因兹（Ivan Agaiants），他省事地把“散布假情报”（disinformation）的代号确定为“D”。1938 年 5 月苏多普拉托夫成功暗杀科诺瓦列茨上校后，此人曾在巴黎迎接苏多普拉托夫。眼下阿加因兹的主要攻击目标是西德。他的任务是把西德描绘成反犹太主义的温床。阿加因兹首先在俄罗斯土地上小试牛刀：派克格勃人员晚间去俄罗斯农村的犹太人墓地亵渎墓碑。他们很快就得知虽然大多数村民对这一破坏行为和反犹太主义的活动反应消极，但一小群年轻人受“积极措施”的影响，自发进行了破坏活动。随后东德特工被派往西德，破坏那里的犹太人墓地。这次行动取得了成功，导致西德境内各地反犹太主义行动事件激增。[4]

与此同时，中情局也想掌握在苏联安全大院的高墙背后发生的一切。他们尝试招募在卡尔斯霍斯特工作的东德人，利用双面间谍来识别克格勃官员以及他们在大院里的具体位置，使 102
用监听设备掌握他们的谈话内容。1958 年 6 月，美国国务卿克里斯蒂安·赫脱（Christian Herter）用中情局准备的材料，公开揭露苏联在柏林进行的破坏活动，其中就包括对卡尔斯霍斯特大院内部的详细描述，这让苏联外交部部长安德烈·葛罗米柯（Andrei Gromyko）大吃一惊。

科罗特科夫很清楚西方国家企图渗透他的防线。反间谍技术人员甚至在他的办公室里发现了一个隐藏的麦克风。他们向科罗特科夫报告这一发现时，他还想把麦克风保留一段时间，这样他就可以用十分明确的措辞、用暴风骤雨般的俄语让美国人知道他的态度。最终他被劝阻了：那样风险太大，麦克风不仅会接收他希望他们听到的话，也会传递那些他不希望他们听到的东西。科罗特科夫办公室里讨论的大部分内容远远超出了任何情报机构的“合法”活动。卡尔斯霍斯特的工作人员不仅忙着向莫斯科提供情报信息，而且还在“清除”克里姆林宫选定的不良分子。[5]

暗杀班德拉给卡尔斯霍斯特制造假情报的专家带来了新的挑战和机遇。与里贝特死亡时不同，班德拉的死几乎立即就被认定为谋杀。克格勃官员有三种选择：要么坚称班德拉是心脏骤停，要么是自杀，要么把责任归咎于别人——就像暗杀里贝特之后他们曾计划做的那样。他们选择了第二种。但这一次的打算不是追究乌克兰移民中的敌对派系，而是谴责西德的政治体制——这是更理想的目标。卡尔斯霍斯特的克格勃特工得知任务达成后，立即着手开展这项活动。

10月16日，即班德拉死后次日，东德的德意志通讯社（Allgemeiner Deutscher Nachrichtendienst）播出了一则新闻报道，将管理难民事务的西德联邦部长西奥多·奥伯伦德尔（Theodor Oberländer）与班德拉牵扯在一起，暗示这位部长与

乌克兰领导人的死亡有关联。新闻里说：“班德拉是乌克兰法 103
西斯恐怖分子集团的领导人，他对乌克兰和波兰人民犯下的恶性罪行负有部分责任。”这是指二战期间发生的事件。和往常一样，他们将一切反共组织都称为法西斯。“其中一些罪行是由奥伯伦德尔直接负责的单位犯下的。奥伯伦德尔被任命为部长后，竭力想摆脱与班德拉的这种有损名誉的联系。据说他的这些举措导致西德政府没有批给班德拉足够的活动经费。因此，有人说班德拉曾公开提醒这位西德部长他们有着共同的过去。”[6]

东德中央委员会的机关报纸《新德意志报》（*Neues Deutschland*）于 10 月 19 日刊发的报道中，在德意志通讯社刊载的事件版本上又添枝加叶：“班德拉是杀人凶手。纳粹时期，他与现任部长奥伯伦德尔勾结，指挥夜莺营在利沃夫进行血腥屠杀。针对奥伯伦德尔的指控正在调查过程中，目前班德拉是主要证人。这下主要证人被清除了。”文章还附了一幅漫画，描绘奥伯伦德尔对班德拉之死的评论：“我为他感到难过。他是很好的纳粹分子，但他对我的事知道得太多了。”另一家东德报纸《柏林报》（*Berliner Zeitung*）很快提供了更多细节。该报记者暗示，班德拉是由奥伯伦德尔下令，被德国联邦情报局局长盖伦派人杀害的。苏联媒体与东德同行的口径一致，苏联的主流报纸《共青团真理报》（*Komsomol'skaia pravda*）甚至转载了奥伯伦德尔的漫画。[7]

1941 年 6 ~7 月，奥伯伦德尔曾担任联络官，为德国指挥部与由班德拉追随者组成的乌克兰夜莺营穿针引线、传递消息。因为他是直接反对承认战后边界的在任部长，所以他也成了莫斯科方面的眼中钉。1959 年 8 月，纳粹政权受害者协会

(Union of Persecutees of the Nazi Regime) 在西德法庭上对奥伯
104 伦德尔提出指控，因为他与夜莺营有关联。联邦检察官办公室下令对此事进行调查，并向这位联邦部长寻求解释。奥伯伦德尔否认了这些指控。他声明夜莺营并没有参与处决波兰的知识分子，也没有参与利沃夫的犹太人大屠杀。与此相反，奥伯伦德尔说在 1941 年 6 月 30 日清晨，夜莺营先于德军常规部队进入利沃夫，在苏联监狱发现了数百具囚犯尸体，那是苏联秘密警察在撤退前实施了大屠杀。他们揭露了对方的战争罪行，而不是自己犯下了这些罪行。后来的研究表明，事实上夜莺营作为一个军事单位，并没有参与对犹太人的大屠杀。那是当地暴徒在德国当局的支持下进行的。[8]

西德媒体似乎站在奥伯伦德尔一边，尤其考虑到纳粹政权受害者协会被普遍认为是接受东方国家指令的势力。基督教民主联盟的人鄙视它，社会民主党人和犹太组织的领导人都回避它。但随后班德拉的神秘死亡，使整件事发生了新的转折。是奥伯伦德尔为了掩盖旧罪行而再次犯下新罪行吗？东德批评家认为确有其事。10 月 22 日，班德拉葬礼三日后，德国统一东德委员会（East German Committee for German Unity）主席阿尔贝特·诺登（Albert Norden）教授在东柏林召开了一场新闻发布会。他直接将班德拉谋杀案与奥伯伦德尔联系在一起。诺登教授不仅是德国统一东德委员会的领导人，他同时也是在东德执政的统一社会党中央委员会书记、政治局委员，负责收集信息、宣传以及与西方各国关系的领导人。

诺登召开的新闻发布会以及他和与会者关于奥伯伦德尔曾参与利沃夫大屠杀的声明，将事情提到了不同的政治层面上。针对有权有势的西德部长提出不利指控的不再是个别记者，而

是东德国家机构中级别最高的宣传部门领导人。当月晚些时
候，东德纪录片公司 DEFA 发布了一部新闻影片。短片开头是 105
一段 32 分钟的诺登新闻发布会的报道，随后是 25 分钟的班德
拉葬礼。片中将班德拉描述为奥伯伦德尔在夜莺营中的下属，
对利沃夫大屠杀负有责任。[9]

这部影片给斯塔申斯基造成了意想不到的影响。他在东柏林的影院中观看了这部片子。影片中班德拉躺在棺材里，周边围绕着的家人包括他的三个孩子，这个画面让他大受刺激。片中解说词讲到这位乌克兰民族主义领导人被美国雇用的刺客残忍谋杀时，“谋杀”一词在斯塔申斯基的脑海中反复回响。他冲出了电影院。“班德拉有妻子有孩子，”他后来对达蒙说，“这是我干的。我是个杀人犯。”但达蒙似乎并不理解他的苦恼，还面带微笑地对这位特工说：“你不必操心这些。班德拉的孩子们以后会感激你的作为，等到他们能够正确地看待这些事情的时候。”斯塔申斯基根本不相信这些话。克格勃的“积极措施”产生了反效果。[10]

第三部　莫斯科的夜晚

16 寄予厚望

1959 年 11 月初，达蒙开车到城里载上斯塔申斯基，把他 108
送到卡尔斯霍斯特的克格勃大楼。他告诉这位王牌特工，他将晋见此地最高级别的领导——卡尔斯霍斯特负责克格勃工作的将军。尽管没有人告诉斯塔申斯基这位将军的名字，但卡尔斯霍斯特只有一位将军，克格勃在这里也只有一位领导，他的名字叫亚历山大·科罗特科夫。[1]

将军热情地接待了他，两人开始闲聊。根据苏多普拉托夫将军的回忆录，科罗特科夫对犯罪术语中所谓的"湿手活"①毫无顾忌。他 29 岁就策划并协助实施了第一次刺杀行动。20 世纪 30 年代末，他曾带领一帮杀手前往法国，追捕并杀死了当时政权的两个政敌。其中一人是斯大林的死敌列夫·托洛茨基（Leon Trotsky）②，另一个是之前在伊斯坦布尔工作的苏联情报网成员。后者的叛逃导致中东地区数百名苏联特工被捕。科罗特科夫不仅策划，而且亲自参与了这两起杀戮事件。他们将两名被害者的尸体塞进手提箱，扔进河里，其中一人被斩首。后来，巴黎警方在塞纳河中发现了其中一个手提箱，而此时科罗特科夫和他率领的杀手早已逃离法国。[2]

1957 年春科罗特科夫回到柏林后，开始监管"湿手活"。 109

---

① 湿手活（wet work），意指手上沾满鲜血，是谋杀或暗杀的委婉说法。

② 原文如此，但托洛茨基是 1940 年 8 月在墨西哥遭暗杀身亡的。

他管的第一桩案子很可能是一次以失败告终的暗杀——企图杀害一位叛逃的特工未遂。暗杀对象名叫尼古拉·霍赫洛夫，一名经验丰富的苏联情报官员。他的英勇战绩曾为 1947 年苏联轰动一时的电影《侦察员的功勋》（*A Scout's Exploit*）提供灵感。霍赫洛夫决定在德国执行任务时潜逃。1954 年 3 月某日，他没有去暗杀流亡组织俄国社会连带主义者联盟（National Alliance of Russian Solidarists）领导人格奥尔基·奥科洛维奇（Georgii Okolovich），而是直接走进位于法兰克福的奥科洛维奇公寓，向后者坦白了一切。霍赫洛夫后来说他读过奥科洛维奇创作的文学作品，这些作品激发了他对俄国的爱国主义意识。在被中情局羁押期间，对方说服他召开新闻发布会，揭露了苏联密谋暗杀俄罗斯移民西方国家的领导人物。次日，内务人民委员部的人在莫斯科逮捕了他的妻子，她被判处 5 年国内流放。霍赫洛夫自己则成了被追捕的对象。

那时，科罗特科夫将军已经完全掌控了卡尔斯霍斯特的克格勃机构。1957 年霍赫洛夫在美国详细交代了执行过的所有任务的情况后返回欧洲，暗杀行动就选在他首次公开露面之时。那天他在法兰克福一个俄国移民会议上发言，这里是他拒绝成为刺客的城市。发表完讲话后，霍赫洛夫来到门廊呼吸新鲜空气，欣赏美景——会议大厅位于德国最大的花园棕榈园（Palmengarten）。有人递给他一杯咖啡。霍赫洛夫接过来就喝了，他后来回忆说只喝了半杯。咖啡没有起到提神醒脑的作用，他反而开始感到疲惫困倦。

很快他便意识模糊，开始失去知觉。霍赫洛夫的同伴，包括三年半前受他救命之恩的奥科洛维奇，开车送他去医院。他的脸上布满了红蓝色斑点，眼睛因为分泌出了某种黏液而视线

不清，头发也开始掉落。德国医生按食物中毒进行治疗，但情
况只是越来越糟，他们不知道该怎么办。他们把他送到了美国
陆军医院，那里的美国医生诊断他是铊中毒。霍赫洛夫无意中 110
听到一位医生说他体内有其他外来物质——但要到尸检后才能
搞清楚到底是什么。还好事情没有糟到那个地步。霍赫洛夫劫
后余生，得知了他身体里毒物的医学分析结果。这是在特殊实
验室里准备的放射性铊，许多人认为这种东西只有克格勃才能
拿得到。[3]

如果霍赫洛夫喝完咖啡，科罗特科夫将军与其下属的目的或许已经达成。美国军医的努力，还有他的好运气救了他的命。这个行动又一次将克格勃置于窘境。[4]

但1957年10月，暗杀霍赫洛夫的尝试失败一个月后，斯塔申斯基刺杀了里贝特。现在他又成功消灭了乌克兰人中最重要的头面人物班德拉。在卡尔斯霍斯特的这些年，科罗特科夫已经养成了亲自接见手下特工的习惯。他不仅向他们了解移民领导人的情况以及这些人与西方情报机构的联系，还能掌握西德的政治生活和发展状况。对这位再也不能上现场“工作”的特工来说，这几乎也是在怀旧。科罗特科夫在这位明星杀手第一次得手后没有接见他，不过现在很高兴与他见面。有来自莫斯科、来自苏联权力金字塔顶端的好消息，他想与这位卡尔斯霍斯特的新晋顶级特工分享。[5]

科罗特科夫首先询问斯塔申斯基对慕尼黑的印象。谈话持续了大约15分钟，然后将军把客人领进隔壁房间用餐。他们要庆祝行动获得成功，还要讨论未来的计划。科罗特科夫在宣布重大消息之前，先给来客们开了一瓶干邑白兰地。他表示十分荣幸能告诉斯塔申斯基这个消息，苏联最高苏维埃主席团

（Presidium of the Supreme Soviet of the USSR）决定授予他红旗勋章（Order of the Red Banner of Valor）。红旗勋章是苏联最早的军事奖章——事实上，在苏联统治的最初几年，这是唯一表彰战斗和军事行动中英勇行动的方式。它仅次于金星勋章（Gold Star of Hero of the Soviet Union），但金星勋章是很久之后
111 才设立的。科罗特科夫向斯塔申斯基解释说，和平时期被授予红旗勋章是极其罕见的。这清楚地表明这位年轻特工的任务对苏联政府的重要性。[6]

斯塔申斯基没有料到会得到这样的奖赏。撇开内心的道德挣扎不谈，他显然很高兴。之前完成暗杀里贝特的任务，他获得一台“康泰时”（Contax）相机。这次可是一枚享有盛誉的国家奖章。科罗特科夫说请他亲自前往莫斯科领奖，更凸显奖项的重要意义。将军也谈到了未来。现在斯塔申斯基得从柏林消失一段时间——与刺杀里贝特不同，暗杀班德拉在西方世界引发轩然大波，他得等尘埃落定后才能回去。与其在东柏林浪费时间，不如去莫斯科接受一年的拓展培训。从将军的话来看，获得这一奖项成了斯塔申斯基职业生涯的转折点。他的生活正在往上迈进。直接上司达蒙表示，在莫斯科接受培训后他将被派往西德或其他西欧国家。达蒙半开玩笑地对斯塔申斯基说，有一天斯塔申斯基会回到卡尔斯霍斯特取代自己的位置。[7]

1959 年 11 月 20 日，斯塔申斯基登上开往莫斯科的火车。和上次一样，他在苏联的旅程，总是使用亚历山大·安东诺维奇·克雷洛夫（Aleksandr Antonovich Krylov）的苏联护照。与之前 4 月的莫斯科之行相比，他此次的行李要重很多——上级预计他至少要待到第二年夏天。边境警卫和海关官员通常会对乘客进行彻底搜查，查找咖啡和其他走私物品，这些物品在苏

联供应短缺或品质不佳，但他们没有打扰克雷洛夫同志。他的旅行证件上盖着苏联军事单位号码的印戳，边境官员自然知道最好不要检查。邮政信箱号码 42601 代表克格勃。[8]

对斯塔申斯基来说，莫斯科之行开启了新天地。甚至在与科罗特科夫会面前，他就已经从达蒙那里听说了以后可能会去
西欧为克格勃工作，但现在这一切变得更真实了。爬上克格勃 112
的上升阶梯意味着要去学习执行除暗杀以外的任务，斯塔申斯基再也不想搞暗杀了。去莫斯科培训，让他可以在不危及自己特工职业生涯的前提下，把曾经做的那些都抛在脑后。他很清楚自己不能自由离开：和黑手党一样，克格勃不允许特工辞职。他也不知道自己还能从事什么其他工作。考虑到这一切，他对即将在莫斯科参加的会议抱有很大期望。此外还有一个重要的个人问题，只有莫斯科才能决定。

17 高层人物

113 成功暗杀班德拉的消息在莫斯科引起一片欢腾。班德拉的死讯被谨慎地埋没在各大报纸的中间页，但把持着克里姆林宫高层的人物显然暗自欢喜。

1959 年 11 月 3 日，离暗杀成功过了不到三周，赫鲁晓夫领导下的苏共中央委员会政治局，通过了苏联最高苏维埃秘密命令，决定授予斯塔申斯基红旗勋章。这一决定是基于克格勃的报告，报告中赞誉斯塔申斯基“冒着生命危险完成了多项任务”。政治局自然知道暗杀对象是谁以及为何要颁这个奖，他们投票决定表彰这个在国外甘冒风险的人。三天后，中央委员会政治局委员、苏联最高苏维埃主席团主席——苏联正式的国家元首伏罗希洛夫（Kliment Voroshilov）元帅签署了这道嘉奖令。最高级别领导层在最短时间内以军事命令的形式，做出了给斯塔申斯基授奖的决定。[1]

这惊人的速度只有一种解释——这个消息给苏联权力金字
114 塔最顶端的赫鲁晓夫带来了深深的满足感。赫鲁晓夫担任乌克兰最高领导人期间，乌克兰抵抗运动是他的眼中钉。赫鲁晓夫的最大遗憾是，1939 年 9 月红军借着《苏德互不侵犯条约》的名义越过波兰边界占领西乌克兰和白俄罗斯时，班德拉得以从波兰监狱逃脱。赫鲁晓夫在乌克兰与“班德拉派”斗争多年后，一心只想将班德拉置于死地。

秘密警察部门负责人苏多普拉托夫将军，曾负责暗杀科诺瓦列茨上校（班德拉的前任），当时掌控着乌克兰民族主义者组织。据他回忆，1953 年斯大林死后，赫鲁晓夫曾要求安全部门主管贝利亚立即加紧实施暗杀班德拉的行动。在赫鲁晓夫的要求下，贝利亚把班德拉的两个姐妹召来莫斯科，当时由于她们是班德拉的家人，所以正在古拉格服刑。此举的目的是让她们与兄弟联系，说服他与在德国的内务人民委员部特工见面。这个计划没有成功。赫鲁晓夫于 1953 年 7 月将贝利亚赶下台，但之后一直没有放弃暗杀班德拉的想法。贝利亚被捕后不久，赫鲁晓夫会见苏多普拉托夫，据说他当着其他官员的面，对这位苏联内务人民委员部的顶级刺客说："很快就会让你准备一个计划，清除正在乌克兰西部进行乌克兰法西斯运动的领导人班德拉，他的存在是对苏联领导人的傲慢侮辱。"[2]

苏多普拉托夫不久也被逮捕，在苏联监狱里关了几年。他认为个中缘由是在贝利亚被捕后，他在与赫鲁晓夫以及党内其他领导会面时犯下的致命错误。他们曾让他列出贝利亚领导情报部门时执行的暗杀命令。他拿出了一张名单，从刺杀科诺瓦列茨上校开始，不仅包括斯大林和贝利亚批准的"湿手活"——这两人一个已经安静地躺在坟墓里，另一个则关在监狱里。但名单上的内容也涉及了房间里的其他人，包括莫洛托夫（Viacheslav Molotov）、布尔加宁（Nikolai Bulganin）以及赫鲁晓夫。苏多普拉托夫只是想着保护自己免受与贝利亚合谋的指控，但他此举招来了相关领导人的怒火，他们也不想成 115
为斯大林罪行的同谋。[3]

赫鲁晓夫通过秘密警察暗杀行动来解决国内和国外政治问题的热情，即使在秘密警察内部也没有得到很多人认同，其中很明显还包括贝利亚本人。1953年春，苏多普拉托夫将军偶然听到上司通过电话与赫鲁晓夫交谈。“你看，”贝利亚对赫鲁晓夫说，“你让我想办法消灭班德拉，但同时你在基辅和利沃夫的小骗子正在阻碍我们对付真正的对手。”贝利亚的措辞表明，秘密警察的官员也逐渐感到班德拉与乌克兰的事态越来越不相关，刺杀民族主义领导人也无法解决西乌克兰长达8年的军事斗争。内务人民委员部想要集中力量说服民族主义领导人与现政权合作，结束游击战。但赫鲁晓夫不愿接受这样的策略，即便是他信任的人提出了这个想法。

乌克兰内务部部长斯特罗卡奇（Tymofii Strokach）将军，曾试图说服赫鲁晓夫给乌克兰反抗军最后的指挥官瓦西里·库克一条活路。库克化名“列米什”（Lemish），1954年时被内务部抓获。当时斯大林刚去世，赫鲁晓夫忙着在莫斯科巩固权力。这是一项艰巨的任务。斯特罗卡奇的下属回忆称上司曾说：

> 我告诉赫鲁晓夫，我向那些人承诺过不仅给他们自由，还要保证一个苏联公民的正常生活。我还许诺给他们颁发官方高级勋章。他对我说：为了我们的事业和目标，我们做过很多承诺。你应该清楚，列米什以及所有与他有联系的人都是乌克兰苏维埃社会主义共和国的死敌。绞索正急切地等待套上他们的脖子，而你却要求赦免他们。我对他说：赫鲁晓夫，他背后有成千上万在政治上同情他的人，我们需要做他们的工作。

116 根据斯特罗卡奇的说法，完全是因为乌克兰党内官员出手干预，库克才得以保全性命。赫鲁晓夫亲密的政治盟友、乌克兰中央委员会第一书记克列琴科（Oleksii Kyrychenko）着手处理此事后，赫鲁晓夫最终做出让步，改变了主意。[4]

班德拉的情况又截然不同。赫鲁晓夫和克列琴科似乎在这一问题上意见完全一致。1953 年夏克列琴科才接任乌克兰的政党领导，就在一次秘密警察会议上坚称要清除班德拉。据传他对与会者说："苏联统治的敌人班德拉，仍在西方世界积极活动。相信我，一旦班德拉倒下，就会是乌克兰民族主义运动终结的时刻。"1957 年 12 月，当赫鲁晓夫——他的上级兼保护伞将他调到莫斯科时，克列琴科也是持这一观点。他成了仅次于赫鲁晓夫的苏联境内最有权势的人。克列琴科代表中央委员会监管克格勃的活动。

1959 年 5 月，克列琴科在克格勃官员的一次重要会议上发表讲话。此次会议的目的是讨论如何让克格勃的活动紧跟党的新路线。克列琴科对克格勃官员说："我认为启动清理国外中心的工作是主要任务之一。"这里他指的是移民团体。随后他列举了乌克兰和俄罗斯各种移民组织的领导人："班德拉、梅利尼克、波列姆斯基（Poremsky）、奥科洛维奇还有其他不少人都必须被积极的揭露。"他接着说："班德拉是什么人？他是希特勒间谍组织的特工，后来为英国、意大利以及其他国家从事间谍活动。他过着腐败的生活，视财如命。你们契卡都知道这些，也知道这个班德拉多么容易让步妥协。"[5]

虽然克列琴科说得委婉动听，但听众席里的一些克格勃官员心知肚明，中央委员会希望他们不要"妥协让步"，而是要除掉班德拉。正在研究乌克兰叛乱分子问题的克格勃官员反对暗杀班德拉。与西方同行一样，他们认为杀死当时对乌克兰事

态发展几乎没有影响的班德拉，只会成全他的烈士之名，但克
117 格勃高层不听他们的意见。1959 年时，克格勃已由赫鲁晓夫亲自挑选的亚历山大·谢列平执掌。在他手下工作过的克格勃人员都记得他。他对下属要求严苛，但对上级尤其是赫鲁晓夫，则是有求必应。[6]

1958 年 12 月，赫鲁晓夫任命他负责这个国家最敏感的职位——克格勃主席时，他才 40 岁。他的主要任务是革除斯大林时期的人物和办事习惯。谢列平最初拒绝接受这个职位。那个时候他的政治经验仅限于领导共青团中央委员会——1952 年由斯大林任命担任该职。与赫鲁晓夫进行决定命运的对话之前，他仅在苏共中央做了几个月的部门主管。赫鲁晓夫告诉谢列平，自己对他完全有信心，还答应会施以援手。于是谢列平同意了。随后，这位国家领导人要求克格勃的新主管尽其所能杜绝对赫鲁晓夫本人的窃听活动，这清楚说明他并不完全信任自己的安全官员。

谢列平取代了赫鲁晓夫之前的长期盟友、布达佩斯“灭火员”谢罗夫将军。谢罗夫将军被转移到一个政治上不那么敏感的军事情报部门。赫鲁晓夫想要限制克格勃的权力，并大幅削减军官和特工数量。谢罗夫在斯大林时代就加入了秘密警察，显然不是这个职位的合适人选。相比之下，谢列平对精简克格勃机构毫无异议。他也渴望将该机构业务的主要方向从国内阵线转向国际舞台。他认为，在那个领域，克格勃必须更加注重实现苏联政府外交政策的目标。他在情报领域的创新举措之一是创建造谣部门。西德成为这一技术的试验场，而西德部长奥伯伦德尔成为首要的目标。他们不仅指责他在纳粹时代犯下罪行，还让他背负了杀害班德拉的罪名。[7]

现在，谢列平的成绩单上又能添上一笔：干掉了苏联统治 118
的大敌，此人长期以来一直都被视为赫鲁晓夫的仇敌。就谢列平看来，事情进展顺利。他准备把慕尼黑暗杀事件的功劳全部归于自己，当然他要亲自给把这一切变成现实的人颁发高级奖章。

18 个人问题

119 1959 年 11 月 22 日，斯塔申斯基抵达莫斯科。在白俄罗斯火车站，卡尔斯霍斯特的一名克格勃官员来接他。斯塔申斯基认识他，知道他名叫阿卡迪亚·安德烈耶维奇，但他在德国使用化名“阿夫拉缅科”（Avramenko），真名是阿卡迪亚·安德烈耶维奇·法布里奇内科夫（Arkadii Andreevich Fabrichnikov）。他帮斯塔申斯基登记入住列宁格勒酒店（Hotel Leningrad）。和斯塔申斯基之前来莫斯科住的乌克兰酒店一样，列宁格勒酒店也是“七姐妹”之一，是一幢新哥特式摩天大楼，建于斯大林时代晚期。[1]

次日，一名克格勃高级官员在莫斯科酒店（Moscow Hotel）迎接斯塔申斯基。莫斯科酒店建于 20 世纪 30 年代，是建构主义风格的建筑。那人自我介绍名叫阿列克谢·阿列克谢耶维奇（Aleksei Alekseevich）。根据解密的克格勃高级官员传记，此人只有可能是阿列克谢·克罗欣（Aleksei Krokhin）将军。二战期间他曾在苏联反间谍部门任职，1946 年冷战初期开始从事国外情报事务工作。1950 年，克罗欣化名“奥格涅夫”（Ognev）被派往巴黎，以外交职位做掩护负责国家安全部在法国的工作。1954 年，他回到莫斯科担任克格勃第一总局①副

① 冷战时期克格勃设置六个总局，第一总局（First Main Directorate）是对外情报侦察部门，负责国外情报的搜集、分析等事务。

局长。有一段时间，他还负责领导第一总局下设的非法途径派遣局，局里的特工在没有外交身份掩护的情况下，使用假名在国外工作。在科罗特科夫调到卡尔斯霍斯特去负责克格勃业务 120
后，他在中央机构中顶替了特罗特科夫的职位。克罗欣将军能与斯塔申斯基会面，说明当时他已经从流亡人员部门调任管理非法途径派遣局。[2]

克罗欣详细说明了斯塔申斯基未来生活和职业生涯的变化，卡尔斯霍斯特的特罗特科夫将军之前也提到过这些安排。斯塔申斯基要留在莫斯科接受培训，以便为将来在国外工作做准备。他要提高德语能力，还要学习英语。日后他将不再以苏联控制的领土为基地，而是在培训结束后到一个西欧国家定居。这一任务预计将持续三到五年，斯塔申斯基正希望能在西方国家待更长时间，听到这些安排一定是满心欢喜。但接下来让他失望的是，克罗欣说尽管他行动的基地发生了变化，但他的工作内容还和从前一样——继续暗杀苏联政权的敌人。将军还补充说，其他任务可能还包括管理一些非法途径派遣的特工。克罗欣强调斯塔申斯基不再是一个普通特工，他将成为克格勃的精英。[3]

斯塔申斯基对未来还要进行暗杀的事，沉默不语。但他提出了一个问题，他的直接上司达蒙告诉他，这个问题只有到莫斯科才能决定。卡尔斯霍斯特的明星特工恋爱了。他有了一个东德女友，想赶在到莫斯科培训之前和她结婚。她名叫英格·波尔（Inge Pohl）。斯塔申斯基是在 1957 年 4 月时遇见她的，那时他第一次去慕尼黑追踪里贝特。他们在著名的柏林地标性建筑弗里德里希皇宫剧院（Friedrichstadt-Palast）的赌场舞厅相识。

如果想在东柏林逍遥快活，赌场是个好去处。那个地方非常受欢迎，最吸引人的是音乐。早在20世纪20年代，著名演员兼导演马克斯·莱因哈特[1]买下并重建了弗里德里希皇宫剧院，它就迎来了像玛琳·黛德丽[2]这样的表演者。20世纪50年代末，不同类型的演出和曲调都流行起来。1957年4月，猫王的单曲《浑身是劲儿》（All Shook Up）登上美国流行音乐排行榜榜首，并且连续八周排名第一。

121 赌场有一个夜间酒吧和舞厅，从晚上10点营业到第二天凌晨4点。走上入口楼梯，里面空间层高15米，黄色墙壁上装饰着石膏雕塑，使人联想到庙宇建筑，去过的人都过目难忘。赌场里有10米长的吧台和管弦乐队的指挥台。这个地方急需翻新装修：桌椅上铺着一层红色和黄色的塑料，因使用多年都积满油渍。但来客大多对它的众多缺陷视而不见，因为门票价格相当合理，只要2马克。

斯塔申斯基是单身汉，身上又有些西方国家的钞票当零花钱（他每月能挣800德国马克，再加上出差每日都有津贴），所以赌场里的员工和常客对他都很熟悉。斯塔申斯基在赌场里遇上的那个最终令他坠入爱河的女子，并不是个绝色美女。英格·波尔圆脸尖鼻子，有一双蓝眼睛，笑起来两颊露出小酒窝。一头棕发略带红色调，剪成了当时柏林最时尚的发型。她中等身材，身高大约5英尺8英寸[3]，匀称的大长腿常招来赞

---

① 马克斯·莱因哈特（Max Reinhardt，1873～1943），奥地利导演、演员、戏剧活动家。

② 玛琳·黛德丽（Marlene Dietrich，1901～1992），生于德国柏林，德裔美国演员兼歌手，1999年被美国电影学会评为百年来最伟大的银幕女影星第九名。

③ 约合174厘米。

誉。她住在东德小镇达尔高（Dallgow），在西门斯塔德（Siemensstadt）的雷克霍兹（Rechholz）美发廊工作。西门斯塔德位于西柏林，与施潘道（Spandau）相邻。她对斯塔申斯基一见钟情。她后来回忆说："他外表英俊，看上去非常非常亲切。"她喜欢他乌黑的头发和微笑时露出的雪白牙齿，还有他的着装打扮：他好像偏爱穿深色西装。

英格已经尽可能多地了解这位新舞伴。他说德语时明显有口音，起初她以为他是捷克人。但赌场的门房认识这位常客，说他是在东柏林的波兰大使馆工作的波兰人。英格不太喜欢和波兰人约会，但遇上了斯塔申斯基，她决定破个例。其实她不必担心，因为不久后斯塔申斯基就告诉她，他既不是捷克人，也不是波兰人，而是德国人，是移居中东欧的德侨，现在在东德外贸部工作。斯塔申斯基告诉他的新朋友——也是未来的女友，自己名叫约瑟夫·莱曼。英格终于放下心来，觉得非常开心。

英格爱着她的"乔西"（Joschi）。没错，他的德语语法时 122
常出错，不过他正在逐渐改进。对于出生在波兰的德国人来说，这样已经算不错了，他可是听着不标准的德语长大的。美国大兵的零花钱比当地德国人要多，这让他们在当时的德国女孩中尤其受欢迎。乔西并不比那些美国人差——他兜里总有西方国家的钞票。但对英格来说，这些并不是那么重要。她自己的收入，如果在黑市上兑换，相当于东德一位高官的薪水。而她在乔西身上看到一个同样生活得很出色的人。他穿着得体、彬彬有礼、聪明机警，对于在大城市里当理发师的乡村姑娘来说，他也算不可多得的佳偶了。

斯塔申斯基也被他的新朋友吸引住了。根据克格勃的行动守则，他将自己的恋情报告了达蒙。经东德官员协助，克格勃核查了女孩的背景，没有发现犯罪记录，也没有与西方情报机构联系的可能，于是允许斯塔申斯基和她约会。然而，克格勃警告斯塔申斯基要牢记，即使英格和她的家人住在东德，她的父亲弗里茨·波尔（Fritz Pohl）也是个“资本家”。他拥有一家汽车商店，“剥削”着三名工人。

斯塔申斯基和英格是 11 月 4 日同一天生日，但她比他小五岁。1936 年她出生于柏林郊区的施潘道。她父母间的关系不怎么融洽，在遇见斯塔申斯基时，她已经在离父亲家几栋房子远的地方，从女房东手里租了一间屋子独立生活。斯塔申斯基并不是英格的初恋。她之前有过一段恋情，对方是东德司法部部长希尔黛·本杰明（Hilde Benjamin）的司机。希尔黛·本杰明于 20 世纪 40 年代末至 50 年代初担任东德最高法院副院长时，在不少作秀的公审中对被告判处死刑，被人们称为“血腥希尔黛”或“红色断头台”。相比之下，斯塔申斯基看来是个更有吸引力的选择。但与她的初恋不同，斯塔申斯基有些意识形态上的问题尚待解决。

123 英格发现她的男友太爱莫斯科了。“他说苏联地区的政府并不是他理想中的样子——他认为它们太军国主义了。但他赞扬一切与俄罗斯、与共产主义意识形态相关的事物。”英格后来回忆说。这位克格勃特工不仅要忍耐英格父亲反共、反俄的思想，也必须容忍英格虽不那么坚定但本质上相似的态度。英格对父亲所说的一切虽不完全同意，但她也不能全盘接受男友的观点。他们经常争论，没法找到共同点，双方都坚持自己的信念。“我不认同他对俄罗斯的信念和热情，”英格回忆道，“我会提出论点，但他总有准备好的话来反驳。”

他们闲暇时常在东西柏林的街道上漫步，也去看电影或去赌场舞厅跳舞。英格慢慢注意到男友有些奇怪的行为。他特别在意携带的身份证明文件。有一次在赌场，斯塔申斯基的钱包从上衣口袋里掉出来，英格顺手捡了起来，斯塔申斯基立刻一把夺了过去。他似乎没有固定的工作时间，有时说要出国，会消失几个星期，主要是去波兰为外贸部工作。有一次他离开了整整一个月，说是去参加莱比锡贸易展览会——其实他是在慕尼黑为克格勃工作。英格难免心生疑云。

1959 年春，两人约会两年后，英格觉得他可能还在和别人交往，于是偷偷跟着斯塔申斯基来到他在东柏林租住的房子。除了让男友大吃一惊之外，她什么也没发现。英格说出了她的疑虑，威胁要结束关系，但斯塔申斯基向她保证，他绝没有与别人交往。他爱着她，而且想娶她。斯塔申斯基向英格求婚了，而英格欣然接受。他们在柏林的西方国家占领区格森布鲁能（Gesundbrunnen）买了戒指，这里的戒指比东柏林能买到的更大一些。两人都陶醉在幸福之中。尽管政治上存在分歧，但他们显然彼此相爱。英格后来回忆说："就个人而言，
我们很懂对方。"她没有受过高等教育，也不是特别有文化， 124
但她性格坚强、思想独立。最重要的是她对斯塔申斯基矢志不渝，而斯塔申斯基在她身上也发现了一种他认为自己缺乏的决心，一种他迫切需要的能让生活稳定下来的道德影响。他们的政治分歧是次要的，他们对彼此的爱是第一位。[4]

斯塔申斯基并没有立即把订婚的事告诉克格勃上司。但与科罗特科夫将军会面后，将军告诉他将要去莫斯科的消息，此时他就不能再保守秘密了。斯塔申斯基问达蒙，该拿英格怎么办。他告诉达蒙自己想和未婚妻结婚。这位克格勃官员不为所动，说他俩不般配，她的社会地位低下，而且是个德国人。与

德国女人结合会阻碍斯塔申斯基的事业，而那可是非常有前途的事业。达蒙认为斯塔申斯基去莫斯科正是与英格分手的良机。斯塔申斯基可以给她一笔分手费，克格勃愿意帮忙出这几千马克，这样事情就容易了。这可不是斯塔申斯基想听到的。不管达蒙怎么说，他坚持说他爱着英格，想和她结婚。达蒙决定拖延时间。他告诉这位特工，他得本人向莫斯科的高层提出想要结婚的打算。斯塔申斯基同意了。[5]

现在他向会面的最高级别克格勃官员克罗欣将军提出这个问题。和卡尔斯霍斯特的上级一样，克罗欣也反对斯塔申斯基的婚事。他告诉斯塔申斯基，克格勃人员没有和外国人结婚的。此外，他不能这么做的理由很简单，那就是他作为约瑟夫·莱曼的人生阶段已经结束了。他很快就会换一个新名字，写下不同的人生篇章或“传奇”。将军建议斯塔申斯基娶一个苏联女人，她可以是克格勃的成员。然后两人都可以接受适当训练，被派遣到西方国家。这将增加斯塔申斯基成功的机会，为他在克格勃的职业前景加分。斯塔申斯基不肯让步。他试图提出另一种观点。他对将军说，与德国裔女子结婚也会对他的
125 克格勃职业生涯有利，因为他会更容易在西方国家立足。但克罗欣不想听，他希望斯塔申斯基忘掉英格。达蒙只是推迟了斯塔申斯基得到官方答复的时间：莫斯科的领导和卡尔斯霍斯特的上司一样，强烈反对他的结婚计划。[6]

会面结束前，克罗欣将军告诉斯塔申斯基要好好考虑自己说的有关英格的话。“这几天，一旦你考虑清楚了这件事，告诉我。我很高兴来看你，我们可以再讨论一次。”斯塔申斯基知道这意味着什么。这位将军希望他接受建议，在克格勃的女职员中找一个人做妻子。斯塔申斯基只有几天时间来做决定。[7]

19　授奖

和往年一样，12 月第一周是莫斯科的繁忙时节。1959 年 126
12 月 5 日是宪法日的假期。各家报纸都报道了苏联取得的经济成就。莫斯科、列宁格勒、基辅以及其他加盟共和国首都的电影院，则为观众播放赫鲁晓夫访美的纪录片。影片展示了赫鲁晓夫与美国总统艾森豪威尔亲切交往的场景。《真理报》（*Pravda*）在纪录片首映时写道："目睹苏联和平外交政策的美好成果，也是乐事一桩。"前一天，苏联外交部在纽约向联合国赠送了两件引人注目的礼物：一件是一尊名为"铸剑为犁"的雕像，由苏联著名雕塑家叶夫根尼·武切季奇（Yevgenii Vuchetich）创作；另一件是 1957 年 10 月苏联发射的人类第一颗人造卫星"伴侣号"（Sputnik，亦叫"斯普特尼克号"）的模型。雕塑的形象是肌肉发达的裸身男子正用一把锤子敲打弯折的剑身，象征着苏联对和平的渴望。而"伴侣号"则是苏联技术成就的象征，但它也提醒人们苏联导弹现在已经可以打到美国海岸了。[1]

正是宪法日前后，斯塔申斯基终于获准进入秘密警察世界的圣殿——位于莫斯科市中心卢比扬卡广场（Lubianka
Square）的克格勃总部。走进这座闻名已久的建筑，斯塔申斯 127
基不禁注意到庭院里有新添的景观——一座崭新的菲利克斯·捷尔任斯基（Felix Dzerzhinsky）纪念碑。捷尔任斯基出生于波兰，是苏联秘密警察的创始人。树立捷尔任斯基纪念碑意味着克格勃的新领导层想洗刷该机构在斯大林时代被败坏的形象，试图把它与列宁以及苏联秘密警察的布尔什维克创始人那段神话般的过去联系在一起。

通过入口处的安全检查后，斯塔申斯基遇到他的老朋友、克格勃情报系统里流亡人员部门负责人伊先科。1959 年 4 月斯塔申斯基来莫斯科时，正是他给斯塔申斯基下达刺杀班德拉的命令。现在伊先科将陪同这位明星特工前往秘密警察首脑谢列平的办公室。当班军官带他们进去后，斯塔申斯基见到一位 40 岁出头的矮个男子，此人的发际线向后退缩，高前额、尖鼻子，眼神带着好奇。斯塔申斯基还在谢列平办公室里见到了他的新主管克罗欣将军。

克格勃首脑谢列平从椅子上站起身来，朝斯塔申斯基走了几步，微笑着迎接他。向斯塔申斯基表示欢迎后，谢列平伸手从办公桌上拿起一个贴着斯塔申斯基的放大照片的文件夹。他从文件夹中抽出一张嘉奖令，并将嘉奖内容大声宣读。1959 年 11 月 6 日，由苏联最高苏维埃主席团主席伏罗希洛夫元帅签署嘉奖令，因博格丹·斯塔申斯基“在极其困难的情况下执行了一项重要任务”，特授予其红旗勋章。嘉奖令宣读完毕，谢列平从桌上拿起装着勋章的盒子递给斯塔申斯基，然后与他握手并祝贺他获奖。在场的克格勃官员全体立正。斯塔申斯基后来回忆道：“那是很庄严的。”斯塔申斯基获得了勋章，但嘉奖令不能给他。嘉奖令将归入他的克格勃档案，其中的内容依然需要保密。谢列平告诉他，媒体不会宣布他获得嘉奖的消息，“你知道这样的事情没法报道”。[2]

128 谢列平渴望和这位明星特工交谈，要听到斯塔申斯基执行秘密任务的第一手资料。从斯塔申斯基第一次出国追踪班德拉开始，克格勃首脑就想知道他经历的每一个细节。他对暗杀时的详细情形特别感兴趣，想知道枪击发生的时候，斯塔申斯基和班德拉各自站立的位置。他甚至还问了班德拉拿的番茄的颜色，是红的还是绿的。据媒体报道，班德拉拿着一袋绿番茄，但斯塔申斯基说是红色的。如果上司赫鲁晓夫问起班德拉的情况，谢列平必须能够详细描述个中情形，甚至是行动中最微小的细节。[3]

在听完斯塔申斯基事无巨细地描述暗杀班德拉的经过后，谢列平告诉这位年轻特工，自己已经从科罗特科夫和克罗欣那里了解了情况：目前他（斯塔申斯基）将留在莫斯科接受深造培训。但一旦暗杀事件引发的骚动平息下来，他就会被派遣去西方国家继续工作。“说了好多政治宣传的套话，”斯塔申斯基后来回忆道，“他说组织对我寄予厚望，任务可能是很困难的，但也是很光荣的。”斯塔申斯基对此表示认同，然后他抓住机会说出了对他个人而言的头等大事。他告诉克格勃主席，他想娶英格·波尔。

斯塔申斯基能否与未婚妻成婚，谢列平的决定是最后的希望。谢列平已知道他的浪漫情事。和下属一样，他也反对这桩婚事。“是不是早了点？”他问，然后他也搬出斯塔申斯基之前听过的那番话。谢列平说：“你知道，克格勃特工娶一个外国人是不可能的。”斯塔申斯基答道，他认识英格三年了，他已经确信她是最合适的人选。“我把她描绘成一个正派勤奋的姑娘，我和她相处得很好，她绝不是完全不能接受苏联的理念。”斯塔申斯基后来说道。他这是红口白牙地说谎。他知道英格绝不同情苏联，但他决定赌上一切冒这个险。他后来回忆道："为了达到目的，我对谢列平撒了谎。"

129 克罗欣将军给了他几天时间再考虑一下这事，斯塔申斯基也这样做了。就算把各级上司的保留意见搁在一边，他自己也有些疑虑。婚姻意味着要把他深爱的女人也拖进自己与克格勃过去及现在纠葛不清的噩梦之中。但另一种选择，即离开她，娶一个克格勃职员，更让他难以接受。他后来回忆说："不用说，放弃她意味着抛弃她，不再与她联系。这是我不想做也不能做的事。"这个背叛事业抛弃家庭的人，并不打算背叛英格·波尔。

然而，让他做出决定的还不只是对爱的依恋和对背叛的恐惧。"我对自己没有很高的评价。"回想起自己暗杀事件后的心境，斯塔申斯基这样说道。他需要有人能理解他，并且原谅他。还有一次他表示："我的灵魂已岌岌可危。我早已厌恶自己所做的事。如果没有娶英格·波尔，我很可能会成为一个忠诚的共产党人和克格勃。"如果他真如上司建议的，娶了克格勃里的女人，那么等待着他的就是这样的命运，而它正是斯塔申斯基不惜一切代价想要避免的。他在试图拯救自己的灵魂。英格是他的救星，是他可以倚靠并借此将自己拔出泥潭的那块磐石。

但谢列平继续给他施压。"你现在已经有了很大的成就。"他如此告诉斯塔申斯基，试图打职业牌。他甚至不惜扮起媒人的角色。"我们也有漂亮的女人。比如看看这位。"这位克格勃负责人将文件夹里一张年轻女子妩媚动人的照片指给他看。"漂亮不是重点，"斯塔申斯基答道，"认识一个人很长时间，知道和她一起生活会很好，这才是我需要的。"于是谢列平放弃了说服斯塔申斯基娶一个苏联公民。如果斯塔申斯基坚持并且相信未婚妻对苏联有积极态度，他们会尝试为他破例。然而，这其中还有一个问题他们不能破例。英格目前是东欧国家公民，她必须获得苏联国籍。英格还必须同意将协助他完成克格勃的工作。

克格勃的逻辑很简单。如果斯塔申斯基不愿娶一个为克格 130
勃工作的苏联女子，那么他的德国妻子就必须成为苏联公民并加入克格勃。她愿意这样做是同意他们结婚的先决条件。中情局慕尼黑站负责人胡德——正是在其任职期间斯塔申斯基刺杀了班德拉——后来写道，苏联人对特工的浪漫关系持极度谨慎的态度，可能源于 1931 年格奥尔基·阿卡别科夫（Georgii Agabekov）叛逃。苏联驻土耳其的情报负责人阿卡别科夫请了一位年轻的英国女子做语言老师，后来与之坠入情网。据信两人的恋情促使他决定放弃自身职责，将中东地区苏联间谍网的关键信息悉数曝光。阿卡别科夫叛逃对克格勃高层官员来说记忆犹新。大家别忘了，正是斯塔申斯基在卡尔斯霍斯特的主管科罗特科夫将军，亲手“清算”了叛徒，并将其尸体塞进一只手提箱，扔进了塞纳河。[4]

谢列平的提议把斯塔申斯基吓了一跳——这些条件会使两人的婚姻成为陷阱，而不是从克格勃怀抱中逃离的心理解脱。不过，这是他目前谈成的最好条件了，他不会让它从指缝中溜走。斯塔申斯基提出月底返回东柏林求婚，但克罗欣将军有不同意见。他希望斯塔申斯基能尽快开始参加培训，等春天或初夏时再回柏林举行婚礼。在此期间，斯塔申斯基和英格只能书信联系。“我不同意，”斯塔申斯基后来回忆称，“我很清楚，他想利用时间来破坏我的计划。”

斯塔申斯基很快想出了新对策。他告诉谢列平和克罗欣，让他心神不宁地过这么久恐怕有困难。他更倾向于在开始训练和接受新任务之前，先解决家庭问题。谢列平认为这听起来很合理。他告诉斯塔申斯基，他们会去柏林核查英格的情况。“我们与德意志民主共和国的朋友关系很好。如果她是（如你
131 描述的那样），我们对此毫无异议。”谢列平建议斯塔申斯基先带她来莫斯科过几周，让她熟悉苏联的生活，然后再向她透露自己的克格勃工作，并向她求婚。当然，克格勃也可以在莫斯科亲自评估斯塔申斯基的未婚妻。他们同意斯塔申斯基先去东柏林过圣诞节，然后再带英格回莫斯科。[5]

20　求婚

在谒见谢列平的当天晚上，斯塔申斯基与法布里奇内科夫 132
少校以及另一位在莫斯科照顾他的克格勃官员尼古拉·尼古拉
耶维奇一起庆祝他获奖。根据解密的克格勃官员传记记载，他
的全名是尼古拉·尼古拉耶维奇·克拉夫琴科（Nikolai
Nikolaevich Kravchenko）。他是中校，担任过克格勃流亡人员
部门负责人伊先科上校的助理。

法布里奇内科夫是俄罗斯族，他曾参加红军与德国人作战，二战结束后加入内务人民委员部。他执行的首个任务是协助铲除在乌克兰的波兰地下组织。随后，他调职对付乌克兰流亡组织，先被派驻捷克斯洛伐克，后来调往德国。他的工作主要针对以慕尼黑为基地的由美方出资赞助的电台：自由电台（Radio Liberty）和自由欧洲电台（Radio Free Europe）。这些电台向铁幕另一边播报。1954 年 2 月，法布里奇内科夫首次前往柏林，1957 年被中情局柏林站确认为克格勃官员。

1959 年 10 月，法布里奇内科夫离开德国前往莫斯科，同
月斯塔申斯基刺杀了班德拉。卡尔斯霍斯特的克格勃官员间流
传着一种说法，说法布里奇内科夫少校作为移民组织问题的主
要专家，实际上反对暗杀班德拉，理由是那样做只会让他成为 133
烈士。不管法布里奇内科夫对这个问题有何看法，他什么都没
有对斯塔申斯基说过。暗杀成功不仅对斯塔申斯基意味着奖励

和升迁，参与此次行动的克格勃官员也都有份。与法布里奇内科夫和斯塔申斯基一同庆祝的克拉夫琴科，在斯塔申斯基获得勋章的当日，被授予克格勃的最高荣誉——“克格勃的杰出成员”奖章。他很可能是在莫斯科协调暗杀班德拉事宜的关键人物。[1]

斯塔申斯基有充分的理由来庆祝。与英格成婚的大道几乎已经敞开。接下来几天，斯塔申斯基和克拉夫琴科就如何到柏林应对英格和她的家人进行了详细的讨论。在邀请她来莫斯科之前，斯塔申斯基应该告诉她，他实际上并不是之前所说的为东德外贸部工作，而是为东德国家安全部史塔西（Stasi）工作。上司对他的工作很满意，想让他进一步接受培训以便以后在西德工作。他想邀请她参与这项重要的任务并一起接受培训，然后他们可以一同去西方国家为世界和平而努力。这个计划不仅是以个人利益来吸引英格加入，利用她对斯塔申斯基的感情，利用她想嫁给他的心情，而且还上升到意识形态层面——举出为和平而奋斗的理念，此处用来倒也得心应手。如果英格同意和他一起为史塔西工作，他就会邀请她来莫斯科，他会在莫斯科告诉她真相——更确切地说是真相的一部分，他们未来将共同为克格勃服务的那一部分。斯塔申斯基着手准备实施这个计划。[2]

英格很高兴她的乔西回来了。他原本说的打算是夏天之前都回不来，但是意外地可以在圣诞节请到几天假，这不禁让人喜出望外。到目前为止，她只收到一封他寄来的信，在她看来信是从华沙寄出的。那是他去莫斯科的时候告诉她所要去的地方。（他实际上发出了两封信。他把信交给莫斯科的管理人员，让他们从华沙寄出，但第一封信神秘消失了，一直没到

柏林。）斯塔申斯基到美发廊接英格下班，两人在她的家乡西 134
柏林边界的达尔高，和她的家人一起度过平安夜。在座的亲朋好友都很有兴趣听听乔西在华沙的经历，但他更喜欢讨论其他话题。

节日晚餐过后，斯塔申斯基和英格散步回她租住的房子。路上他问她最近几天是否有人找过她，请她保管一个包裹。英格说“没有”，这让斯塔申斯基松了口气。他怀疑克格勃打算骗过她，让她带着一台录音机器，这样斯塔申斯基的上司就可以监听他们的对话了。达蒙甚至要求他录下与英格的谈话。“他解释了为什么要这么做”，斯塔申斯基后来回忆说，这“不是因为他们不信任我”。达蒙告诉斯塔申斯基，如果有录音的话，他们可以帮助他理解英格的真实想法。“我和未婚妻关系这么亲密，我也并非总能正确地理解她的反应，而他倒能完全没困难地理解吗？”很明显，克格勃并不完全信任这位明星特工。[3]

班德拉遭暗杀时期任中情局慕尼黑站负责人的胡德后来写道，各国管理人员的任务就是操控手下的特工，“要让他什么都不能隐瞒——不能截留哪怕一丁点的信息，甚至不能隐藏个人生活最私密的细节”。他写道：“不管他的初衷是什么，间谍的角色就是背叛信任。不管他原先是自愿或是被胁迫，有过一次背叛后，理论上就不能再信任了。……不管这个特工在签约接受雇用时有什么保留，事实是情报机构买下一个间谍时，就是买下了他的全部。任何间谍机构都不能容忍特工有一丁点保留或独立的念头。对于间谍来说，从事间谍活动就只能一条道走到黑。”[4]

斯塔申斯基的克格勃上司显然是遵循着国际间谍操作手册

办事，但他们的明星特工不会乖乖就范。与克格勃共事这些年，斯塔申斯基学会了如何对付这些管理人员。按照他的经
135 验，说“不”的最好办法是，原则上积极同意这个提议，但随后提出客观原因，使得某项任务难以或不可能执行。对付达蒙的时候，斯塔申斯基先是热情接受了录制他和英格谈话的想法，但随后指出可惜只能在距他 200 米范围内接收到窃听装置发出的信号。要想计划奏效，得将装有窃听设备的面包车停在波尔家房子附近才行。但波尔家离附近的其他建筑都很远，周围很空旷，这肯定会引起别人的怀疑。达蒙不得不同意斯塔申斯基的理由，他和英格的谈话就不用录音了。

斯塔申斯基先以个人自白开场，他告诉英格自己一直以来隐瞒了身份。他说自己不是约瑟夫·莱曼。事实上他甚至不是德国人，而是俄罗斯人。英格既震惊又困惑。事后他说她的反应简直像是“从天上跌落”。他回忆说：“我试着减轻这种打击，说我实际上不是俄罗斯人，而是乌克兰人。”这可是经过精心设计的谈话步骤。许多德国人一贯将俄罗斯人视为仇敌，现在的俄罗斯人则是占领者，但他们认为乌克兰人是被苏联控制的东欧人民。到此时为止，他已经明显违反了莫斯科和卡尔斯霍斯特的克格勃给出的所有指示。他揭穿了莱曼的伪装，暴露了真实身份。斯塔申斯基没有给英格编史塔西的故事，而是告诉她自己为克格勃工作，并非从华沙来柏林，而是来自莫斯科。他在莫斯科见到了克格勃首脑，已经获得批准能与她结为夫妻。她是首个获得允许与克格勃特工结婚的非苏联女性。目前的问题是她必须加入克格勃。[5]

英格的眼泪夺眶而出。战时的经历让她对俄罗斯人或苏联人都没有好感。当时她的父亲弗里茨·波尔应征加入德国部

队。1945年年初，她和母亲担心逐渐逼近的苏联军队将对柏林发起进攻，于是搬到梅克伦堡（Mecklenburg）的费尔德贝格（Feldberg）镇上，小镇位于柏林的东北方。费尔德贝格后来成为苏联的占领区。苏联任命的新镇长是著名的德国反法西斯作家汉斯·法拉达（Hans Fallada），他在小说中对苏联军队 136
占领德国以及新政权不断地赞美歌颂。苏联人最爱引用他的一句赞誉是：“我被俄罗斯人震惊了……何曾见过一支征服的军队对被征服者如此慷慨善良？”

实际情况与法拉达小说中的描述大相径庭。英格还记得获胜的苏军士兵对费尔德贝格大批妇女实施强奸。“最糟糕的是蒙古人，”她后来回忆道，“他们头戴哥萨克帽子，手里挥舞着小鞭子。”她指的可能是招募自中亚大草原和西伯利亚南部的苏联士兵——他们是“亚洲人”（Asiatics）。这些人在纳粹的宣传中被描绘成非人类。现在看来，他们也在竭力证明戈培尔（Joseph Goebbels）说得有些道理。英格的母亲三次被强暴。英格回忆道：“没有一个女人幸免。”许多女人选择了自杀，但是英格和母亲熬过了这场磨难。1945年圣诞夜，弗里茨·波尔从英国战俘营获释回到家中。但家里的情况让他错愕不已：不久前英格的母亲诞下一子，也取名弗里茨。老弗里茨的战争经历令他不可能支持新政权。斯塔申斯基后来回忆道：“波尔家绝不是亲俄分子，而是对苏联的占领持敌对态度。”英格的父亲毫不掩饰自己的想法，特别是喝醉的时候。后来一家当地报纸在报道中提到了他的名字，将他的观点公之于众。他对此似乎也不在意。斯塔申斯基回忆说：“他总是随身带着那份剪报，说到这个话题的时候，就很自豪地拿出来展示给人看。”[6]

听斯塔申斯基说完，英格哪里是震惊，她简直被吓坏了。她不关心那些上级的“诺言和条件”，甚至不关心他想怎么办。她立刻告诉斯塔申斯基，他完全清楚自己对苏联的态度，但还提出这样的建议一定是疯了。“那没关系，”斯塔申斯基回答说，“但如果我们要共同生活，不管怎样你都得这么做。
137 你必须表现得愿意接受他们的建议，同意合作。”英格不打算放弃他，也不打算放弃他们的婚事，但她也不准备加入克格勃。

她有一个对他们两人都更好的计划：他们应该立即逃到西方国家。达尔高离西柏林只有几英里，这似乎是个很合理的建议。但斯塔申斯基拒绝接受。“我告诉她，”他后来回忆道，“我现在不能这么做，但将来会有可能。我们应该争取时间。”斯塔申斯基相信即将在莫斯科接受的训练，会对自己在西方国家立足很有帮助。“我知道接受培训后，我将再次被派往西德或其他西欧国家。”他回忆当时的想法时这么说道。他告诉英格自己以后会去西方国家执行任务，这已经是板上钉钉的事。

两人谈了很久，英格终于冷静下来。斯塔申斯基告诉她，她不会成为真正的克格勃职员，他会尽自己所能保护她不接受克格勃的任何任务。她所要做的只是扮演一个角色。他对她说了很多关于自己的事，但没有提到为克格勃工作的性质，也没有提到他执行的暗杀行动。他并不担心她会不小心说出去，但他认为为了她的人身安全，还是对暗杀活动一无所知为好。最后，英格同意在即将到来的莫斯科之旅中扮演他安排的角色——一个苏联的支持者、一位愿意帮助未来的丈夫为世界和平执行艰苦而光荣任务的妻子。

“所以我们达成一致，”斯塔申斯基回忆道，“我提醒她我们讨论的任何事都不能告诉别人。我告诉她不仅在莫斯科要对我们讨论的事只字不提，而且目前她什么也不能对父母说——我们必须坚持原来的‘说辞’。她也同意了。”[7]

21 介绍新娘

138 1960 年 1 月 9 日，斯塔申斯基和英格口袋里装着达蒙提供的苏联护照，登上了开往莫斯科的火车。几天之前，达蒙问英格要了一张照片，现在她的小提包里有了一张崭新的苏联护照，里面的姓名是英加·费奥多罗芙娜·克雷洛夫（Inga Fedorovna Krylova）。斯塔申斯基和往常一样使用亚历山大·安东诺维奇·克雷洛夫的护照。虽然斯塔申斯基和英格还没有结婚，但克雷洛夫俩人已是夫妇。到了莫斯科，一名克格勃官员来接站并带他们去乌克兰饭店。1959 年 4 月斯塔申斯基第一次来莫斯科时就住在这里，但他不能表现出对这家饭店或这座城市很熟悉的样子。他的克格勃上司希望他告诉英格，他是第一次来莫斯科，因为他对东德情报工作有贡献，这次旅行是给他的奖励。

斯塔申斯基的克格勃上司正在努力评估他的未婚妻。克格勃官员法布里奇内科夫陪同这对情侣在市内观光购物，想知道她对莫斯科和苏联生活的看法。他征询她对所见所闻的意见。英格假装不知道他是克格勃的人，但因为他经常出现，也就不难猜出他的身份了。她扮演着兴奋的游客的角色，表现不错，但她私下里时常问斯塔申斯基，她是否应该对某些细节表现出
139 很熟悉的样子。官方委派的陪同人员不在时，克格勃也要密切注意这对情侣。他们放在乌克兰饭店的行李被搜查了一遍。由

于克格勃一再坚持，两人从乌克兰饭店搬到了莫斯科酒店，斯塔申斯基怀疑莫斯科酒店的房间也被窃听了。法布里奇内科夫当着斯塔申斯基的面，曾与酒店职员发生争吵，说对方给这对夫妇“弄错”了房间。[1]

英格原先不想来这一趟，但他们受到的接待却让她久久不能忘怀。事实上，她对周围所见的一切感到恐惧。火车去莫斯科的途中一度停在华沙火车站，从那时开始她已经觉得陷入困境、感觉被出卖，仿佛要被卖去做奴隶。这种感觉到了莫斯科后变得越来越强烈。斯塔申斯基和其他克格勃工作人员向她展示苏联地铁站里的沙皇式建筑和大理石装饰的杰作。然而，建筑上华丽的装饰与华美建筑里人们的破旧衣着形成强烈对比，令她错愕不已。贫困妇女围着厚厚的头巾，穿着印花棉布外套，脚上裹着毡靴，肩扛装满面包的布袋，这个画面永远铭刻在她记忆中。此外还有无处不在的醉汉，经常聚集在地铁站或大楼的大理石大厅里以躲避严寒。那些没有避寒之处的醉汉，就躺在天寒地冻的雪地里没人管。

英格觉得苏联首都的卫生条件极其恶劣。垃圾桶总是很脏，而且常常是满着的，所以路过时必须很小心不要蹭到。路上行人随地吐痰。她称那些厕所是“公共惨剧”。有些不过是在地上挖了个洞，四周都是污物，同时散发着吓人的气味。她几年后向一位记者吐露心声：“我都不敢想起那些厕所。太可怕了！”克格勃管理人员试图以个人魅力吸引她，希望她能欣赏莫斯科以及苏联生活方式，但种种努力都徒劳无功。她觉得法布里奇内科夫（她只知道他叫“亚历山大”）和他的妻子（或自称是他妻子的那个女人，她叫她“仇恨德国的人”）两人都自命不凡。他们邀请斯塔申斯基和英格去一家豪华餐馆吃

晚餐，满满一盘鱼子酱还有其他美味佳肴，但法布里奇内科夫
140 夫人几乎什么都没碰。她说大家普遍认为俄罗斯女性太胖，是
因为她们吃得太多了。此行似乎没什么能让英格高兴的事。她
甚至觉得当地小孩都不招人喜欢。她很沮丧，经常哭泣。[2]

斯塔申斯基和英格在苏联待了两个月，大部分时间在莫斯科，去列宁格勒待了两周时间，有很多机会可以将苏联的现实生活和官方的宣传相对照。他们抵达莫斯科几天后，赫鲁晓夫就发表长篇讲话，自夸苏联的经济成就，并与美国的数据做比较。他指出 1953 年至 1959 年，苏联的生铁和钢铁产量增长了 57%，而美国的产量下降了 16%。这一“成就”实际上表明，苏联的经济思维还停滞在二战前。然而对赫鲁晓夫来说，这是苏联优越性的明证。

“伴侣号”发射成功以及苏联在太空中取得的其他成绩，则进一步证明了苏联正在赢得与美国的技术竞赛。这也是 1959 年 7 月赫鲁晓夫与美国副总统尼克松在“厨房辩论”中试图表达的观点。当时莫斯科将举办一场美国展览，尼克松前往为展览揭幕。进行这场辩论的场地是展馆中一间配备了各种崭新美国家电的厨房。赫鲁晓夫告诉尼克松，苏联在技术上比美国先进，美国在消费品生产上的优势将在 7 年内消失。这场辩论不止一次在美国的电视上播出，但苏联只播放过一次，而且还是在深夜播出的。苏联当局不希望观众看到他们的国家领导人承认自己在任何事情上落后于西方资本主义国家。[3]

英格不太可能听说过在她来莫斯科半年之前发生的“厨
房辩论”。然而，她毫无疑问对赫鲁晓夫在这个问题上的观点
141 持怀疑态度。她在与斯塔申斯基独处时，并不怯于评说官方宣
传与苏联现实生活之间的巨大差距。在他们俩刚开始谈恋爱

时，斯塔申斯基就为苏联的官方路线辩护，但现在他已词穷理尽。“你会醒悟过来的，”她常这样说，“这和你原先印在脑子里的东西完全不一样。”他知道她说得对。

最终批准斯塔申斯基可以向英格说明自己为克格勃工作之前，他的上司还想最后一次尝试说服他放弃。这项任务由克格勃国外情报指挥部流亡人员部门负责人伊先科上校承担。伊先科问斯塔申斯基是否还想和英格结婚。在得到肯定的答复后，他对斯塔申斯基说：“小心以后不要后悔做了这样的决定。”然后他才告诉斯塔申斯基，现在可以告诉英格他为克格勃工作，以及她以后也要为克格勃服务了。和之前在东柏林一样，莫斯科的克格勃也想要监听他俩的谈话。伊先科要求斯塔申斯基在他们谈话的房间里和英格说明此事，说没人会偷听。斯塔申斯基知道那个房间已被窃听了。他后来对克格勃上司说，他不得不在其他地方和英格讨论这个话题。他兴奋地报告说，英格已经知道他为克格勃工作了，而且准备协助他工作。[4]

2 月末，斯塔申斯基向上司传达了英格同意合作的意愿，这本该为他们返回东柏林和最终缔结婚姻扫除障碍。但让人头疼的是，事情拖着没有进展。克格勃命令斯塔申斯基退还他之前买好的回柏林的车票，还要延长他们出境签证的期限。斯塔申斯基和英格开始有些担心。克格勃看出他们在打什么算盘了吗？在英格的催促下，斯塔申斯基最终决定即使没有克格勃的批准，他们也要离开莫斯科。然而，就在他打算打听飞往柏林的机票时，有人通知他们可以离开莫斯科了。3 月 8 日国际妇女节，苏联将在全国范围举办盛大的庆祝活动。节日的前一晚，法布里奇内科夫陪同另一名高级官员出现在斯塔申斯基的
套房。这位官员递给英格一盒糖果，并向她致以节日的问候。142

这位官员还说他们已经获准可以结婚，仪式将在东德举行。然而还有一个条件：夫妻俩必须回到莫斯科，以便斯塔申斯基接受为期一年的深造培训。英格激动得哭了。[5]

这对情侣于1960年3月9日返回柏林，距他们抵达苏联首都正好两个月。两人出色地演好了自己的角色，达成了预定目标。婚礼于1960年4月23日举行。他们先是在东柏林中央登记办公室登记结婚，然后违背了克格勃的建议，也没让卡尔斯霍斯特的上司知晓，斯塔申斯基和英格在博西格大街（Borsigstrasse）的各各他福音教堂（Golgotha Evangelical Church）举行了一场宗教仪式的婚礼。这座教堂是19世纪后期用红砖建的哥特式建筑，在盟军轰炸柏林时奇迹般地幸存下来。莫斯科的克格勃官员曾告诉他除非推托起来娘家亲属要翻脸，否则尽量不要举行宗教仪式的婚礼。但他从未劝说英格不要在教堂里举行婚礼。他后来回忆说："我想让一切都顺其自然。我也知道，这会让我虔诚的父母高兴。"斯塔申斯基对他的克格勃格上司隐藏了越来越多的秘密。

随后的婚宴上，英格身穿白色礼服，头戴婚礼头饰，披着面纱。斯塔申斯基身穿一套黑色西装，配白衬衫和白领带。两人在婚礼餐桌上拍摄的照片，看起来虽不是那么兴高采烈，却都表现得很满足。照片中的英格不小心闭上了眼睛，仿佛想起了过去几个月那让人紧张的过程。斯塔申斯基正视着镜头，脸上的表情比开心幸福更多的是坚毅。婚礼当天英格的奶奶去世了，但她的亲戚后来才发出电报，他们希望她能在结婚当天幸福如意。[6]

22 间谍月

1960 年 5 月 9 日，斯塔申斯基和英格离开柏林前往莫斯 143
科，当天正是纳粹在卡尔斯霍斯特投降 15 周年纪念日。英格
后来回忆称，他们没能去度蜜月，而是去了苏联——这是她所
能想象的最大噩梦。途中他们在华沙停留了一下，华沙是他们
告诉英格的亲戚他们要生活的地方。当地克格勃官员为斯塔申
斯基准备了波兰的明信片和邮票，以及一份产品和消费品的价
格清单。英格十多岁的弟弟弗里茨想要一些明信片和邮票，而
他们则需要知道物品的价格，以使他们在华沙日常生活的谎言
足以令人信服。这对夫妇将使用由克格勃提供的华沙地址——
亲友寄来的信件由这里接收再转到莫斯科。英格和斯塔申斯基
写给柏林的信将在信封上加盖华沙的邮戳。他们将一众亲友都
蒙在鼓里，只说他们一年之后就回来。

到了莫斯科的华沙火车站，之前一直礼数周到地接待他们
的法布里奇内科夫前来接站，并给斯塔申斯基和英格介绍了负
责他们的新官员谢尔盖·波格丹诺维奇·萨尔基索夫（Sergei
Bogdanovich Sarkisov）。克格勃还好意为他们提供了一套公寓，
但英格却没法将之视为一份礼物。公寓位于一处新建的建筑
群，周围还没有铺设可以通行的道路，甚至连一条小道也没
有。每逢雨天，他们的鞋袜衣服上都沾满泥浆。这套公寓充其 144
量只能说是还没完工的工程。拼花地板安装得不好，沥青都从

木片的接缝中冒出来。盥洗室的瓷砖缝里也满是沥青的痕迹。地板高低不平，使得桌椅、橱柜都摆不稳。厕所水管没有调整好。厨房的门推不动。还有一扇窗户关不上，雨水会一直渗到天花板。除了这些之外，英格还瞧着那些墙纸不顺眼。她后来回忆说："俄国人的壁纸看得你头晕眼花。"

走出公寓大门，眼中所见也没法让人有好心情。跨进走廊要尽量躲避散落在各处的鱼头和鸡头。葵花籽壳撒得到处都是，也没人会去公共区域清扫或拖地。仿佛公寓楼里每家都养了猫，而邻居们晚上都会把猫放出来，任它们四处游荡哀号，让英格难以入眠。如果不是猫儿，那就是邻居们，每晚举行喧闹的派对直到深夜，闹得房里的吊灯也摇晃不止。生活变成了无尽的噩梦，而英格的忍耐也几乎快要耗尽。英格可不羞于让斯塔申斯基和他的克格勃上司知道她的不快。他们试图挽回局面，让这对夫妇搬去了另一处公寓，这次是靠近市中心的一个成熟小区。这本是一次积极的转变，可惜来得太晚，已经无法改变英格对苏联生活方式的总体态度。[1]

斯塔申斯基的新家位于奥斯坦金诺区（Ostankino）北部，主要居住着蓝领工人家庭。20 世纪 60 年代中期，该地区建造了一座宇宙征服者的纪念碑，许多街道都以与宇宙相关的名字命名。其中一条道路名为"星辰大道"（Zvezdnyi bulvar）。另一条路以谢尔盖·科罗廖夫（Sergei Korolev）的名字命名，此人是"伴侣号"和第一枚苏联火箭的设计师。还有一条路以弗里德里希·詹德（Friedrich Zander）命名，他是火箭学科的先锋学者。20 世纪 60 年代末，该地区还修建了奥斯坦金诺电视中心和电视塔，奥斯坦金诺电视塔一度是世界上最高的独立式建筑（free-standing structure）。[2]

斯塔申斯基和英格可以从莫斯科市中心，搭乘地铁到苏联 145
经济成就展站回家。这处展览离家不远，展览门前的喷泉四周围绕着身着各种民族服装的年轻女性雕像，代表着苏维埃共和国联盟。展览不仅展示了“苏联人民的友谊”，也展示了苏联的技术进步。展览展示的创新技术是否准确反映了苏联日常生活的现实，国内外游客都可自行判断。英格第一次来莫斯科就知道这其中反差巨大。俄罗斯持不同政见的作家亚历山大·季诺维耶夫（Aleksandr Zinoviev）后来在小说《千孔百疮的高地》（*The Yawning Heights*）中详细描述了宣传与现实的差距，嘲讽苏联宣传活动的“辉煌高度”。

斯塔申斯基为流亡人员部门工作的日子就此结束。他现在正式归非法途径派遣局管。新上司萨尔基索夫是才 30 岁出头的克格勃特工，英格觉得他比法布里奇内科夫更谦和亲切。萨尔基索夫德语也讲得很好，据他自己说是与一个西德资本家朋友聊天学会的。他向斯塔申斯基解释说，培训包括德语和英语的私教课程，温习德语的学校教程，阅读最新西方文学作品，以便他成功融入新环境。他还要上无线电和摄影课。克格勃非常重视对海外从事非法活动的人选进行培训。曾经担任中情局慕尼黑站负责人的胡德写道：“苏联对每一个非法间谍都投入巨大。”根据胡德的说法，克格勃使用非法入境特工来“管理解决敏感问题的特工。这些人处理的问题太敏感，不适合与大使馆里有合法身份掩护的官员接触。其他非法入境特工主要充当通信专家，为现有特工向莫斯科输送信息提供渠道”。

这些确实是斯塔申斯基的上司克罗欣将军布置的未来任务，但他还要求这位明星特工继续执行暗杀任务。斯塔申斯基正在学习成为胡德未提及的那种非法入境特工——潜伏在西方

国家的杀手，只要克格勃上司和克里姆林宫主人发出指令就采
146 取行动。克格勃决定培训他成为理发师，这样斯塔申斯基和英格就可以开一家理发店作为他们间谍活动的掩护。他们为斯塔申斯基未来的工作地点提供了两个选择：瑞士或英国。他决定去瑞士。英格不在乎去哪里，只要能逃脱莫斯科监禁一般的生活就好。[3]

1960 年 5 月，斯塔申斯基和英格抵达莫斯科接受培训之时，苏联火箭科学家终于赶上了美国技术。5 月 1 日国际劳动节时，苏联 S－75 德维纳（S－75 Dvina）防空导弹在乌拉尔山附近的斯维尔德洛夫斯克市（叶卡捷琳堡）① 附近发射，击落了一架美国洛克希德 U－2 高空侦察机，侦察机由 32 岁的美国中情局空军特种部队指挥官弗朗西斯·加里·鲍尔斯（Francis Gary Powers）驾驶。事发后鲍尔斯侥幸逃生，而大部分飞机部件也未烧毁，包括飞机上装载的高分辨率照相机以及相机拍摄的照片。苏联俘虏了被击落的飞行员，收集了飞机残骸。

虽然美方被当场抓获对苏联进行间谍活动，但美方没有立即意识到这个问题。艾森豪威尔总统起初认为鲍尔斯已经在事故中死亡。他授权否认苏联的间谍指控，声称迷航的飞机是在进行气象研究。赫鲁晓夫迫于国内民众认为他对美国人态度软弱而面临巨大的压力，他觉得别无选择，决定不再继续参加即将讨论柏林地位的巴黎峰会。② 他还撤回了早前向艾森豪威尔

---

① 叶卡捷琳堡（Ekaterinburg）始建于 1723 年，以女皇叶卡捷琳娜一世的名字命名。城市位于乌拉尔山脉东麓，在首都莫斯科以东 1667 公里。1924 年至 1991 年，叶卡捷琳堡更名为斯维尔德洛夫斯克（Sverdlovsk）。

② 1960 年 5 月中旬在巴黎举行美、苏、英、法四国峰会。赫鲁晓夫 5 月 14 日抵达巴黎，英国首相麦克米伦出面调解美苏关系。因艾森豪威尔拒绝赫鲁晓夫提出的就事件道歉的要求，5 月 16 日赫鲁晓夫愤然离场。

发出的 6 月访问苏联的邀请，引发了一场前所未有的国际丑闻。[4]

苏联羞辱美国的 U－2 事件以及拒绝参加峰会后，白宫和中情局发起了一轮止损行动，试图向全世界证明，间谍活动也是国际关系中正常的一方面：苏联的核武器库不能不受评估、无人监管。他们还声称要论间谍罪，苏联比美国有过之而无不及。国务卿克里斯蒂安·赫脱告诉国会，大约有 30 万苏联特 147
工在全世界 27 个国家活动。其中有 1 万至 1.2 万人是所谓的“专家特工”（master agents）。德意志联邦共和国（西德）当局就此事提供了他们的统计数据。U－2 事件后西德政府宣称在 8 年时间里，因涉及苏联间谍活动，他们逮捕了 18300 人次。[5]

当年 5 月，苏联报纸不仅充斥着因击落 U－2 飞机引发的国际危机，还格外关注西德联邦部长奥伯伦德尔的东德审判。苏联和东欧的消息人士将他与班德拉遭暗杀联系在一起。1960 年 4 月 28 日奥伯伦德尔被缺席审判，判处终身监禁，罪名是 1941 年 6 月涉嫌参与谋杀利沃夫犹太公民。次月，他辞去在西德政府中的职务。尽管早前苏联和东德曾断言他参与谋杀班德拉，但在他的所谓罪行中并未提及这一点。

克格勃把这个谜题留给了西方国家的同行，让他们去推测这起谋杀案背后的势力。在 U－2 事件后的媒体狂热中，西德政府公开宣称一名在西德的克格勃官员曾吹嘘说，是自己的组织要对刺杀班德拉负责。克格勃的造谣部门则保持了沉默。莫斯科似乎已经对这个话题失去兴趣。[6]

23　原地打转

148 斯塔申斯基在莫斯科接受培训之时，1959 年 10 月 15 日他在慕尼黑犯下的谋杀很快成了一桩悬案。当年年底，慕尼黑警察富赫斯访谈了近百名可能了解班德拉死亡情况的对象，但和 10 月中旬相比，他并没有离真相更近一点。

各种理论推测倒不少，但都缺乏证据来佐证。1959 年 12 月，慕尼黑大学拉弗斯教授和同事提交了最后尸检结果，他们仍将此人称为斯捷潘·波佩尔。新的研究结果与 10 月的结果一样模棱两可。班德拉胃里有微量氰化物，但他是否摄入了足以致死的剂量，不能确定。有一种假设认为，班德拉可能是被一种毒药毒死，而另一种（氰化物）可能是后来投放用于干扰调查的。1960 年 2 月，中情局和德国联邦情报局的专家还在争论暗杀使用的到底是哪种毒药。[1]

1960 年 5 月 2 日，中情局慕尼黑站负责人向兰利总部递交了一份拖延已久的班德拉死亡事件调查报告。该报告由迈克尔·科尔扎神父（Father Micheal Korzhan，也写作 Mykhailo Korzhan）编写。此人是 1947～1961 年在欧洲与乌克兰流亡人
149 士打交道的主要中情局探员。他此次来慕尼黑，不仅是受中情局派遣，还有以前师从他学习谍报艺术的弟子——卡舒巴的邀请。卡舒巴现在是班德拉组织的安全主管。

乌克兰民族主义者中的安全骨干如要论资排辈，来自加利

西亚①的东正教牧师科尔扎神父可算首屈一指。1940 年，班德拉的安全主管马塔维耶科是在科尔扎监督下，在反间谍训练中迈出了第一步。他后来向克格勃审讯人员提到这位前领导，称他是“经验非常丰富的特工”。民族主义组织分裂的两派都对科尔扎尊重且信任。他是乌克兰民族主义者组织的元老，正式说来是班德拉组织的一员，但在班德拉和列别德之间的争斗中拒绝偏袒任何一方。许多人认为如果其中有区别的话，相比班德拉的人马，他其实与反对派更亲近。与此同时，有传言说他与卡舒巴关系非常密切，是他起草了卡舒巴提交给乌克兰民族主义者组织领导层的报告。[2]

卡舒巴向科尔扎神父提供了他在慕尼黑的所有情报资源。他知道科尔扎很可能是在为中情局工作，在情报界人脉广泛。卡舒巴同样确信无论科尔扎的调查结论为何，都会告知他的美国上司，而美方对卡舒巴的动机和行动持怀疑态度。事实上，在科尔扎来慕尼黑时，中情局已经委托他对即将进行的调查提交一份调查报告。

科尔扎作为中情局里负责与乌克兰社群沟通信息的人物，负责在整个社群中搜集信息，采集有关苏联的情报，努力阻止苏联势力渗透到流亡组织和社区教堂里来。他有自己的预算，也搜罗了一些“观察员”。“观察员”经常和那些会去苏联或和那里的亲戚同住的乌克兰人联系。中情局为科尔扎神父创建的代号也颇为可观，可以证明他在各种机构活动中所扮演的角色：Capelin 1、Aecapelin 1、Aebath 1、Aecassowary 29 和 Petroclus，等等。他的盖伦组织代号为 V 9460.9 和V－13611。[3]

---

① 加利西亚（Galicia）是旧地区名，其核心部分位于现在乌克兰的西部。

150 科尔扎于1959年11月初抵达巴伐利亚州首府①。他在给中情局的报告中写道，班德拉被暗杀后还不到一个月，他就到了。他一直待到1960年1月才返回巴黎。科尔扎在慕尼黑期间，采访了班德拉组织中的许多领导人和普通成员，并与班德拉案的主要调查人员富赫斯进行了两次会晤。这份报告用乌克兰语写成，然后译成英语。报告主体部分写于1959年12月23日，但1960年1月科尔扎启程去法国之前，又有一些增补和修改。[4]

报告题为“深入研究班德拉之死的幕后真相”，科尔扎不仅在其中罗列了他在慕尼黑发现的事实和听到的谣言，而且还对各种推测进行了透彻分析。他在自己于慕尼黑了解到的所有有关班德拉之死的叙述中，发现有五种推测“或多或少符合逻辑”。他在报告中详细论述了这五种推测，并列出了自己支持或反对的理由。第一种推测把班德拉之死归咎于西德联邦部长奥伯伦德尔和盖伦组织的人；第二种推测是班德拉因继续参与乌克兰的解放斗争而被克格勃杀害；第三种推测指向班德拉的前安全主管马塔维耶科；第四种推测认为凶手是乌克兰民族主义者组织中反对班德拉派系的首领列别德；第五种推测认为班德拉是服用氰化物自杀。“每个版本都有一些可信性，”科尔扎写道，“起初每个版本都有不少根据，所以任何一个版本都有可能是真的。”[5]

科尔扎认为东德报纸兜售暗示奥伯伦德尔是凶手的版本，是一派胡言。东德指控奥伯伦德尔与利沃夫大屠杀有牵连，进而参与班德拉谋杀事件，其中必然有苏联支持，无疑是对这位

① 巴伐利亚自由州位于德意志联邦共和国东南部，首府是慕尼黑。

部长抵制苏联要求的报复。此前苏联曾希望西德外交上承认波兰和捷克斯洛伐克的亲苏政府。此外，奥伯伦德尔根本没有真正的动机。“苏联编的版本很粗糙，”科尔扎写道，“根本经不起批驳。因为如果班德拉参与了利沃夫的谋杀，或者更确切地说参与了夜莺营的行动，而组织夜莺营是应他的要求，那么显 151
然他为了保护自己也只会为奥伯伦德尔教授辩护。”[6]

调查这起案件的人认为班德拉是被克格勃特工暗杀的推测，也存在两种可能。第一种可能是，有人在他居住的公寓楼大厅里，用武力使班德拉接触了毒药。第二种可能是一个和班德拉很亲近的人偷偷投放了毒药。第一种场景设定得到了班德拉追随者的支持，他们声称他遇害前有人在公寓里见过两个陌生人。据称这些陌生人在他遇害前几天就跟踪了班德拉，甚至在他上山采蘑菇的途中也尾随着他。10 月 15 日他们躲在电梯里等待被害人出现。科尔扎写道，警方调查发现在班德拉遇害前公寓里出现两个人的说法，没有事实根据，也无法得到邻居证实。除了班德拉本人之外，邻居没有在走廊里听到其他人的声音。这两个陌生人的谣言是由班德拉追随者们自己传播的，目的是美化领导人英勇牺牲的事迹。

慕尼黑调查人员更关注的推测是，毒药是由能接近班德拉的人偷偷投放的，而这个人实际上是苏联特工。班德拉派坚决反对这种推测，还试图阻止富赫斯与他们组织的成员谈话，希望他把调查重点放在寻找外界凶手上。科尔扎比富赫斯更容易接触到组织成员，他能够一分一秒地还原班德拉生命的最后时刻。尤金妮亚·马克（马塔维耶科）在富赫斯和科尔扎的“内线”嫌疑人名单上高居首位，但他们两人都不相信她曾投毒。随着在班德拉的公寓大楼里目击两名陌生男子的报告被否定，很难想象还会有谁利用她来指认受害者。

科尔扎并没有排除苏联通过她丈夫迈伦·马塔维耶科向尤金妮亚施压的可能，但他没有发现马塔维耶科在班德拉遇害之前去过慕尼黑的证据。苏联参与暗杀班德拉的推测，哪一种版
152 本在他看来都说不通。列别德也没有参与的可能。科尔扎对列别德在慕尼黑的下属非常了解，他认为没有一个人能完成这样的任务。

四种班德拉之死的推测都被否定后，科尔扎集中关注第五种推测：班德拉是自杀身亡。在慕尼黑接待科尔扎的卡舒巴鼓吹这一理论，而科尔扎同意这是所有可能中最符合逻辑的。卡舒巴相信或者至少这么主张，说班德拉是因单相思而自杀的。但关于班德拉自杀的动机，科尔扎有自己的理论。科尔扎认为是家庭原因造成他无法忍受的心理状况。

科尔扎写道：

> 由于生活中经历了一些艰难困苦，被人长期监视产生的恐惧，班德拉的妻子几乎完全失去理智，如果不是因为她是领导人的妻子……她一年前就会进疯人院。班德拉所有的朋友都知道她的状况。……她存心对班德拉事事掣肘，使他出现在众人面前的面目是暴君、虐待狂、一个撒谎和不光彩的骗子，从此颜面尽失。……而班德拉，他认为自己是英雄（或许曾经确实如此），喜欢赢得组织成员的尊重，而且组织中的成员视他为“神”。这样一个人却不得不承受妻子的造谣中伤和指责，而在她眼里他就是一个普通人，她的丈夫和孩子的父亲。这令他无法忍受。熟悉这些情况的人都觉得此种折磨（通常他自己也有责任）

太可怕，换作任何正常人早就自杀了。

科尔扎认为班德拉是服用氰化钾自杀的，他特意选择这个时间点来提升自己民族英雄的形象。当时苏联一个乐团正在慕尼黑表演，而他的安全部门亦担心莫斯科有计划要消灭他，选
择此时自杀，班德拉使自己的死将不可避免地归咎于苏联。支 153
持这一“最合乎逻辑”推测的信息，正如科尔扎所说的，都来自卡舒巴，他最了解班德拉的家庭情况。

科尔扎非常确信自己的推测，撰写报告时都赌上了自己的声誉甚至情报事业：“如果有人能证明情况并非我上面总结的那样，那我将不再对任何政治或情报工作感兴趣。然而，我确信没有人能证明我是错的。我认为由专业人士组成的德国调查团也会得出同样的结论，尽管我能获取的信息是他们未必全能得到的。”[7]

尽管科尔扎尽了最大努力来说服中情局上司相信班德拉是死于自杀，但中情局认为班德拉是被苏联杀害的。盖伦组织和中情局的人现在不仅质疑科尔扎的理论，也很怀疑科尔扎本人。盖伦组织认为他“对班德拉之死的报告是蓄意粉饰”。中情局对他的“善意持保留意见”，并从 1961 年起不再请科尔扎担任中情局特工。开除科尔扎对此案进展并无影响，对班德拉之死的调查仍陷于停顿。看来斯塔申斯基为苏联秘密达成的成就名单中又增添了一个名字。在他所从事的工作中，保守秘密的重要性不亚于完成使命本身。[8]

第四部　逃离天堂

24 窃听器

斯塔申斯基在莫斯科逗留期间，催生了他的个人觉醒，但 156
不是向着克格勃期望的方向。在他学习的语言课程中，要翻译一些书籍，其中一本书给他留下了深刻印象。他后来回忆说：“这本书是为要在其他地方定居的德国人编写的——我已不记得它的名字——书中概括了北美、南美、非洲和欧洲的生活条件。我翻译了这本书，那是我第一次对其他国家的生活条件有了相当详细的了解。另外我熟悉莫斯科的生活条件，可以做比较，而且常会留意统计各地的工人数量。首要的是，我关注的不是金钱而是政治和经济结构。我看过社会主义和资本主义制度，却没听说过人民的贫穷和苦难。而在莫斯科的亲身经历让我知道了人民的困苦。”现在他可以以亲身经历将两者做比较，苏联制度难掩其不足。[1]

莫斯科地位特殊，消费品提供比其他地区更丰富。但即便如此，排着长队购买基本食品和商品也已是常态。1960 年的苏联工业建设相对较好，但已是连续第二年农业歉收。1958 年，政府通过集体农场收获将近 4200 万吨小麦，但 1959 年仅有接近 3400 万吨，而到 1960 年时收成还不到 3100 万吨。 157
1960 年前后，食物短缺在苏联成为普遍现象。《洛杉矶时报》（*Los Angeles Times*）的罗伯特 · W. 吉布森（Robert W. Gibson）曾于 20 世纪 50 年代末在莫斯科居住，他记得 1960 年 1 月离开苏联首都时，“卷心菜、冻伤的土豆、大蒜和面包是冬天的主食。有一个橘子或一大块肉就可以组织一场聚餐。日常生活中几乎没有好吃的东西”。

吉布森在苏联有不少熟人，他们因为可以与外国人打交道，也算享有特权地位，但他们也得耗费几个小时排队买食品。“他们渴望物质上的享受，”吉布森后来写道，“和大多数俄罗斯人一样，他们经受了很多苦难，经历过战争、斯大林的大清洗，即使到了和平时期政府也总要优先考虑生产钢铁、机床和更多武器。说到对未来的展望，他们总是冷嘲热讽，伏特加则是与之相伴的佐料。”造成这种玩世不恭态度的部分原因是，政府宣传给普通苏联公民的承诺和日常的艰辛生活之间差距太大。“我在莫斯科做记者时，”吉布森回忆道，“赫鲁晓夫经常吹嘘说到 1970 年时苏联将在工业生产上超过美国，到 1980 年时将全面赶超，从此以后苏联的发展将使美国望尘莫及。苏联在太空中由人造卫星和月球探测器建立的领先地位，让不少人相信他的说辞。”[2]

1961 年，苏联开始从国外购买粮食，特别是从加拿大进口粮食，以缓解国内的粮食短缺。接下来的一年时间里，食品短缺和肉奶价格上涨引发全国各地的大规模罢工。在俄罗斯南部的新切尔卡斯克（Novocherkassk），工人罢工演变成了暴乱。赫鲁晓夫派出一个高层代表团以平息此事，代表团成员中还包括亚历山大·谢列平。谢列平前一年离开克格勃，成为苏共中央委员会书记。但这些党和国家的官员未能缓解双方的紧张关系。新切尔卡斯克市工人将莫斯科代表团从当地党委总部赶走，于是军队开枪杀死了 20 多名抗议者。赫鲁晓夫对那些幸存者也绝不宽大。数百人被捕入狱，7 人被判处死刑并执行。

至此骚乱算是平息了。直到苏联解体来临之前，世界上其他国 158
家以及这个国家的其他地方对新切尔卡斯克市发生的惨剧都一无所知。[3]

随着时间的推移，英格的行为变得反复无常而且不管不顾。她拒绝参加间谍活动的课程，而且越来越大胆地表达对苏联生活条件的不满。她向丈夫抱怨基本食物匮乏，甚至连土豆都供应不足。撇开反苏情绪不谈，她得为夫妻两人准备一日三餐，而食物却经常短缺。莫斯科商店的货架上空空如也，人们排着长队购买最基本的必需品，这些景象已经能够说明一切。多年过去后，她还是忘不了在苏联的杂货店里没法买到她想要的那种肉食——就是有钱也买不到。莫斯科不仅落后于英格曾经工作的西柏林，而且落后于她居住的东德，这不免让人觉得尴尬。

英格对斯塔申斯基说，像他这样的聪明人会如此轻易上了苏联宣传伎俩的当，让她感到迷惑不解。“总有一天你会醒过来，”她说，“会幡然醒悟，发现自己痊愈了。”但治疗是个过程，不可能一次成功，而是会分阶段进行。斯塔申斯基读了一本克格勃上司给的德语书，是希特勒的军事情报负责人威廉·卡纳里斯海军上将（Admiral Wilhelm Canaris）的传记。他不得不得出结论，苏联秘密警察与他们鄙视的纳粹德国秘密警察也不过是伯仲之间。他后来回忆道：“在与妻子的谈话中，我们得出这样的结论，即总的来说盖世太保的所作所为和这里的情况也没什么不同。”[4]

克格勃当然不会喜欢这样的对比，还好斯塔申斯基尽其所能让他们的谈话保持私密。在他们搬进克格勃提供的公寓后，他立即检查屋内是否有监听设备。他查看每个角落，也检查灯具组件，但一无所获。尽管如此，他在自己家里也从未真正地感到安全。就在当月，全世界都知道苏联能在你最意想不到的地方放置窃听器。1960 年 5 月下旬，为与苏联击落 U-2 侦察机的宣传相对抗，美国驻联合国代表亨利·卡伯特·洛奇（Henry Cabot Lodge）向安理会成员展示了一个苏联于 1946 年
159 赠送给美国驻苏联大使的木制美国国徽。这枚国徽曾悬挂在美国驻苏联大使莫斯科官邸的大使私人办公室里，而国徽背后安装了窃听器。大使馆的安全人员发现窃听器之时，这枚国徽已经在那里挂了 14 年。① 洛奇称在苏联和东欧的美国官方宅邸中发现了 100 多个类似的传声器。[5]

斯塔申斯基不需要别人提醒也知道，克格勃有能力窃听他们感兴趣的人，但他不是这方面的专家。他后来说，他和英格经常能偶然发现隐藏的窃听器。例如 1960 年 7 月下旬，他和英格搬进克格勃提供的新公寓不久，英格采取各个击破的方式消灭房间里的跳蚤。在清理完所有其他东西后，她让斯塔申斯基把挂在房间墙上的一幅画取下来。这是个好主意：他们在画的背面发现了跳蚤的主巢。他们还发现纸张下面有两根电线，向不同方向延伸，然后穿过墙上的洞通向隔壁公寓。斯塔申斯基立即想到他们是被窃听了。英格即刻泪如雨下。跳蚤已经不是最让人操心的事了。

“当然，我完全被这个发现惊呆了，但我对此无能为力，”斯塔申斯基后来回忆道，“我妻子只是同情地看着我。而我保持沉默，什么也没说。”斯塔申斯基和英格都非常谨慎，那一

---

① 据报道，美方其实是在 1952 年侦测到国徽背后的这枚窃听器的，只是直到 1960 年 U-2 侦察机被击落后才将此消息公布于众。所以，这枚窃听器并没有真的在大使办公室里放置 14 年。

刻什么都不能说，不然就会泄露他们的发现。他们在莫斯科生活期间，只能在公寓外讨论政治敏感问题。但也不可能所有的谈话都在户外进行（这样做会引起怀疑），所以他们就食物和货品短缺问题以及苏联民众普遍的情绪低迷状况，自由地发表意见。“最好是能回柏林，但那是无法用言语表达的想法。”斯塔申斯基回忆起自己当时心中的念头时如此说道。

即便如此，他还是希望这个发现并不是如他们所想的那
样。“我告诉自己只是发现了一根电线，”后来斯塔申斯基回
忆道，“但也许那里面没有传声器；也许只是我们想得太多。
我不希望事情变成这样！”负责斯塔申斯基的克格勃官员萨尔 160
基索夫再次来访时，英格问他公寓里的那根电线是怎么回事。
由于斯塔申斯基受到克格勃的准军事纪律束缚，两人决定这些
麻烦的问题由英格来提。萨尔基索夫也无法回答。他惊讶地睁
大眼睛说他也不知道，但有可能只是一根电话线。他承诺会进
行调查，有结果便会告诉斯塔申斯基。但他从未再提此事。下
一次英格又提出同样的问题时，萨尔基索夫说那个可能知道细
节的人正在休假——他们得耐心等待。

斯塔申斯基和英格等不及。他们急切地想知道克格勃对他们私下谈话的掌握程度，而且希望尽快得到答案。斯塔申斯基把电线拿给正在维修大楼的电工们看，但他们也帮不上忙，所以他决定自己做检测。为了找到传声器的位置，他把电线的一端连到录音机上，然后在房间里边走动边讲话。回放录音时，他能听到自己的声音，有时清晰有时模糊，但就是无法找到传声器。克格勃的技术人员显然比他更精通这方面的技术，而他们的上司显然还想继续监听公寓里发生的情况。

萨尔基索夫最终想出了一个不太可能的借口来搪塞：他说

这处公寓之前是一个可疑人物居住的，安装窃听器是为了监视此人。英格后来回忆称，据萨尔基索夫说，那人后来被逮捕了。这种说法不管是真是假，却并不让人安心。这也是她和斯塔申斯基未来的命运吗？斯塔申斯基很快就获得了他和英格正被监听的明确证据。有一天他上司说本应是他来教育她的，现在反而是她在教育他了。他后来回忆道："现在我清楚地意识到自己是在和谁合作了。"英格梦寐以求的那一天终于到来。斯塔申斯基终于觉醒，不再抱持幻想。但这一切来得太晚，而且对他俩而言身处的城市也不对。[6]

25 家人

那天克格勃的信差心情不错，邀请英格跳支舞。这是俄罗 161
斯的古老风俗，邮差可以要求收信人跳舞，作为送信的报酬。信差带来了她家人的来信。他们以为她和丈夫住在波兰，他们给她写的信寄到了由克格勃控制的一处华沙地址。信差或许以为英格应该高兴得来几个单脚尖旋转才对，但她拒绝了。她不熟悉此地习俗，也没有心情跳舞。斯塔申斯基让那个吃惊的信差别跳舞了，直接把信交给他。信差拿出信来——信封都已经拆开了。他对斯塔申斯基夫妇说他可没时间去翻译再阅读，就让他们把信的内容直接告诉他。这下斯塔申斯基也体验了一次文化冲击。克格勃会拆阅他们的信件，甚至没有试图掩盖这一事实。

“我和妻子都火冒三丈，”斯塔申斯基后来回忆道，“我无法克制自己，直截了当地问他这是什么意思。这些毕竟都是我们的信。他说不是他拆的信，从波兰送来的时候就是这样的。我说如果以后一直这样，我便要采取一些措施。战争已经结束
15 年了，我不能允许任何人拆我的信。”斯塔申斯基威胁要向 162
上级抗议。克格勃的信差也吓了一跳。他没有自己读那些信，而是让他们告诉他信件的内容，此举违反了克格勃的规定，但也是表示信任他们的意思。然而，他们显然不这么理解。先是公寓里的窃听器，现在信件又被拆开了。两人大为光火，并向

斯塔申斯基的克格勃上司抗议。

负责斯塔申斯基的克格勃官员萨尔基索夫知道此事后，试图让这对夫妇冷静下来。但他的解释和保证也自相矛盾。一方面，他说克格勃完全信任斯塔申斯基；另一方面，他承认这些信件是在波兰克格勃的命令下拆开的。他告诉斯塔申斯基和英格，任何人与外国人通信都要接受审查，如果他自己与欧洲某人通信的话，也会得到同等待遇。在这一点上他当然说得没错。克格勃就像任何其他情报机构一样，不相信任何人，要让特工完全在自己的掌控之下。自此之后，斯塔申斯基夫妇收到的信件都是不拆封的。但浏览这些信的人肯定是做事马虎，或者根本不懂德语。斯塔申斯基和英格不由得注意到，有时信纸装错了信封。萨尔基索夫将这些问题归咎于德国和波兰当局，而克格勃对此无能为力。[1]

公寓被窃听、信件被克格勃拆阅，经过这些事后斯塔申斯基和英格很高兴能离开莫斯科，去乡下度个假，远离克格勃和他们的窃听设备。8 月底他们决定去斯塔申斯基家乡，离西乌克兰利沃夫不远的博尔晓维奇村。斯塔申斯基想把年轻的妻子介绍给家人：他的父母和两个姐妹仍然住在村里。此事说起来容易做来难。莫斯科的上司不愿英格见到斯塔申斯基的家人，也不希望她得知他的真实姓名。斯塔申斯基不理会克格勃的建议，坚持出行。

163 他们在博尔晓维奇村待了近一个月，9 月下旬才返回莫斯科。斯塔申斯基告诉父母和邻居，他在莫斯科遇上英格，她是在莫斯科上大学的留学生，两人恋爱结婚了。村里的女子对英格的形象记忆犹新，她们羡慕这位从首都来的穿着讲究的外国人，因为她赢得了英俊邻居的芳心。“这个德国女人身材高大苗条，头发剪得很短，”多年后一位当地姑娘回忆道，“见到她就好像是昨天的事，她穿着波点连衣裙，腰间束着带金属扣的宽腰带。她对什么都感兴趣，但什么也不懂，一切都要博格丹翻译。”[2]

斯塔申斯基的家人不能完全原谅他1950年时的背叛之举。斯塔申斯基开始公开为秘密警察工作，让家人和邻居都感到震惊。之后当局开始逮捕与地下民族主义者有关的村民，人们自然会怀疑斯塔申斯基牵涉其中。人们指责他害死了妹妹的未婚夫——当地地下组织指挥官伊万·拉巴。他否认这些指责，但也无济于事。被捕者的亲属不仅谴责斯塔申斯基，也认为他们全家都要为这场悲剧负责。以前在村里很受欢迎的斯塔申斯基一家遭到孤立和排斥。被捕者的亲属后来变得越来越敌对，弄得他们全家人天黑后都不敢出门，还用木板封住窗户以防有人闯入。斯塔申斯基成为秘密警察，先后去了利沃夫和基辅，远离家乡的他对家人遭受的危难也无能为力。

不管发生了什么事，他们也不愿意他来帮忙。他们都不想见他。从1951年到1954年，斯塔申斯基与家人断绝了联络。最终他通过姐姐伊琳娜设法恢复了联系，姐姐告诉他可以回家。但不先征得父亲的同意，他也不敢回来。后来父亲同意与他见面，也允许他回家，直到那时他才冒险出现在从小生长的家乡。“但毕竟关系不一样了，”斯塔申斯基后来回忆道，“并不全都是让人高兴的事。”斯捷潘·班德拉被暗杀的消息通过西方的广播和谣言传到了博尔晓维奇村，但家里人哪里能想得到，他们那抵抗苏联的代表人物之死，是自己家的博格丹 164
所为。[3]

村里的邻居回忆斯塔申斯基回到村里的时光，称他和英格经常会在花园里散步。他们还前往邻近的利沃夫观光。英格在利沃夫肯定比在莫斯科更有宾至如归的感觉，因为这座城市里的建筑就像她的家乡德国。13 世纪早期，这座城市由罗斯[①]的王子创建，15 世纪被波兰控制，18 世纪成为哈布斯堡王朝的领土。几百年来，利沃夫一直按照德国的城镇规则管理，城市中心是一个市政厅，周围有集市广场，就像德国的城镇一样。城市里有文艺复兴风格建筑、巴洛克风格建筑和古典风格建筑，各种欧洲主要建筑风格彼此交织，错落有致。1918 年奥匈帝国灭亡后，利沃夫再次被波兰人控制，之后在雅尔塔会议上，斯大林宣布当时被称为 Lwow 的利沃夫为苏联所有。到 20 世纪 50 年代末时，利沃夫的犹太人在大屠杀中被消灭，波兰人回到以前的德意志地区定居，乌克兰人成为这个城市的主要人口。

利沃夫市中心街上和众多博物馆的导游都强调这个城市的起源、它的乌克兰历史以及该市与俄罗斯的紧密关系。他们会介绍 18 世纪初俄国沙皇彼得大帝（Tsar Peter I）曾短暂来访，当时他在这里与波兰要员商谈结盟以对抗瑞典国王卡尔十二世（Charles XII of Sweden）。虽然乌克兰人确实曾深深扎根于这座城市，但 1960 年 8 ~ 9 月时英格在街上看到的人，大多是战后才从附近村庄迁移来的。有成千上万人近些年才来到利沃夫，寻求更好的教育机会和工作前景，斯塔申斯基也是其中之一。这是他年轻时代生活的城市——20 世纪 40 年代末他在一所师

① 罗斯（Rus），指 882 年至 1240 年维京人奥列格建立的以东斯拉夫人为主体的东欧君主制国家，首都在基辅，所以又称为基辅罗斯。史学界观点一般认为，基辅罗斯是现代东斯拉夫人国家俄罗斯、乌克兰和白俄罗斯的前身。

范学院开始学业。斯塔申斯基无从知晓的是，其实他的两个受害者也曾在这里度过青春时光：班德拉在这里研究农业，里贝特和妻子达里娅在这里学习法律。即便他知道这一点，也不会告诉英格。英格还不知道他在克格勃从事什么工作。[4]

斯塔申斯基和英格在古老城市的大街上以及博尔晓维奇家 165
里的花园中漫步，远离克格勃的监听设备，讨论着众多话题，其中有一个话题是他们作为一个家庭的未来。英格怀孕了——这是他们躲避克格勃，不想让他们知道的秘密。但 9 月末斯塔申斯基和英格一回到莫斯科，他们就明白克格勃的窃听器可不是白装的，他们的上级至少已经知道了这个秘密。

从乌克兰回来的第二天，萨尔基索夫就提起了这个话题。他旁敲侧击地说，在他们目前的处境下，即使涉及个人事务，也不应该向上级有所隐瞒。斯塔申斯基马上意识到：克格勃知道英格怀孕的事了。他很快“主动”把事情告诉了萨尔基索夫。这位克格勃官员看来并不惊讶。英格问萨尔基索夫是如何知道她怀孕的事的，他回答说：“秘密对克格勃来说是不存在的。”他告诉这对夫妇，生孩子会推迟甚至完全打乱克格勃为他们制订的计划。他问斯塔申斯基夫妇是想留着孩子还是堕胎。他向英格解释说，这在苏联是简单而常规的操作。

斯塔申斯基和英格都说他们要留着孩子。萨尔基索夫没有和他们争论，但这个问题并没有就此结束。萨尔基索夫不久又回来了，坚持要他们同意堕胎。“虽然这不是命令，但他说得很清楚，如果我妻子能同意堕胎，那就最好了。”斯塔申斯基和英格不肯让步。但这一次是由斯塔申斯基出面对克格勃说不。就像以前一样，他提出了一种说辞，辩解为什么克格勃的建议原则上挺好，但在实践中不可行。他说英格之前曾有生育方面的问题，医生告诉她未来需要通过手术才能受孕。现在她能怀孕简直是奇迹，他们都很高兴没有进行手术就能顺利怀上孩子。在这种情况下，他们不能冒险堕胎。

萨尔基索夫放弃了让英格堕胎的念头，但很快又提出新的
166 建议——让英格把新生儿送去寄养孤儿的家庭。她激烈反对，但萨尔基索夫说把孩子交给国家和社会是一种荣誉。英格瘫倒在地，而斯塔申斯基勃然大怒。萨尔基索夫意识到自己已经跨越了底线。克格勃最终让步，允许斯塔申斯基夫妇生孩子。此外为表示弥补，克格勃还出人意料地给了斯塔申斯基 2 万卢布的奖金来购买家具——按当时的标准来看，这可是一大笔钱。萨尔基索夫陪着斯塔申斯基到一家银行取钱，然后一起去家具店，他使用克格勃的关系以保证斯塔申斯基能买到家具。[5]

26 计划改变

在斯塔申斯基和英格决定留下孩子后，一切都变了。语言 167
课程暂停。克格勃明星德语教师埃尔薇拉·米哈伊洛芙娜
（Elvira Mikhailovna）突然消失，而她也是教授斯塔申斯基德
国历史、地理和礼仪的老师。萨尔基索夫解释说，她是被派往
西方国家执行任务去了。斯塔申斯基几乎无事可做，只有克格
勃委托他做的几个翻译工作。有人说马上会开始培训他做理发
师。但他之前经常和萨尔基索夫讨论未来在西方国家的生活，
他们将要使用的名字以及为掩护身份而编造的经历故事，眼下
这些话题也不再谈起了。

斯塔申斯基得知自己在克格勃的地位发生变化是在 1960
年 12 月 3 日，那时离他与克格勃主席谢列平的重要会面已经
过去快一年了。那天，负责斯塔申斯基的克格勃官员带他去见
另一位重要人物，介绍时称此人叫弗拉基米尔·雅科夫列维
奇，是卢比扬卡广场克格勃总部的一位部门主管。根据解密
的克格勃高级官员传记中的记录，当天前来迎接斯塔申斯基
的这位身材矮壮的先生，是克格勃外国情报部门第三委员会
副主管弗拉基米尔·雅科夫列维奇·巴雷什尼科夫（Vladimir
Yakovlevich Baryshnikov）。该委员会成立于 1957 年，负责管理
非法派遣的特工以及为他们在国外的活动提供支持。该委员会 168
的首任领导是斯塔申斯基在卡尔斯霍斯特的熟人，科罗特科夫

将军。

是年 7 月，巴雷什尼科夫年满 60 岁。在参加革命前，他是圣彼得堡德国商业学校的毕业生，20 世纪 20 年代末加入秘密警察，二战期间因设计与德国军事情报机构的无线电游戏而成名，这是因无线电技术进步而使用的一种欺骗战术。在担任第三委员会副主管之前，他在科罗特科夫手下任职，是卡尔斯霍斯特的二把手。斯塔申斯基暗杀里贝特的时候正是他在任时期。巴雷什尼科夫在克格勃圈子里是一位颇受尊敬的高级官员，被称为学者型人物。在部下的印象里，他常站在桌边弯腰看着铺满文件的桌面——他是近视眼，但不肯戴眼镜。[1]

巴雷什尼科夫在问候斯塔申斯基之后，便以他一贯温和的语调开始谈话。他询问英格的情况，问她如何应付新的生活条件和偶尔出现的物品短缺。斯塔申斯基知道这些问题从何而起，他一脸勇敢无畏的表情否认家中存在这样的问题。他向巴雷什尼科夫保证，他和英格都喜欢住在莫斯科，也学会了用当地现有的东西代替他们在德国习惯使用的物品。巴雷什尼科夫放弃了这个话题。他采取另一种方式告诉斯塔申斯基，考虑到他的家庭即将发生变化，涉及他在克格勃的工作，某些事情不得不重新安排。

“长久以来你一直东游西荡，居无定所，”他告诉斯塔申斯基，“现在你成了家，就要有孩子了。当然一旦有了孩子，你也应该有固定的住处。”斯塔申斯基马上就领会了巴雷什尼科夫的用意。克格勃要么推迟要么取消了送他和英格去国外的计划。莫斯科将成为他们的永久家园。巴雷什尼科夫说美国人和西德人已经对斯塔申斯基犯下的两起谋杀案展开调查。他如
169 果去东柏林会很危险。事实上他至少还要在苏联待 7 年。巴雷

什尼科夫向斯塔申斯基保证他不用担心钱的问题——克格勃会每月付他2500卢布薪水，他还会得到继续深造的机会。

起初斯塔申斯基的反应还很沉着，但接下来还有更糟糕的话题。巴雷什尼科夫提到斯塔申斯基夫妇原先计划要回东德和英格的家人一起过圣诞节。一切都已准备就绪。斯塔申斯基和他的克格勃上司已经订好车票并为家人买了礼物。克格勃还安排他们在华沙待一段时间，以便英格熟悉波兰首都，万一家庭聚会上有人提出一些生活方面的问题，他们也好回答。斯塔申斯基原本以为这次会面就能得到巴雷什尼科夫的最后批准。现在巴雷什尼科夫告诉他："我们保证你妻子可以畅行无阻，也可以在华沙待上一段时间。但我们不能让你去柏林。"

斯塔申斯基惊呆了。他最害怕的事情变成了现实。会面之前他就担心克格勃太清楚他和英格对苏联政权的态度，很可能不会让他们都去柏林。他没有对英格说出他自己的担忧，也是希望最终事实会证明他的担心全无根据，或者如果情况不妙，他还可以用自己的方式摆脱困境。但是，巴雷什尼科夫的态度让斯塔申斯基完全没有回旋余地。据将军说如果斯塔申斯基去了柏林，就有被暴露的危险。当然，以后他可以绕开柏林去西德。但他只能孤身前往，不能带着妻子去。如果他带上英格，她自然会想去柏林探望父母，从而使斯塔申斯基置身危险之中。"他想把我们分开，"斯塔申斯基后来回忆道，"整个形势都发生了变化。"[2]

会面结束后，被新消息砸懵的斯塔申斯基有许多问题要考虑。巴雷什尼科夫的措辞清楚表明，克格勃想让斯塔申斯基和英格中的一人留在莫斯科作为人质。他们让英格去柏林，希望她对斯塔申斯基的感情会让她回到他身边。他们也准备在孩子 170

出生后让斯塔申斯基去西方国家，指望着他对家人的爱能阻止他抛弃苏联。斯塔申斯基对英格的爱以及对孩子的渴望，已经成为克格勃面临的问题，而巴雷什尼科夫试图把这个问题形成的障碍转化为可供利用的东西。认识到这一点，可以引申出更令人不安的想法：他们不再信任他了。他是一名杀手，但也是他们在异国领土犯罪的目击证人，他知道克格勃会怎么对付那些他们不希望存在的证人。他和英格现在被怀疑了吗？他们的生命有危险吗？

“我必须考虑这种可能性，”斯塔申斯基后来回忆道，“我们俩都可能会出事。和将军谈话后，我觉得必须警告妻子，某天她可能会遇到致命的意外。同样的事情也可能会发生在我身上。”他必须有所行动。“我明白了，”斯塔申斯基后来回忆道，“我再也不能意志动摇。我必须清楚地决定该做什么。我没有别的出路。”但在目前的情况下，他究竟能做些什么呢？他应该尝试修复与克格勃的关系，还是逃往西方国家？斯塔申斯基对自己和妻子的安全越来越担心，这使得第一种选择相当不现实。而按照克格勃的新规定，一对夫妇不能同时外出，于是第二种可能也就无法选择了。两种办法都行不通。[3]

27　新年

1960 年的最后一天，斯塔申斯基和英格准备迎接新年。 171
克格勃的两个小卒想要逃离这个已经密不透风的陷阱，不知道新的一年命运将会为他们如何安排。

英格起初无法理解为什么克格勃不让斯塔申斯基去柏林见她的父母，他最终决定告诉她所有的真相，包括他在西德为克格勃所做的工作。这可不是一个容易的决定。之前他不说出实情，不仅是确信她对此一无所知会更安全，而且他就是无法对她全部坦白。正如他后来所说的，“把这样的事情告诉你想与之日夜相处的人，不是那么容易的”。但现在情况发生了突如其来的转变。与巴雷什尼科夫将军会面后，斯塔申斯基相信尽管英格对他在西德所做的事情一无所知，但她的生命安全已有危险。而随着时间推移，斯塔申斯基的心理压力也在增大。这么长时间以来，斯塔申斯基一直独自承受负罪的重担，现在他相信如果说出实情，她不仅会理解，而且会帮助他。[1]

英格的反应是震惊——事实上，她惊吓过度，昏倒在地，但斯塔申斯基对她的了解没错。尽管她有深厚的宗教信仰和强烈的道德感，但她并没有背弃他。他再也不必独自承担这个秘密（以及随之而来的罪恶感），这让他感到极大的宽慰。之前
每当斯塔申斯基和英格要讨论私密事情时，他们会去户外交 172
谈，但莫斯科的冬天非常寒冷，而英格已有近六个月的身孕。

他们想出了另一种交流方式。“我们在房间里拿出笔记本，用书写表达我们的想法，”斯塔申斯基回忆说，“我们斟酌着对未来的规划。”当时他们唯一能想到的未来是在西方国家，但要抵达那里必须绕过克格勃，找到一条出路离开这个封闭在两层铁幕之后的国家。是的，是两层，而不是一层。第二层铁幕在苏联和东欧国家之间，苏联公民要进入东欧国家几乎和进入西方国家一样受到限制。[2]

英格暂时不想独自回柏林。眼前的计划是向克格勃施压，希望能让他们一起行动，所以他们决定拖延时间。由于无法和英格的家人在东德过圣诞节，斯塔申斯基和英格去乌克兰的婆家过了圣诞——这是不到四个月里第二次回婆家。和其他东正教徒一样，斯塔申斯基一家遵循古代的儒略历，是在 1 月 7 日庆祝圣诞节①。对他们来说，1960 年的圣诞节是在 1961 年过的。对斯塔申斯基来说，这次回家与一年前谢列平给他颁发奖项不久后回家，感受截然不同。那时虽然他一直被自己犯下的罪行困扰，但内心也充满了乐观——他在克格勃的职业生涯出现好转，而且还得到批准可与所爱的女人结婚。现在他们已经结为连理，而英格正怀着他们的第一个孩子，但乌云笼罩着斯塔申斯基的事业和生活。

对于斯塔申斯基而言，这次在家过圣诞节有特殊的意义。如果他和英格的计划实现了，他们成功逃到西方国家，这就是

① 儒略历是公元前 46 年 1 月 1 日由罗马统治者儒略·恺撒宣布执行。由于累积误差随时间增大，1582 年教宗格里高利十三世对其进行修改后颁布格里高利历，即我们现在使用的公历。然而东正教拒绝采纳罗马教宗颁布的历法，自行修改后依然沿用儒略历。到 20 世纪时，儒略历比公历要晚 13 天。

他与家人最后一次一起过节。斯塔申斯基和英格将永远离开乌克兰和苏联，在西方寻求庇护，并切断与家人的一切联系，以免被克格勃杀手追踪。斯塔申斯基为妻子拍了很多与家人的合影，其中有一张是玛丽亚和伊琳娜两姐妹的照片。两人都有斯塔申斯基家族遗传的大长脸和高鼻尖。两人都对自己不太自 173
信，伊琳娜的笑容有些勉强，玛丽亚则更矜持。她们穿着一模一样的衣服——那是因为衣服面料供应短缺。[3]

和几个月前一样，斯塔申斯基和英格利用乡村生活，幸福地脱离克格勃的监听，讨论他们对未来的计划。他们考虑向驻莫斯科的东德大使馆申请出境签证，但不得不放弃这个想法：是克格勃，而不是东德人控制着苏联的边境。最终，他们制订了一个风险更大的计划。斯塔申斯基希望直接向他的熟人——克格勃首脑谢列平提出申诉，请求获得他的允许以和英格一起去东柏林。然后他们就穿过西柏林到西德，斯塔申斯基将使用东德化名约瑟夫·莱曼申请政治避难。这就是为什么克格勃想为斯塔申斯基夫妇编造新身份时，他和英格都坚持要保留原来的化名。英格起初对“面见谢列平的计划”提出异议。“我妻子认为这么做不道德，”斯塔申斯基后来回忆说，“她说我们去找他，他给我们许可，然后我们就消失了。他会遇上麻烦的。”斯塔申斯基不接受她的反对，说他们必须像克格勃对待他们那样对待克格勃。英格最终同意了。[4]

回到莫斯科后，他们去了卢比扬卡广场的克格勃总部请求面见谢列平，但他们见到的只是当天值班的军官。斯塔申斯基向这位官员解释了他的情况，要求见克格勃首脑。但值班军官将他带进一间装有邮箱的房间里，让他写信给谢列平。此次行动彻底失败了。斯塔申斯基夫妇不仅没能与谢列平会面，此举还使得他们与负责斯塔申斯基的克格勃上司关系尴尬，因为他们这次拜访是瞒着他去的。

基于眼前的形势，斯塔申斯基夫妇决定改变战术。英格同意独自回柏林。克格勃原先就批准她可以短时间探访父母，但夫妇俩私下商量她要在那里待到孩子出生，他们希望孩子拿到
174 东德的公民身份。在理想情况下，她和孩子再也不回莫斯科。一旦斯塔申斯基想到办法来柏林会合，他们三个就一起去西方国家。他们的计划需要分几个步骤实施。首先，英格因怀孕出现状况而拖延在东德的停留时间。她在莫斯科时发生过一次意外，正好可帮他们编造一个让人信服的借口。英格回东柏林之前，因提了重物而感到不适，曾去医院就诊。克格勃知道这次意外以及她就医的情况。斯塔申斯基决定，让英格到东德后不久就去看医生，向医生叙述在莫斯科曾出现的症状，请医生给她出具证明，说明她不宜长途旅行。

然后英格要开始执行第二阶段计划，希望能让斯塔申斯基来柏林协助她照顾新生的婴儿。他们再次寄希望于谢列平。计划由英格给克格勃首脑写一封私人信件，然后通过苏联驻东柏林大使馆寄出。而这对夫妇猜得没错，国外来信会比国内邮件更受重视。如果谢列平拒绝他们的请求——斯塔申斯基出于现实考虑认为这种可能性很大——英格就要转变方向，尝试在她父亲的朋友沙德夫人（Frau Schade）的帮助下与美国方面取得联系。斯塔申斯基后来回忆说："计划她将告诉他们我是克格勃的秘密特工，已与雇主离心离德，想去西方国家。她要让美国方面帮我脱逃。还要告诉他们如果我成功来到西方国家，就会把我为克格勃工作的细节和盘托出。"[5]

不管结果怎样，斯塔申斯基已经下定了决心。如果谢列平

不帮他，如果用约瑟夫·莱曼的身份不能取得政治庇护，他将会求助于克格勃的死敌美国中情局，揭露苏联的秘密以换取安全和庇护。那将是一种叛国行为，但斯塔申斯基对他的克格勃主人并无忠诚可言。夫妇俩约定如果美国方面接受英格的提议，就让他们来莫斯科在特定的地点和时段与斯塔申斯基联系。会面的确切日期将由英格和与她接触的美国特工商定。不管出于什么原因，如果她没法和美国方面取得联系，她将返回莫斯科。“如果是那样的话，”斯塔申斯基回忆说，“我决定在 175
下一次被派到西方国家执行克格勃任务的时候，就去和美国方面或者德国情报部门联系。”

他们知道通信会被克格勃检查，于是设计了一套秘密代码来互通消息。他们的通信中将谢列平称为“亲爱的上帝”。如果她寄出请求谢列平允许丈夫来柏林的信，就在给斯塔申斯基的信中说她最近割伤了手指。如果给“亲爱的上帝”的“血祭”没有结果，斯塔申斯基就会建议她去找个女裁缝，那就是去与美国方面取得联系。他们总共商定了大约二十个代码，好让彼此知道对方在柏林和莫斯科的情况，包括像克格勃施压、斯塔申斯基被迫搬到另一套公寓这样的事情都已想好代码，以防不测。他们准备就绪后，就告诉直接负责斯塔申斯基的克格勃上司，英格同意独自去柏林。斯塔申斯基的上司松了一口气，相信这对夫妇终于意识到除了遵守克格勃的建议和规则之外，别无选择。

1961 年 1 月 31 日，挺着大肚子的英格登上飞往东柏林的飞机。她的两个手提箱里，几乎装上了家里的所有东西。斯塔申斯基留在莫斯科，家里只剩一些必需品，内心怀着希望，但愿不久就能跟随英格去到那个没有可见国界的城市。[6]

28　重返学校

176　就在英格离开莫斯科前，斯塔申斯基第一次获得了真正的苏联身份文件。1961 年 1 月 26 日，莫斯科警方给他签发了护照，上面有他的真实姓名、出生日期和地点：博格丹·尼古拉耶维奇·斯塔申斯基（Bogdan Nikolaevich Stashinsky），1931 年 11 月 4 日出生于乌克兰利沃夫地区的博尔晓维奇村。有了这张护照，他可以在莫斯科国立外语师范学院（Moscow State Pedagogical Institute of Foreign Languages）就读，他将在那里学习德语和英语。

克格勃还为斯塔申斯基出具了入学需要的介绍信。克格勃编造了一家秘密研究机构，以同样虚构的机构负责人名义声明，斯塔申斯基从 1951 年 3 月——那一年他正式加入克格勃——至 1960 年 12 月受雇于该机构。介绍信中称他是“诚实而有责任心的员工”。信中还提到“因成功解决了一个重要难题”，苏联最高苏维埃主席团曾授予他红旗勋章。斯塔申斯基为海外新任务做准备之初，当时获得勋章的事实被视为国家绝密，现在最多不过是机密级别：学院领导能在学年中期接纳他入学，完全清楚他是个克格勃特工。

177　斯塔申斯基于 1961 年 3 月到外语培训学院登记入学，原本必须通过的入学考试，应克格勃要求他也不用参加。他是这学期的插班生，他的同学们已经快要完成第二年的外语学习课程了。此前斯塔申斯基曾跟随一位优秀教师单独学习德语，他还收听德国西部和北部电台播音员的播报录音，但现在他要和一群大学生一起学习。他们的老师虽然教授德语，应该是德语专家，但有些人可能从未去过德国。斯塔申斯基的学习进展缓慢。幸好克格勃的主要目的不是语言培训，而只是以一张大学文凭来安抚这位特工。斯塔申斯基不再接受为去西方国家从事非法活动而开展的培训，克格勃为斯塔申斯基设计的未来也不再激动人心。为了表彰他过去对秘密警察以及国家的贡献，他们想帮他在苏联安顿下来，但以后再也不会派他去国外了。[1]

当然，斯塔申斯基有自己的未来计划。英格回到东德不久便寄来一封信，告知斯塔申斯基她身体不适。按照离开前两人商定的办法，她去看了医生，得到不能长途旅行的诊断。斯塔申斯基及时向萨尔基索夫报告了这个消息，并说英格在去东德前就感觉不太好，很可能无法在孩子出生之前回来了。1961 年 2 月底英格写信给斯塔申斯基说她割破了手指，这意味着她已经给克格勃主席谢列平写信，请求他允许斯塔申斯基来柏林。给“亲爱的上帝”——这是谢列平的代号——的信件，已经通过苏联大使馆发出。那封信可能在斯塔申斯基收到信之前就已经到了收件人手里，但克格勃的领导一直未置可否。

与此同时，克格勃见到信后也讨论了此事。克格勃总部的传闻说，是科罗特科夫将军拍板否决了斯塔申斯基和英格的计划。“不能放斯塔申斯基去西方国家。应该为他创造最理想的生活条件，随他希望在苏联哪个地方定居，可以为他在那里建
一座乡村别墅。”将军如此建议道。3 月底反馈消息来了。萨 178
尔基索夫告诉斯塔申斯基，英格给谢列平写信要求他让斯塔申斯基去东柏林，但请求被拒绝了。此外，萨尔基索夫还要求斯

塔申斯基给妻子写信，告诉她不要再写信来烦扰克格勃的负责人。斯塔申斯基不得不表示同意。[2]

唯一积极的进展是克格勃决定给斯塔申斯基更换上司。他与萨尔基索夫的关系明显很紧张，特工与管理人之间应有的信任没有建立起来。此外，斯塔申斯基已经不再接受海外非法派遣工作的培训了。给斯塔申斯基分配一个新上司，很可能意味着他已经调职到另一个克格勃单位。

尤里·亚历山德罗夫（Yurii Aleksandrov）中校被派来管理已经幻想破灭的斯塔申斯基。亚历山德罗夫比萨尔基索夫级别更高，权力也要大得多，他希望在可能的情况下尽量对斯塔申斯基诚实。他告诉斯塔申斯基："听说原来两人关系紧张，导致彼此误解，现在派他来消除这些误解，以确保今后双方愉快地合作。"他也直截了当地让斯塔申斯基明白，建立良好的关系也符合后者的利益。"你和我一样清楚，"他对斯塔申斯基说，"我们现在就像俄罗斯谚语说的那样，是'针线永远不分离'了。"

斯塔申斯基很乐意更换上司。他告诉亚历山德罗夫，自己对窃听、拆阅私人信件以及对他的明显不信任感到不满——他为克格勃做了这么多，却落得如此对待。亚历山德罗夫赞同他的想法并答应给予帮助。他还希望斯塔申斯基写信给英格，劝她尽快返回莫斯科。亚历山德罗夫甚至提出为她出具真实的证明文件，以便她回到苏联。克格勃认为和斯塔申斯基的情况一样，现在已没理由继续隐瞒英格的身份。斯塔申斯基喜欢新上司，但他怀疑克格勃对他这么好是有原因的：他们希望英格能
179 尽快回来。他写信给妻子，没有劝她回来，而是建议她去找女裁缝。[3]

英格开始把他们的计划付诸行动。她很快就写信给丈夫：

> 我亲爱的博格丹，如我们之前商定的，我正在为你的到来做准备。我必须独自做很多事。昨天我去了一家裁缝店，一切妥当。她安排得井井有条。你应该来看看小宝贝的衣服，真是漂亮。我就是不知道该选哪种颜色。浅蓝色的，我想。但我觉得你不需要管这些蠢女人的想法。期待见面。我爱你。哦，还有，克拉拉阿姨要我告诉你你说的事肯定能行。事实上去拜访亲戚我总是心情很好，对我们的未来一点也不担心。

信中所说的阿姨指的是英格父亲的朋友沙德夫人，希望她为他们与中情局的联系穿针引线。看来她已经同意担任那个角色了。[4]

但随后英格突然接到莫斯科来电。斯塔申斯基让妻子去与中情局联络后，好多天一直焦虑不安。如果克格勃跟踪她并发现她与中情局联络怎么办？中情局会如何回应她的说辞？如果中情局官员决定在莫斯科与他会面，他们是否也会被克格勃跟踪？很多问题没有答案。他苦苦思索如何才是正确的行动方案，又来回斟酌最初的决定，最终斯塔申斯基决定取消整个计划。他有些惊慌失措，违反了他与妻子之前商量设计的安全计划。他从莫斯科的一条公开线路上给她打了电话，告诉她不要去找裁缝。他们中途取消了计划。

接下来从柏林传来的消息倒是一桩大喜讯。1961 年 3 月 31 日，英格生下了儿子彼得。那是英格一生中最快乐的一天。同日斯塔申斯基通过电报得知了消息。也许是由于英格在莫斯

180 科的经历累积了压力，孩子早产了一个月，斯塔申斯基决定利用这一情况，请求允许他去柏林探望妻子和刚出生的儿子。他求助于新上司陆军中校亚历山德罗夫，但请求被拒绝了。英格在电报里说她和孩子都很好，而且克格勃想让她们回莫斯科，而不是斯塔申斯基去柏林。

随着春去夏至，斯塔申斯基给英格的信写得越来越消沉。英格意识到她别无选择，只能返回莫斯科。丈夫的上司根本不可能让他来柏林与她会合。“那时我得和卡尔斯霍斯特的看护人保持联系，”英格后来回忆说，“他们听说我的决定后欣喜万分，当天就通知了莫斯科。”8 月初，她开始准备飞回莫斯科。无论她和斯塔申斯基为在西方国家生活制订了什么计划，如果还没有完全放弃的话，也将不得不推迟。他们要像一家人一样在一起。所以，莫斯科是唯一的选择。[5]

29 意外来电

1961 年 8 月 8 日星期二晚上，尼古拉·克拉夫琴科中校 181
意外来访。克拉夫琴科中校曾是克格勃流亡人员部门负责人的助手，1959 年 11 月时曾与斯塔申斯基一同庆祝他获得勋章。他顺道来斯塔申斯基的公寓拜访，是告诉他要给在柏林的妻子打个电话。他没有说明原因，但斯塔申斯基以为是讨论英格即将返回莫斯科的细节问题。

1961 年的莫斯科，私人电话还是奢侈品。给另一个城市的人打电话，通常是先发一封电报，要求对方在特定的时间去邮局或电话局等电话。克拉夫琴科让斯塔申斯基约英格在中欧时间晚上 7 点通电话，那时是莫斯科时间晚上 10 点。斯塔申斯基同意了。两人在克拉夫琴科指定的时间通上了话，而传来的消息却让斯塔申斯基感觉整个世界都天翻地覆了。[1]

斯塔申斯基简直不敢相信自己的耳朵。他们的儿子彼得——四个月前出生的健康男孩——已经夭折了。孩子病了，送去医院时已经发起高烧，最后未能治愈。英格伤心欲绝，希望他能来柏林。她也向卡尔斯霍斯特的看护人提出这个要求。斯塔申斯基能告诉她的只有：他要和上级谈谈。那个夜晚对他来说简直是煎熬。那未曾谋面的儿子，现在已经要落葬，而他
可能也无法去现场了。直到第二天早上，他才与上司亚历山德 182
罗夫中校取得联系。但是，亚历山德罗夫早已知道小彼得的死

讯。他解释说，克格勃希望斯塔申斯基能从妻子那里得知这个消息。

在电话里，亚历山德罗夫听起来真的很同情他。他问斯塔申斯基有什么可以帮忙的。“除非能去柏林帮我妻子，我什么也做不了。”斯塔申斯基回答说。与英格通话后的不眠之夜，斯塔申斯基想出了一个策略，利用英格失去孩子后心情不稳定，或许最终能帮他去柏林。他告诉亚历山德罗夫，“以她目前的心情，或许在绝望之中会做出一些对克格勃不利的事”，比如向德国当局求助，要求丈夫来柏林。这样就会暴露他的身份。亚历山德罗夫措辞激烈地回应，说英格自己要为小彼得的死负责——如果她不推迟返回莫斯科，事情可能不会发展到如此地步。不过，他承诺会去和上级谈。[2]

几个小时后斯塔申斯基再给亚历山德罗夫打电话，这次得到了好消息——上级终于批准他前往柏林。克格勃不希望英格在这个只有部分受他们控制的城市里制造丑闻。这个决定显然是由最高层做出的，很可能经谢列平亲自同意。（多年后，谢列平的继任谢米恰斯内指责谢列平对斯塔申斯基太软弱，居然让他离开了这个国家。）斯塔申斯基迫不及待地想把这个好消息告诉英格，当天就和英格通了电话——他对焦急的妻子说，俩人明后天就能见面了。

当晚，亚历山德罗夫告诉斯塔申斯基，一切都准备好了。他将搭乘军用飞机明天一早飞往德国，请他在清晨 5 点前准备就绪。亚历山德罗夫会到公寓附近接他。他要求斯塔申斯基去德国前交出所有克格勃签发的文件和通行证，只能留下他的旅行证件——以往旅行时他一直使用的亚历山大·克雷洛夫的护
183 照。斯塔申斯基只有一个晚上收拾行李、整理思绪。这场旅程

他梦寐已久，现在却是在如此悲惨的情况下成行。斯塔申斯基为从未谋面的儿子夭折感到震惊又悲伤，也担心英格如何独自应对这场悲剧，但他不会错失这次意外带来的机会。斯塔申斯基没打算把英格带回莫斯科——他们要逃到西方国家去。

斯塔申斯基一直想保留以约瑟夫·莱曼名义签发的旧身份文件，就是为了这个目的。这次他直接违反了亚历山德罗夫的指示，随身带上莱曼的身份证，这张身份证的有效期可以到1970年4月，还有一张同名的驾照。他也将自己的苏联护照和外语培训学院的学生证揣进了口袋，这两张证件上都是他的真名。除此之外，他还带上了克格勃为他入学所提供的推荐信。信中提到他曾获得红旗勋章——证明他为克格勃执行任务的重要性。斯塔申斯基所做的准备不只是去西方国家寻求庇护，还打算自首并公开自己的真实姓名以及他为克格勃执行的具体任务。

8月10日清晨5点不到，斯塔申斯基在公寓大楼附近等着亚历山德罗夫来接他。离开之前，他整理了家居用品，销毁了他和英格在通信中使用的秘密代码清单。剩下唯一的罪证是他身上的东西——他违抗上司命令，带着身份证明文件前往柏林。这些东西一旦被发现，克格勃就会明白他的真实意图。他这是用生命在冒险。

亚历山德罗夫准时出现，穿戴整齐——他显然很高兴能离开莫斯科去柏林。最近他才从卡尔斯霍斯特调职回来，之前他在那里交游甚广，颇有声望，受到克格勃同事和苏联外交官的尊重。卡尔斯霍斯特的克格勃领导科罗特科夫将军都曾去他的公寓参加非正式的聚会。此外，柏林之行每天都有外币补贴，
而且还有机会带些苏联首都找不到的贵重商品和礼物。斯塔申 184

斯基得知亚历山德罗夫要陪他去柏林，心都沉下去了。逃跑的机会迅速减少，而被抓的风险却陡然上升。他把装着身份证件和通行证的信封交给了亚历山德罗夫。亚历山德罗夫没有问怎么莱曼和斯塔申斯基的文件都不见了。

他们驱车前往莫斯科郊外的军用机场，花了几个小时等待航班。正是此时，亚历山德罗夫又向斯塔申斯基甩出了一条爆炸性消息。他说克格勃认为小彼得的死有两种可能。首先是美国或西德情报机构介入，他们可能杀害了婴儿，以引诱斯塔申斯基前往柏林，并将在那里实施抓捕。亚历山德罗夫说第二种可能是，英格在某种程度上造成了儿子的死亡，可能是因为她想把斯塔申斯基召来柏林，而其他尝试都失败了。

斯塔申斯基完全惊呆了。“和克格勃打了这么久的交道，这番谈话让我实在忍无可忍，”他后来回忆说，“那些人真的认为一个母亲可以为了满足自己的愿望而杀死孩子。”斯塔申斯基怒气冲冲地对亚历山德罗夫说：“你不能说我妻子谋杀了自己的孩子！”这位克格勃官员想让他冷静下来。他们是专业的情报官员，这意味着要保持警惕并考虑到一切的可能。他们很快就会搞清楚到底发生了什么。目前没有什么信息可追查，他们得谨慎行事，以免发生不测。“他告诉我，”斯塔申斯基回忆道，“考虑到这两种可能性，我必须时刻受到保护，而且他已经为此预备了一辆车，并配备了几名克格勃工作人员。”这两种情况都为克格勃提供充足借口，会让他在柏林逗留的时期一直受到监视。他能逃跑的机会越来越少了。

185 航班从莫斯科飞往距柏林东南 90 英里的斯普伦贝格(Spremberg)，在此期间斯塔申斯基有很多事情要考虑。不出所料，到了那里之后有克格勃官员来接机。其中有一个头发花白的人，他负责与英格联络，斯塔申斯基始终不知道此人的姓名。得知斯塔申斯基已经在莫斯科和英格通了电话，告知她即将抵达的消息，他很不高兴——他对斯塔申斯基说这么做很不成熟。他们要求斯塔申斯基在柏林期间住在卡尔斯霍斯特，如果他想和英格一起过夜，那就让她到卡尔斯霍斯特来。花白头发的男子说柏林的局势正在迅速恶化。他告诉斯塔申斯基，这个城市已经变成了“邪恶的温床”。此外，有些可疑人物一直在打听他，这证实了之前巴雷什尼科夫将军认为西方情报机构正在追踪斯塔申斯基的说法。小彼得夭折的原因成谜只是使情况更为复杂。为了自身安全，斯塔申斯基不能和妻子留在达尔高的村子里。

斯塔申斯基只能接受这种安排，但他不会等到克格勃宣布情况已经安全后才去见英格。他想马上打电话，立即去见她。难道这不是他们让他来柏林的原因吗？花白头发的男子不得不表示同意。8 月 10 日晚，他们驱车前往达尔高。[3]

30 柏林

186 1961 年 8 月 10 日星期四，在斯塔申斯基从莫斯科飞往斯普伦贝格的那天，莫斯科人都急切地盼着当天的晨报送来。报上报道了前一天像庆祝节日一样迎接苏联宇航员戈尔曼·季托夫（Gherman Titov）少校的盛况。政治领袖和普通市民都聚集在红场欢迎他。季托夫是苏联第二名驾驶太空舱绕地球飞行的宇航员。在四个月之前，完成首飞的是尤里·加加林（Yurii Gagarin）少校。4 月 12 日，加加林在外太空待了不到两个小时。8 月 6～7 日，季托夫在地球轨道上度过了 25 个小时，绕地球 17 圈——这一新纪录让苏联人倍感骄傲。

赫鲁晓夫也来到红场迎接季托夫并向他表示祝贺。苏联已经领先于美国，美国直到 1962 年 2 月才把人类送上外太空。赫鲁晓夫自豪地强调苏联太空计划的和平性质。他对兴高采烈的人群说："东方 2 号（Vostok 2）宇宙飞船没有装载原子弹，也没有任何其他致命武器。"与其他苏联人造卫星和宇宙飞船一样，它装载的是致力于和平用途的科学仪器。但与此同时，《真理报》刊载的季托夫的报道中以这样的措辞结尾——如果
187 仔细阅读的话，可能会让西方国家心生寒意。"我已准备好为党和国家执行一切任务。"这意味着下一项任务是携带"和平用途的仪器"还是核弹，将完全是由苏联领导人决定。[1]

这是赫鲁晓夫三天之内第二次发表重要讲话。早在 8 月 7

日，他发表了更具挑衅意味的长篇演讲，作为对美国总统肯尼迪两周前讲话的回应。当时肯尼迪就任总统刚满半年，演讲内容聚焦于柏林及其周边地区日益严重的安全危机。他对美国听众说，他认为苏联对中欧安全问题的担忧有其道理，并愿意就柏林问题进行磋商，但他拒绝接受最后通牒之类的说法，那是赫鲁晓夫希望迫使西方各国放弃西柏林而一直使用的措辞。

肯尼迪立场坚定，明确表示不会受人摆布。7 月 25 日肯尼迪在讲话中宣布，他已要求国会增加 30 多亿美元的国防开支，并将在美国军队中增设 8 个师。这位总统宣称："我们寻求和平，但我们决不投降。"他急于消除国内民众普遍认为他执政软弱、优柔寡断的印象。几个月前，他拒绝为古巴流亡者入侵菲德尔·卡斯特罗的"自由之岛"（island of freedom）提供空中支援，那场冒险最后以惨败收场。[①]

赫鲁晓夫被肯尼迪的演讲激怒了。他在电视演讲中做出回应，把柏林比作 1914 年的萨拉热窝，暗示不断加剧的柏林危机可能引发又一场世界大战。他还使用了二战时期的意象和例子，表明苏联各师或可调防至东方社会主义阵营国家的西部边境，以对抗美国的威胁。他还提到最近召开的华沙条约组织领导人会议，与会领导人一致表示支持苏联，要求西方军队撤离西柏林，让它并入东德成为"自由市"。他没有提及的是，几天前在莫斯科结束的那次会议已同意修建柏林墙，它将把柏林 188
一分为二，让其变成一座永远割裂的城市。

---

① 此处是指 1961 年 4 月 12 日的猪湾事件。当日，在中情局协助下逃亡美国的古巴反政府武装在古巴西南海岸猪湾登陆，意图推翻卡斯特罗领导的革命政权。三天后，入侵军被消灭。猪湾事件引发全世界舆论哗然，而刚上任三个月的肯尼迪政府因此大受批评。

赫鲁晓夫 8 月 7 日发表演讲之时，东德的领导人瓦尔特·乌布利希（Walter Ulbricht）正忙着敲定计划：使用带刺的铁丝网以及最终用混凝土将柏林一分为二。他早前就向赫鲁晓夫坦承，没有其他办法可以阻止国民逃往西方，赫鲁晓夫同意了他的计划。8 月初，他对聚集在莫斯科的东方社会主义阵营国家领导人说，德意志民主共和国能否继续存在，甚至于他们的共产主义政权能否存续，都很有问题。其他各国领导人虽然有些不情愿，但都支持乌布利希的倡议。他们主要担心的是西方国家可能以经济制裁甚至军事行动的形式进行报复。赫鲁晓夫对这方面倒颇为乐观。如果他正确解读了肯尼迪总统传递的信息，那么美国方面将不会干涉。不管怎样，他都愿意冒这个险。他们商定了封锁边境的日期——8 月 12 日星期六晚上。[2]

封锁边境的准备工作在极其机密的情况下进行。8 月 10 日晚，斯塔申斯基在柏林街道上的所见所闻，完全没有征兆表明两天之后政府就要将东柏林与西柏林彻底隔绝。克格勃的汽车载着斯塔申斯基离开东柏林，前往达尔高的村庄——英格和家人正住在那里。自从斯塔申斯基七个月前与妻子告别，其间发生了这么多事，两人有太多话要说。但克格勃的人就在身边，两人毫无隐私。晚上约 11 点时，看护人把他们送到卡尔斯霍斯特，他们被安置在一处由克格勃管理的安全屋内。但他们在那里也不能说话。就像他们在莫斯科的克格勃公寓一样，这里肯定被窃听了。斯塔申斯基和英格不会再冒险。第二天早上，斯塔申斯基发现他们整晚都被监视着。从窗户望出去，他看到一辆汽车停在他们住的房子附近，车辆挂着外交牌照。很
189 快这辆车就由一辆苏联产的伏尔加轿车取代。之后不久，第三辆车出现了，里面坐着尤里·亚历山德罗夫中校和前一天见过

的花白头发男子。

亚历山德罗夫告诉斯塔申斯基，他们仍然对小彼得的死因心存疑虑，克格勃会派一名工作人员，一整天都待在斯塔申斯基和英格身边，以保护他们不出任何意外。他想让斯塔申斯基去小彼得最后住的医院，询问孩子夭折的原因。克格勃给他们安排了当天使用的车以及驾车司机，并让他们下午 4 点时在东柏林市中心布达佩斯咖啡馆与亚历山德罗夫会面。

斯塔申斯基和英格让司机先把他们送回达尔高。当伏尔加轿车驶近波尔家的住宅时，斯塔申斯基注意到一辆汽车显眼地停在路边，从那个位置可以清楚地观察这栋房子和整条街。尽管从外面可以看到斯塔申斯基进出的情况，但他们相当确定屋子里一定没有窃听器，所以自一年多前离开柏林以来，他们终于第一次可以自由交谈了。第一要务是他们需要就未来计划达成一致。这天是 8 月 11 日星期五。小彼得的葬礼定于星期天，也就是 13 日举行。葬礼结束后，他们决定立即逃往西柏林。“我妻子说一切由我做主，”斯塔申斯基后来回忆起他们的谈话时道，“她说我去哪里她就去哪里。”

克格勃开车把斯塔申斯基和英格从父母家送到医院，医生告知斯塔申斯基他的儿子死于肺炎。因为英格曾说儿子发了高烧，所以这个病因听来很合理。他希望医生的诊断能消除他人对英格或西方情报机构造成小彼得死亡的怀疑。然后，两人驱车前往公墓，斯塔申斯基在小教堂里第一次见到了儿子，可他现在却只是一具毫无生机的小小躯体。下午 4 点，他们到了布达佩斯咖啡馆。亚历山德罗夫早就掌握了小彼得的死亡原因，可能早在他让斯塔申斯基去医院之前就已经知道了。他批准余下的时间斯塔申斯基和英格可以在城里走走，

晚上 11 点时还是在这家咖啡馆门前，汽车会来送他们回卡尔
190 斯霍斯特的安全屋。实际上他们就是囚犯，但可以有几个小时来自由交谈。这对夫妇走在柏林大街上，讨论他们自 1 月分开以来所发生的一切。他们注意到尽管克格勃已经证实小彼得夭折完全是自然原因，但秘密警察仍在跟踪他们。[3]

31 最后时刻

8 月 12 日早上，亚历山德罗夫中校暗示，在他们为儿子 191
安排葬礼时，克格勃将暂时解除“保护”。他开车送他们去达
尔高，留下他们为第二天做准备。亚历山德罗夫说，晚上 10
点会有车来波尔家接他们回卡尔斯霍斯特。8 月 12 日上午，
斯塔申斯基和英格在波尔家里忙碌。下午他们决定去街上不远
处英格租住的房间，收拾一些东西。英格之前带着刚出生的孩
子在那里住了四个月，现在这处住所只给她带来伤痛的回忆，
而斯塔申斯基则经受着另一种痛苦的啃噬。所以，这是一段难
走的路。他在去公寓的路上留意到，尽管亚历山德罗夫说过
“保护”会暂时解除，但克格勃的“保护小组”并没有撤离。

斯塔申斯基注意到他先前在火车站看到的那辆大众汽车又
停在街上。这是前一天跟随斯塔申斯基和英格的克格勃车队之
一。克格勃跟踪他们，却几乎毫不在意要隐藏行迹：在一个几
乎没有车辆的街区，出现外国人面孔驾驶的汽车格外引人注
目。英格 15 岁的弟弟弗里茨问他车里是什么人，他讽刺地回
答说他们是来保护他的。但他们显然仍被监视着，这意味着星 192
期天的葬礼结束之后，他们可能就没有行动自由了。然而当晚
10 点之前，虽然有人监视着他们，但至少他们还没有完全被
控制。他意识到如果他们想去西方，就必须立即行动。如果等
到明天葬礼之后，一切就都太晚了。

斯塔申斯基把自己的想法告诉英格。“我非常担心她不愿这么做，”他后来回忆说，“但她知道此举至关紧要，而且我们是否参加葬礼，对儿子来说已于事无补。”英格坚强地听从了他的建议。但很难不让英格的家人知道他们的计划：英格让弗里茨带着她和“乔西”的花圈去参加葬礼时，弗里茨就感到有些不对劲。她又提议他们三个现在一起去散步，他也没反对。要说真有什么的话，他倒是很兴奋。

在他们离家之前，弗里茨刚拿着花圈从外面进来，斯塔申斯基问他街上的情况如何。弗里茨回答说之前在附近见过的一辆东德瓦特堡（Wartburg）轿车，刚向铁路桥的方向驶去。斯塔申斯基推断那辆车还没有返回。于是他和英格带着弗里茨走出家门向右转，沿着篱笆朝英格租住的房子走去。他们没有回头看。几分钟后，斯塔申斯基让弗里茨走在前头，去查看有没有车。街上没有人，逃亡的三人穿过街道，进了英格租住房间的那栋屋子。

斯塔申斯基和英格都知道他们不会再回英格的家了，他们必须为这次吉凶难卜的旅程做好准备。斯塔申斯基换了一件衬衫，带上了雨衣，英格换了裙子。斯塔申斯基后来回忆说：“我们不能拿太多东西，因为不能太显眼，免得逃跑路上被人拦下盘问。”但当英格问他能否带上之前裹小彼得的被子时，他同意了。他们从侧门走出房子。“我们逃向西柏林的路上真的是东躲西藏，”英格后来回忆道，“对于我们来说没有其他
193 出路，尽管过去几天我们承受着所有的压力和情绪，但我们并没有完全意识到我们走这一步的后果。”[1]

从柏林及其周边地区的地图上看，要从达尔高到达城市西部似乎很容易。位于柏林西边的达尔高，毗邻 1945 年被西方

盟军占领的城市区域。直到 1951 年，苏联和后来的东德一直在那里设有检查站，以控制前往西柏林的汽车通行。从达尔高到西柏林最简单的方法就是坐火车，向东只要坐两站地，他们就能到达相对安全的西柏林。但他们不敢去达尔高火车站，那里肯定会有克格勃的特工。弗里茨还告诉斯塔申斯基和英格，他从朋友那里听到了令人惊慌的消息：警察正在施达肯（Staaken）车站检查乘客的证件，那是进入西柏林之前的最后一个东德城市。由于命运的巧合安排，施达肯的东部是西柏林的一部分，而西半部则分给了东德。现在东德警方正阻止许多东德乘客前往西柏林，他们只能折返。

东德当局不顾一切地想要减少涌入西德的难民潮，如果不能完全阻止的话，至少要想法减缓。但仅仅那一天就有近 2000 名东德人到西柏林申请政治庇护。20 多架包机飞离西柏林，把前来寻求庇护的人送去西德各地。西柏林的难民机构里人满为患，西柏林当局被迫要求美国军队提供食物配给。从某种意义上说，东德警察将火车站的乘客劝返，也是在协助西柏林的警察控制局面。[2]

无论如何，斯塔申斯基三人经施达肯前往西柏林的直达路线已经被封锁了。如果他们被扣留，扯什么谎都不可能让克格勃相信斯塔申斯基不是要叛逃到西方。他们必须另找出路。最后，斯塔申斯基决定去达尔高以北 3 英里的法尔肯塞村（Falkensee），到那里碰碰运气。斯塔申斯基、英格和弗里茨穿过花园出了后门。身边有高大的灌木丛掩护，他们向法尔肯塞走去。如果有人拦住他们，他们就说打算去法尔肯塞吃点冰 194
激凌。有弗里茨在便可说他们只是和家人出来散散步。幸运的是他们根本未遇阻拦，一路不停地走了大约 45 分钟。

到了法尔肯塞，斯塔申斯基决定避开火车，乘坐出租车。他们在一条小巷里找到了一个出租车司机，他同意带他们三人去东柏林。他沿着柏林环城公路行驶，从北面绕过城市。在穿越东德与东柏林的边界时，警卫要求他们出示身份文件。当时东德与东柏林都由苏联占据。斯塔申斯基告诉警卫，他是要返回东柏林的家，并拿出了一张约瑟夫·莱曼名字的身份证。如果克格勃“保护人”在斯塔申斯基身上发现这张身份证明，他很可能会因此丢了性命。但此时拿出它来，警卫挥手就让他们通过了。[3]

他们在去往市中心的路上，经过了东柏林郊区的潘科（Pankow），不少东德政治精英都住在这里。当时是晚上 6 点过后，潘科最显赫的那些居民都不在家里。那天晚上，东德最高领导人乌布利希在柏林以北 25 英里处举办了游园会。宴会中途，乌布利希请已醉意醺然的客人聚集在一处，他发表了一项声明，一下子就把其中不少人都吓醒了。乌布利希告诉这些部长，“社会主义和资本主义欧洲之间仍然开放的边界”将在三小时之内关闭。最后行动所需的准备都已就绪，东柏林将与城市的西部隔离开来，阻止难民涌出。东德经济正因人群出逃而逐渐衰退。乌布利希告诉客人，出于安全考虑，隔离措施操作完毕之前任何人都不得离开。直到此时，有些人才意识到为什么在别墅周围树林里见到的部队要比平时更多。即使有人持不同意见，也不会傻到要在此时提出，因此他们转身继续享乐，晚会一直持续到深夜。[4]

和乌布利希的客人一样，斯塔申斯基和英格惊讶地发现在出租车开向市中心时，一路上见到的士兵的数量远超平时。英格甚至以为自己目睹了一场军事演习。他们在弗里德里希大街

（Friedrichstrasse）和莱因哈特大街（Reinhardstrasse）的拐角
处下了车。万一警察找到这个出租车司机，哪怕审问他，他也 195
没法知晓这群人是向东还是向西去了。斯塔申斯基和英格认为此时也该和弗里茨说再见了。弗里茨想和他们一起走，但他们没同意。英格给了弗里茨 300 东德马克支付丧葬费，并说他们可能暂时不会见面了。如果家里有人问起两人去了哪里，就说他们去柏林探亲了。弗里茨独自去柏林城市快轨车站（S-Bahn station），买了一张从西柏林到施达肯的车票。

在弗里茨走后，斯塔申斯基和英格去了舍恩豪瑟大道（Schönhauser Allee），在那里乘上了城市快轨。他们设想的路线是，万一遭到警察或克格勃阻拦，斯塔申斯基可以说是去以前租住的老房子，他在那里落下了几双鞋子。但这种托词也不是万无一失：毕竟那处租住的房子是在东柏林，而不是在西柏林。接着他们注意到东德警方正在检查隔壁车厢乘客的身份证件。如果他们检查到斯塔申斯基和英格的车厢，不用说也知道是什么结果。他们就是有东德的身份文件，也不能去西德，很可能会被劝返甚至拘留。但是，他们的运气好极了——警察没走进他们的车厢。两人在进入西柏林的第一站格松德布伦嫩（Gesundbrunnen）下了车。

没有时间享受这成功的时刻。斯塔申斯基和英格叫了一辆出租车，让司机把他们送到英格那住在西柏林的姑妈家里。但姑妈家里空无一人。斯塔申斯基回到车里，又让司机送他们去更远的北方——柏林的吕巴斯（Berlin-Lübars），英格还有一个姑妈住在那里。天色渐渐暗了下来。位于柏林以东 30 公里的东德陆军总部，东德国防部部长海因兹·霍夫曼（Heinz Hoffmann）将军正在召集高级军官，并将行军命令密封在信封

中分发给他们。午夜时分，他们奉命开始调动部队和设备，完
全封锁东柏林。此时，斯塔申斯基和英格会很高兴地看到边境
196 关闭。东德警方再也无法阻挡他们了，但边境仍然对克格勃特
工开放，他们可能已经在追捕的路上了。

幸好这次英格的姑妈在家——事实上两家人正在这里聚会。斯塔申斯基和英格现在有了落脚的地方，已经相对安全——他们身上的现金都用完了。“海因茨姑父，”斯塔申斯基此处指的是英格的姑夫，“替我们付了出租车费。我们得尽快去找警察，美国秘密警察。”英格的姑父海因茨·维鲁克（Heinz Villwok）时年 51 岁，是市政职员。他看得出斯塔申斯基（他和英格家里的其他亲属一样只知道他叫乔西）承受着巨大的压力。“他和我家侄女都非常不安，”维鲁克回忆道，“他们看上去很虚弱，筋疲力尽的样子。”斯塔申斯基和英格在姑妈家里待了不到半小时，就去了坦佩尔霍夫附近的警察局。斯塔申斯基多次从坦佩尔霍夫机场飞往慕尼黑，他那时不惜一切想避开的警察，现在成了他们得救的唯一希望。

但警察可不着急。有一个要向美国投诚的苏联情报人员？这人说的话是真的吗？前来协商投诚事宜的维鲁克等了 20 分钟才与一名警官说上话，接着他又只能干等着。此后他和英格一起与警方官员交谈。最后他们说服警察给美国方面打电话。此时已是晚上 9 点多。再有不到 1 个小时，亚历山德罗夫一定会发现斯塔申斯基夫妇失踪了。还有 3 个小时，东德的军队和警察将开始布设带倒刺的铁丝网。[5]

第五部　重磅炸弹

32 冲击波

这是一场奇怪的葬礼。克格勃特工和东德安全部门的官员 198
纷纷来到达尔高和四个月大的小彼得告别，其人数之多可能超过了罗尔贝克福音公墓（Rohrbeck Evangelical Cemetery）开园至今来这里的特工总数。尽管小彼得的父母没有出席，葬礼还是按计划举行。教区登记处的一条记录显示，彼得·莱曼——这个姓氏是克格勃官员编造的——于1961年8月13日安葬在这里。[1]

缺席葬礼的还有英格的弟弟弗里茨·波尔。他既没有拿来之前说好的葬礼花圈，连同让他带回家支付葬礼费用的300东德马克也一起不见了踪影。弗里茨决心跟着英格夫妇留在西方。他确实上了那趟回达尔高的火车，但后来他改变了主意，转身向西柏林他的姑妈葛蕾特·维鲁克（Grete Villwok）家中走去。在侄子葬礼那天，他申请在西柏林避难。[2]

32岁的克格勃官员格奥尔基·桑尼科夫（Georgii Sannikov）当时以外交官身份为掩护在柏林工作。他后来描述了克格勃同事和上司知道斯塔申斯基叛逃后的惊愕与恐惧。桑尼科夫写道："出席孩子葬礼的克格勃特工对于他父母双双缺席感到疑惑不解。到1961年8月13日这一天结束时，事情很清楚，斯
塔申斯基一家去了西方。每一个知道这位特工1957年和1959 199
年在慕尼黑执行了什么任务的人都大吃一惊，他们都明白如果

斯塔申斯基说出实情会有什么后果。”克格勃官员立即开始召回那些斯塔申斯基认识或可能从西方认识的特工，也采取了各种措施寻找那个叛逃的人，想在他开口与美方交谈之前将他灭口。

葬礼之后数日，桑尼科夫被召至卡尔斯霍斯特，受命陪同另一名克格勃军官亚历山大·斯维亚托戈洛夫（Aleksandr Sviatogorov）上校执行一项特殊任务。两人在距离西柏林克莱亚利（Clayallee）的中情局大楼入口 100 米远的地方就位。“我们蹲守了两天，”桑尼科夫回忆道，“斯维亚托戈洛夫希望能出现奇迹。第一天在选定的位置安顿好后，他就对我说：‘格奥尔基，我身上带着手枪。如果我们看到博格丹，你走开，我来开枪。我没有什么可损失的。我会杀了博格丹然后自杀。’”[3]

斯维亚托戈洛夫，这位打算为了干掉斯塔申斯基而牺牲生命的克格勃官员，时年 44 岁，是一位经验丰富的情报老手。二战期间，他在德国后方进行过大胆的突击行动，此后在基辅接受培训，以便之后利用外交官身份做掩护，他起先是在捷克斯洛伐克，后来成为非法派遣的特工在西德活动。他是乌克兰人，是乌克兰移民圈子的专家，也是掌握“特别行动”技术的行家。自 1956 年以来，他一直驻扎在卡尔斯霍斯特，以苏联陆军上校的身份为掩护开展工作。他负责的是乌克兰移民，他通过一些“居民”操控着数十名特工。斯维亚托戈洛夫在斯塔申斯基和英格恋爱结婚时就怀疑他的忠诚，之后斯塔申斯基很快离开了柏林，他的问题就成了别人要负责的事。[4]

斯塔申斯基回到柏林参加儿子的葬礼，斯维亚托戈洛夫的疑虑又浮上心头。他警告坐镇指挥的将军不能相信斯塔申斯基，并要求加强对夫妇俩的监视。斯维亚托戈洛夫的警告没有得到重视。斯塔申斯基的上司亚历山德罗夫完全信任手下的特工。“你怎么可以这样呢?”他问斯维亚托戈洛夫，“不相信这样一个为我们国家做了这么多事的英雄吗?”现在斯塔申斯基 200
出走，斯维亚托戈洛夫觉得自己的职业生涯岌岌可危。桑尼科夫之所以被选中参加这次行动，是因为他拥有外交豁免权，而且认识斯塔申斯基。他在基辅接受克格勃的训练时两人见过面。他认为美国人早已把斯塔申斯基送出柏林，但斯维亚托戈洛夫仍然希望能逮到斯塔申斯基，坚持要继续监视，甚至还准备为此献出生命。“我不会让德国警察活捉,”斯维亚托戈洛夫后来回忆道，“就我个人而言，我已决定如果有事发生，我会自己一枪爆头。”[5]

据众人所说，这位无视斯维亚托戈洛夫警告的将军，就是之前担任克格勃外国情报局副局长的阿列克谢·克罗欣。当初克格勃首脑谢列平授予斯塔申斯基红旗勋章的时候，克罗欣也在谢列平的办公室。1961 年 6 月科罗特科夫意外死亡后，他被派往柏林。当时谢列平正慢慢在克格勃之中清除其前任谢罗夫的支持者，无暇哀悼科罗特科夫离世。这位年轻的将军外表看起来很健康，他的突然逝世，让所有认识他的人都感到震惊，但克格勃高层不为所动。当时东德情报部门的负责人马库斯·沃尔夫（Markus Wolf）得知消息后，和同事飞到莫斯科参加葬礼，结果却惊讶地发现，谢列平竟对此事漠然处之。[6]

科罗特科夫离世后，由克罗欣把持卡尔斯霍斯特，也要由他来承担斯塔申斯基出逃的后果。为了保全自己，他打算把责任推给部下。首当其冲就是亚历山德罗夫中校——斯塔申斯基的上司，他太相信手下的特工了。斯塔申斯基和英格逃往西柏林当晚，亚历山德罗夫和几个老朋友在卡尔斯霍斯特开派对。调查这一事件的特别委员会一抵达柏林，亚历山德罗夫就被送回莫斯科，之后很快被捕。

柏林发生的事件不仅使苏联情报行动遭遇巨大挫折，也是对苏联和赫鲁晓夫国际威望的重大打击。西方媒体准备大干一场，揭露赫鲁晓夫这个自封的和平主义者实际上是个头号杀
201 手。这次不仅仅是抓到一个苏联间谍：这是一个接受克格勃高层命令和奖赏的杀手。“赫鲁晓夫非常恼火。他们说他撕了文件，砸了东西，”斯维亚托戈洛夫后来回忆道，“任何与此事有关的人都被撤职、开除，还要接受审判。”[7]

据后来的报道，总共有 17 名克格勃官员被解雇或遭到斥责，其中一些人被彻底开除。斯维亚托戈洛夫根本没有机会刺杀斯塔申斯基或自杀。他被逮捕后，关押在臭名昭著的列福尔托沃监狱①，并在最高法院的军事法庭接受审判。他虽然被免除刑事责任，但军衔降级并被克格勃开除，没法拿到退休金。因他曾要求克罗欣加强对斯塔申斯基的监视，他还希望克罗欣能为他作证，但将军什么也没做：克罗欣得先保住自己。被召回莫斯科的还有瓦季姆·贡恰罗夫（Vadim Goncharov），他负责窃听斯塔申斯基和英格的活动。他后来声称自己已发现他们在讨论如何逃跑，并向上级报告了这一消息，但他的警告也没得到重视。似乎每一个从柏林召回的克格勃官员都警告过上级斯塔申斯基有问题。[8]

---

① 列福尔托沃监狱（Lefortovo Prison）始建于 1881 年，位于莫斯科市中心。1954～1991 年归克格勃管理，在 20 世纪 60 年代克格勃卢比扬卡内部监狱关闭后，这里是国安系统的主要监狱，关押过许多著名的持不同政见者。

只有一个人没有受到任何惩罚，那就是斯塔申斯基之前的上司谢尔盖·达蒙。1961 年 4 月，斯塔申斯基和英格从莫斯科回到柏林结婚，他们得知达蒙已被调往基辅。大约就在那个时候，一个叫阿列克谢·戴蒙（Aleksei Daimon）的人出现在基辅的克格勃总部，并受命负责当地情报局的移民部门。他出生于 1912 年，与谢尔盖·达蒙同龄。根据保存在基辅档案部门的个人档案，戴蒙来自乌克兰东部的顿巴斯地区，1939 年被秘密警察部门招募，当时的身份是该地区某煤矿的工程师。他的任务是破坏地区经济。在第二次世界大战时期，他在斯大林格勒，负责训练独立特工和突击队并将他们送往德军战线后方。他从反间谍官员变成了情报专家，并在二战后继续保持了苏联秘密警察部门乌克兰分支情报部门成员的身份。从基辅这 202
个新的行动基地，他们将他派往波兰和捷克斯洛伐克。作为乌克兰人，他的乌克兰语和俄语都相当流利，但德语不太好。他结了婚，但没有孩子。他的母亲于 1942 年春天被德国人杀害。

戴蒙因针对班德拉派系及其在乌克兰民族主义者中的竞争对手的出色工作而晋升和受赏。他的上级认为他是名精力充沛、办事高效且极富创造力的特工，十分熟悉乌克兰民族主义者组织的内部运作机理。1954 年 9 月，戴蒙被调往柏林，以领导位于卡尔斯霍斯特的克格勃流亡人员部负责乌克兰人事务的部门。斯塔申斯基成为他手下第一名特工，他亲自照料、训练和管理此人。刺杀里贝特和班德拉成为他们俩的共同“成就”。1959 年 11 月 3 日，戴蒙被授予克格勃杰出成员奖章，也就是在那一天，伏罗希洛夫签署了给斯塔申斯基授勋的命令，以表彰他刺杀班德拉一事。就在第二天，戴蒙被提前晋升为上校，以表彰他“在针对反苏移民的工作中所取得的成功”。

他此前得到的奖赏以及职级毫发无损。[9]

与此同时，克格勃试图找出斯塔申斯基事件中到底是哪里出了问题。来自莫斯科的克格勃委员会却得出了不同的结论。克格勃高官们认为，斯塔申斯基起先是可靠而有意识形态动机支持的特工，愿意致力于苏联的事业。是他的妻子坚决反苏，使他确信克格勃要把他们俩都干掉，这才把他引入歧途。克格勃不准备承认自己在挑选或管理特工方面的错误。至于赫鲁晓夫，他是整个行动的幕后黑手，杀手逃亡令他恼怒，但显然他对自己的杀戮行为没有任何反思。1963 年 5 月，他对来访的古巴客人建议，要更努力渗透古巴流亡人员的社交圈子，必要时可杀死对手。赫鲁晓夫说："有时候安全部门该亲自铲除流亡的反革命领导人。"[10]

33　叛逃者

在斯维亚托戈洛夫和桑尼科夫于中情局驻柏林总部入口外 203
守株待兔的同时，中情局驻柏林基地的官员们刚从得知修建柏林墙的震惊中恢复过来。几天前，基地副主管约翰·迪默（John Dimmer）刚在柏林观察委员会（Berlin Watch Committee，西柏林的一个跨机构情报组织）的会议上，驳斥了关于苏联计划封锁东柏林的消息，说砌起一堵墙就等于宣布乌布利希政治自杀。1961年8月13日清晨，事态已经明朗，如果有人在政治上自杀，那也不是乌布利希，而是迪默。

8月13日，中情局基地负责人威廉·格雷弗（William Graver）的脑子里还顾不上那位苏联叛逃者。他打算先搞清楚如果苏联方面越过边境占领西柏林，己方要如何应对。他要求制定撤离计划，但得到的答复是不可能撤离：苏联军队已经完全包围柏林，西方盟国没有多少兵力可以阻止对方入侵。后来以笔名约翰·勒卡雷写作小说出名的戴维·康威尔，当时是在西德首都波恩的英国情报官员。他后来回忆称，英国使馆人员
在秘密会议上讨论过撤离问题，但未能制订一个合理的计划： 204
“世界末日来临之时，你又能撤退到哪里去呢？”西柏林的中情局官员紧急启动联络渠道，以与高墙另一边的特工联系，而这座高墙还在快速升高。他们还监测了西柏林本地的局势，对于西方国家并未针对苏联的行动做出反应，当地居民的怒火正

在上升。但中情局柏林基地最初的恐慌一过去，他们就把斯塔申斯基从被包围的西柏林转移到了法兰克福。斯塔申斯基将被羁押在中情局，度过 8 月剩余的时光。[1]

在中情局工作多年、经验丰富的胡德证实，中情局会将叛逃者迅速转移，离开苏联能掌控的地区。胡德写过他在维也纳的经历——维也纳曾像西柏林一样，一直深陷于苏联控制领土的腹地，这种情况直到 1955 年才改变。他写道：“如果可能的话，一旦计划好如何在西德接待叛逃者，就得赶紧做好将他们送出维也纳的准备。无论这些叛逃者对自己的计划反复考虑了多久，真正的突破总会释放出情绪上的恶魔，其中最常见的是极度焦虑和沮丧。”他还写道：“在奥地利开展的工作应集中于：确认此人自称的身份，以此评估他可能传递的战略情报，并竭力提取任何涉及美国部队在奥地利安全问题的信息——这些信息的时间价值宝贵，机会稍纵即逝。”[2]

博格丹·斯塔申斯基于 1961 年 8 月 13 日飞往法兰克福，而英格与他分开，由西德当局审问。斯塔申斯基将被关押在中情局和美国军方人员使用的建筑里，遭到中情局官员反复审问。中情局的审讯人员在处理斯塔申斯基的证词时遇到诸多问题，不管之前在柏林还是在法兰克福的中情局审讯中心，首要的难题就是：他们无法确定斯塔申斯基的身份。在他所提供的各种证明文件上，出现过三个名字：博格丹·斯塔申斯基、约瑟夫·莱曼和亚历山大·克雷洛夫。中情局官员不知道哪个是真实的——如果其中还有真名的话。中情局也无法证实斯塔申斯基的职业生涯与克格勃的联系，以及他耸人听闻地坦承自己刺杀了斯捷潘·班德拉和列弗·里贝特。此前没人认为里贝特
205 是遭暗杀身亡，而斯塔申斯基告诉审讯人员的有关班德拉的情

况，与他们迄今搜集的所有证据以及基于这些证据得出的所有推论都背道而驰。中情局的班德拉档案中的资料显示，他是被身边的人毒杀，而不是死于一个在慕尼黑街头游荡、口袋里揣着奇怪管子的杀手。[3]

最可能与之吻合的情况，来自中情局在波兰的情报源米哈乌·戈列尼沃斯基（Michał Goleniewski）中校的报告——中情局对这一说法一直严格保密。戈列尼沃斯基首次向中情局报告声称他知道克格勃在班德拉死亡一事中的角色，是在 1959 年秋天。两年后的 1961 年 1 月 4 日，戈列尼沃斯基和他的东德情妇乘坐一辆出租车，来到西柏林克莱亚利的美国领事馆寻求庇护。在讯问中，戈列尼沃斯基没有再提供任何有关班德拉之死的其他信息，但他罗列的西方国家中苏联间谍的情报之准确，迫使中情局重新考虑他的原始报告并打算认真对待。[4]

1961 年 8 月 24 日，当斯塔申斯基在法兰克福接受审讯时，中情局总部的苏联部门负责人收到了一份备忘录，概述了早先戈列尼沃斯基关于班德拉谋杀案的报告。报告称班德拉圈子里的一名未受怀疑的克格勃特工，曾说服班德拉去与一名据称是苏联叛逃者的人会面，此人实际上也是一名克格勃特工。会面期间，谎称是叛逃者的特工把延迟发作的毒药投进了班德拉的咖啡里。据说班德拉之死为另一名克格勃特工爬上班德拉组织的顶层扫清了道路。对于中情局特工来说，这似乎是他们在斯塔申斯基叛逃之前掌握的最可靠情报。他所说的喷雾枪以及在慕尼黑街头跟踪班德拉的说辞不仅听来可疑，而且似乎毫无意义。[5]

法兰克福的中情局官员们决定把斯塔申斯基这个麻烦甩给别人。就他们而言，他带来的风险太大，得益却很少。后来的一份中情局报告写道："1961 年 8 月，中情局在法兰克福对斯塔申斯基进行了初步审讯。得出的结论是，他无法在行动中成为有价值的双重间谍；他不是真正的叛逃者，也并非他自称的
206 身份。"一般来说，在法兰克福对真正的叛逃者的审讯将持续数月。向他们提出的问题通常涉及苏联的政治形势、民众对苏联政权的态度、西方电台广播对民众情绪的影响，以及乌克兰民族主义的传播等话题。但由于认定斯塔申斯基并不是真正的叛逃者，对他的审讯不到三周就结束了。中情局决定把他扔给西德这位东道主。[6]

在莫斯科漫长而孤独的几个月里支撑着斯塔申斯基的希望，就是憧憬着到美国能够享受安全与自由，现在却都破灭了。他所提供的信息，苏联为之想冒险将他灭口，在这里却被认为都是假的——美国人不会救他了。他和英格冒着生命危险逃到西方，这是一个错误吗？当中情局告知会将他移交给西德当局，并对他声称所犯下的罪行进行审判时，斯塔申斯基的震惊和绝望一定都变成了恐惧。但他别无他法，只能接受新的现实。中情局的一份报告写道："斯塔申斯基告诉中情局官员，他来西方时并不觉得自己曾经的行动是犯罪行为。那是以国家名义进行的爱国行动。他说现在自己意识到德国的法律对此持有不同观点。虽然他不想坐牢，但也必须为自己的所作所为承担后果。"[7]

斯塔申斯基不信任西德人，最初也不想和他们打交道。目前更糟糕的是，美方将他移交给西德，并不是为了达成他计划将与中情局达成的协议——以情报换取安全和保护，而是将以他自愿承认的罪行起诉他。斯塔申斯基肯定觉得又一次踏入了陷阱。他无法收回自己的供词。如果他被美国抛弃，被德国宣

告无罪，他将无处可去，只能回到苏联手中，他能想象等待他的将会是什么。综合考虑各方面情形，德国监狱似乎倒成了此时最安全的地方。

1961 年 9 月 1 日，斯塔申斯基被正式移交给西德当局。 207
审讯立即开始，他的主要任务和挑战将是证明自己有罪，而不是无辜。在这几周内，没有迹象表明有关当局曾允许他与英格接触。他们两人现在都在西方，但英格可以自由地生活，而斯塔申斯基则被囚禁在监狱的牢房里。[8]

34 深入调查

208 1961 年 9 月 22 日星期五，慕尼黑的天气晴朗而温暖。西德报纸报道了美国的卢修斯·克莱（Lucius Clay）将军突然造访施泰恩施图肯（Steinstücken）的消息。施泰恩施图肯是西柏林一块孤立的飞地，在柏林墙建成后，它被隔离在西柏林的美占区之外。施泰恩施图肯的情况简直就是西柏林的缩影。西柏林与西德之间仅有一条公路连通，而这条路被苏联和东德控制着；施泰恩施图肯与西柏林也有一条公路相连，这条公路穿过城市的苏占区。柏林墙建成后，肯尼迪总统命令一支美国军队沿着连接西德和西柏林的唯一高速公路推进，以显示美国人将留在柏林的决心。克莱将军对施泰恩施图肯的访问表明，如果东德和苏联打算吞并这片土地，他也决心要保卫西方国家这一片最小的领土。

德国报纸还在讨论克莱对这块只有 42 家住户的飞地进行象征性访问之时，克莱下令派遣一支美国宪兵小分队永久驻扎在那里。一个月后，他将派遣美军坦克前往柏林市中心的查理检查站，重申美国人有前往柏林东部地区的权利。世界正朝着
209 现代历史上最危险的冲突倾斜，但就当时而言，几乎所有德国人都对克莱将军的牛仔战术感到兴奋。他们所传达的信息很明确：美国人不会退缩，如果情况需要他们会留下来战斗。同日，美国国会通过法案，创建美国和平队（US Peace Corps），

拨款 4000 万美元将美国大学生送往第三世界国家，结交朋友，扩大影响，阻止苏联扩张。[1]

那天的好天气让斯塔申斯基想起他在慕尼黑度过的另一个温暖秋日：1957 年 10 月 12 日，就是那天他暗杀了列弗·里贝特。八名探员陪同斯塔申斯基回到当时的犯罪现场，他向其中一人提到那天也是这般天气晴好。这是他两年前暗杀班德拉之后，第一次站在慕尼黑的街道上。斯塔申斯基返回慕尼黑时，监管他的特工和官员中包括慕尼黑警方的奥伯科米萨·富赫斯。富赫斯是巴伐利亚州警察，身材粗壮，40 岁上下。当初连续几个月调查杀害班德拉的凶手毫无进展，如今杀手自己撞上门来，他不禁激动万分。他手拿麦克风，不断提醒斯塔申斯基在描述他所犯下的杀戮细节时，不能提及任何人的名字。

他们去了两处罪案现场：卡尔广场 8 号（刺杀里贝特的地方）和克赖特大街 7 号（刺杀班德拉的地方）。斯塔申斯基不仅描述了他当时是如何实施行动的，还在警方的相机镜头前，重走了同样的路线，爬上当时的楼梯，将一切经过重演一遍。在当天拍摄的照片中，这位身材瘦削挺拔的年轻人，一头黑色短发，身穿一件黑色衬衫，没打领带，外罩一件颜色稍浅的夹克，裤子颜色更浅，熨烫得十分平整。他们让斯塔申斯基去卡尔广场大楼的二楼，然后下楼向正在上楼的特工走去。他们要求他在与对方交错时，用卷起来的报纸对准特工模拟手枪射击，然后把报纸藏在他夹克的内侧口袋里。在班德拉位于克赖特大街的公寓楼走廊上，他们也要求斯塔申斯基弯腰假装系鞋带。照片拍下了他的黑色便鞋和白袜子。在这两张照片中，斯塔申斯基脸上都没有流露出任何表情：他看上去冷静而超

210 然，听天由命。此时之所以还需要一群特工随行，更多是保护他，而不是看守。实际上他已无处可逃。[2]

出现在现场的级别最高的调查人员是德国联邦刑事调查局（Bundeskriminalamt）的范豪尔（Vanhauer）警官。他是斯塔申斯基被移交西德后，第一个审问后者的德国官员。如果中情局发现斯塔申斯基或他提供的信息有任何行动价值，也就不会将他移交给刑事警察，而是会移交给中情局在西德的合作伙伴，主管外国情报工作的德国联邦情报局，或移交给负责反间谍工作的德国联邦宪法保卫局。审讯从9月1日移交当天开始，一直持续到第二天。和中情局的审讯人员一样，范豪尔感觉很难相信斯塔申斯基的证词。“一开始我对此事持怀疑态度，因为之前我们都没听说过这两起谋杀案。”范豪尔后来回忆说，“审讯结束后，我们讨论到深夜，权衡利弊。后来我们更倾向于相信斯塔申斯基所说的是真实的。”

调查人员不遗余力地查证他所交代的内容。9月11日，富赫斯返回慕尼黑，以检查克赖特大街7号入口处的自动锁。斯塔申斯基说他曾两次在开门时扭断了钥匙。果然，他在锁芯里找到了断掉的钥匙残片。斯塔申斯基所交代的差旅和入住酒店的日期与富赫斯及助手们查到的记录相符。9月11日，当局询问了英格·波尔，进一步证实了她丈夫的证词。他们得出的结论是美国方面错了，斯塔申斯基没有撒谎。

审讯的最后转折点实际发生于1961年9月12日。和范豪尔一同出现在审问室的还有警察局局长以及一些安全官员。与会者提交的一份报告称：“斯塔申斯基对于暗杀发生前的情
211 况、时间间隔、地点环境以及行动细节的描述，平静精准而清晰，我们普遍认为斯塔申斯基事实上是杀害里贝特和班德拉的

凶手。”他在 9 月 22 日回到犯罪现场时提供的信息更增加了可信度。[3]

1961 年 9 月下旬和 10 月初，德国联邦刑事调查局的探员再次讯问斯塔申斯基，得出他所说的是事实的最终结论。为了确证无疑，他们还带了一位能用母语审问斯塔申斯基的翻译。无论德国调查人员对斯塔申斯基的说辞有什么疑问，现在都已烟消云散。处在如此情势下的嫌犯确实深受折磨，也真诚地想坦白一切。范豪尔探长回忆道：“他的行为表明，他想把心中的重负都说出来，把一切细节都白纸黑字地落在记录里。”

这次调查人员相信了他的话，斯塔申斯基一定松了口气。根据范豪尔的要求，他画出了一份家乡村庄的地图，还绘制了他在莫斯科住的大楼和公寓的图纸，以及他杀死受害者时所使用武器的图样。但这一切对他来说并不容易。他可能和过去一样经常失眠。范豪尔也注意到他有抑郁的迹象。“有几天他情绪很低落，很明显他对实施的暗杀心生懊悔。”[4]

到 9 月底时，中情局才意识到斯塔申斯基其实是一座信息金矿。中情局官员为他启用的代号是“Aeskewer 1”。美方向西德当局施加压力，要求他们公开斯塔申斯基的证词，但西德方面犹豫不决。

1961 年 9 月 17 日举行的联邦选举，没有为西德组成强大的政府。德国总理阿登纳努力在新成立的议会中建立联盟，并继续掌权。因为发布这一爆炸性信息很可能再次引发与苏联关系的危机，临时政府中没有人愿意为此承担责任；而且联邦检察院也不打算在起诉书准备妥当前，就调查情况发表任何公开的言论。德方提出要在美国而不是在西德境内公开宣布此事， 212

但中情局拒绝了，因为此案并非发生在美国领土上。[5]

一直到11月，斯塔申斯基还在接受讯问。斯塔申斯基对审讯他的人说：

> 我现在对那些谋杀行动的看法已经截然不同了，自1959年11月以来我发生了一些变化，看法的改变便由此而来。我出走到西方的原因也是源于这种变化。我想卸下良心的重负，希望在世界范围内宣传实践中真正有用的“和平共处”的办法。我不想继续让人指使执行谋杀任务。我想警告所有与里贝特和班德拉一样、身处被清算危机的人们，要采取防范措施。希望这次西方之旅能减轻我的罪恶，因为我在其中也付出了很多代价。如我之前所述，我父母亲戚的命运都将发生改变，或可能已经发生了改变。我的岳父现在仍住在苏联管辖地区，我的逃离致使他被苏联当局拘留7周。我所涉案情完全公之于众后，当局肯定会对他采取更严厉的措施。我和妻子将永远生活在恐惧之中，或许某天来自东方的复仇行动就会突然降临。即使撇开这个问题，我们在西方国家肯定也没有经济能力。尽管如此我还是选择来到西方，因为我相信走这一步对整个世界而言是绝对必要的。[6]

博格丹·斯塔申斯基正在为自己的生命而战。他的策略不是隐藏他所做的，而是解释他为什么会这么做，以及为什么他现在对自己的行为感到后悔。他还准备将自己揭发的内容公之于众。斯塔申斯基原先的计划中并未想到要公开宣传，很难说

这个想法是他自己的主意还是审讯人员提出的，但他已准备好
合作了。他已经接受这样的前景：他和英格的家人都可能成为 213
这次宣传行动的受害者。对审讯他的人来说，这是一个在国际
舞台上揭露苏联所作所为的机会。斯塔申斯基的声明将产生国
际反响，不管他的原意是否如此。

35 新闻发布会

214 正当西德方面还在争论是否要公布斯塔申斯基的声明时，苏联方面决定先发制人，率先抛出他们自己的版本。1961 年 10 月 13 日星期五，东德政府新闻事务负责人库尔特·布莱查（Kurt Blecha）在东柏林召开发布会，公布他们为掩盖真相而编造的故事。“今天，我们来了解一下西德联邦情报局的阴谋诡计，该机构由（联邦总理府国务秘书）汉斯·格罗布克（Hans Globke）管辖……由前纳粹特勤局将军莱因哈德·盖伦领导。”他这样对记者说道，他称格罗布克是“杀害犹太人的凶手”。

格罗布克曾参与实施《纽伦堡法案》，该法案剥夺了德国犹太人的公民权，而盖伦则曾为德国国防军情报部门效力。现在格罗布克和盖伦仍在西德政府中担任要职，布莱查暗示二战结束后他们的犯罪活动并未停止，而且他有证据证明这一点。“利波尔兹先生，”布莱查接着说，指的是他即将向记者介绍的那个人，“拿出具体的例子，我们才能了解这些政治凶手的作案手法。这样我们才能帮助德国公众和全世界看清波恩
215 ‘激进分子’的犯罪阴谋及政治手段，这包括个人谋杀和大规模屠杀。”[1]

斯特凡·利波尔兹（Stefan Lippolz）50 岁出头，秃顶戴眼镜。他先是为自己的德语能力有限表示抱歉。利波尔兹于

1907 年出生于乌克兰沃利尼亚地区的德国移民家庭，该地区当时属于俄罗斯帝国。1939 年签署《苏德互不侵犯条约》后，苏联接管沃利尼亚。利波尔兹宣称自己是德国人，于是不久后便在第三帝国定居。他很快应征入伍，被送去情报学校，毕业后曾担任各种军事情报机构的翻译，其中就有盖伦将军麾下的一家机构。1945 年他被苏联短暂囚禁。然后直到 1951 年，他一直生活在东德，之后他利用柏林这个气孔搬到了西德。在慕尼黑安顿下来后，他开了一家餐厅，与不少乌克兰同胞成为朋友，其中许多人属于班德拉组织。根据中情局的档案，他从 1929 年开始就为苏联工作，还曾带着毒药和干掉班德拉的命令受派前往慕尼黑。但他非但没有执行命令，反而向美国反间谍机构的官员自首，将一切供认不讳。1954 年美国反间谍机构将他作为双重间谍移交给中情局。在斯塔申斯基叛逃后不久，克格勃就把他召回了东部。[2]

现在利波尔兹声称，在慕尼黑时有一位名叫韦伯博士（Dr. Weber）的人代表盖伦的德国联邦情报局找到了自己，请他搜集有关班德拉的情报。此后不久，对方又命令他将毒粉掺到他的食物中，毒害这位移民领袖。盖伦的人想要除掉班德拉，因为班德拉决定与英国情报部门合作，而不是与西德合作。利波尔兹没有完成任务。他告诉韦伯博士，自己没有合适的途径接触班德拉，建议他招募一个更符合条件的人。

利波尔兹称，韦伯博士发现利波尔兹的朋友德米特罗・梅斯凯（Dmytro Myskiw）很合适，梅斯凯是班德拉的亲信。利波尔兹担心盖伦的手下会杀他灭口，于是逃离了西德，直到 1959 年 12 月下旬回来才再次见到梅斯凯。他感到这位朋友心绪烦乱：梅斯凯告诉利波尔兹，班德拉死亡当天，自己在他午

216 餐的食物里下了毒，暗杀了班德拉。梅斯凯还说班德拉的安全人员正在寻找他。于是利波尔兹再次离开西德，这次藏身于挪威。他在挪威时得知梅斯凯于1960年3月意外身亡。利波尔兹告诉记者："你们可以想象这一切的经历会让我怎么想。我就像几个月前的梅斯凯一样感到不安、沮丧又恐惧。我意识到没有其他办法可以逃脱盖伦情报部门的秘密暗杀，只能越过边界来民主德国，向当局投诚。"

声明发表后是记者的提问时间，利波尔兹竭力将他的证词与东德和苏联媒体早先提出的对奥伯伦德尔的指控联系起来。利波尔兹暗示，班德拉之所以被杀，是因为他妨碍了西德联邦部长奥伯伦德尔，奥伯伦德尔担心这位乌克兰领导人会在审判中指证他曾参与1941年6~7月的基辅大屠杀。根据利波尔兹的说法，梅斯凯曾向他坦承，让他（梅斯凯）下手杀害班德拉的盖伦特工曾说："班德拉终于该闭嘴了，基督教民主联盟中某个受人尊敬的人物对此可是很关心呢。"很明显这指的是奥伯伦德尔。在新闻发布会上，东德国家安全部（史塔西）的代表也发表声明，他攻击在盖伦领导的德国联邦情报局中有前纳粹分子担任要职，强调班德拉的手下和奥伯伦德尔之间的联系。他承诺要对班德拉之死进行全面调查。[3]

东德安全部门和克格勃拥有大量的纳粹档案，令他们在追踪并揭露西德安全部门的前纳粹分子的工作中具有独特优势。众所周知，他们还以隐瞒过去的经历为条件，胁迫前党卫军成员为苏联情报机构工作。中情局认为，正是有这样一个前纳粹分子向苏联方面透露了斯塔申斯基和西德当局交代案情的情报。这位前党卫军军官、现在的苏联间谍，正是在盖伦手下工作的海因茨·费尔费（Heinz Felfe）。费尔费曾是党卫军中尉

(SS Obersturmführer), 1951 年加入盖伦组织后迅速晋升，成为反间谍部门的负责人。他白天的工作是抓捕苏联间谍，为自 217 己的秘密活动提供绝佳掩护。他向克格勃提供了大量德国联邦情报局和中情局涉及东方国家的情报。

费尔费提供的有关斯塔申斯基证词的消息，是他给克格勃上司的最后信息。1961 年 1 月，中情局的三重间谍米哈乌·戈列尼沃斯基逃往西柏林后，指认费尔费为克格勃间谍，于是费尔费的活动受到了监视。1961 年 10 月 20 日，当局截获了一段来自东方的电台信息，收信人是费尔费：“请速告知能否询问布施对利波尔兹［1961.］10.13. 新闻发布会的反应。”一周后，又是一条有关此事的信息：“请速告知是否继续开展解释活动。及［1961.］10.20. 提及布施态度，你方意见如何。”弗里德里希·布施（Friedrich Busch）是德国联邦情报局官员，负责应对克格勃打击德国联邦情报局的骗局活动。克格勃急切地想知道，这次故布疑云的假情报行动是否奏效。10 月 28 日、11 月 4 日克格勃又要求费尔费报告利波尔兹新闻发布会产生的影响。正是由其同谋发送给费尔费的这最后一次报告请求，为他在 1961 年 11 月 6 日被捕提供了法律依据。[4]

利波尔兹的新闻发布会实际上是由史塔西组织召开的，是一场更大范围的“全面捕杀”（Total Murder）行动的组成部分，目的是帮助克格勃应对斯塔申斯基叛逃引发的后续影响。9 月底西德反间谍部门获悉，克格勃曾与慕尼黑的一名联络人接触，并警示对方斯塔申斯基背叛可能带来的危机。不过，目的是减小损害的新闻发布会却并没有达到既定目标。很快有人透露承认谋杀班德拉的梅斯凯不可能是凶手：班德拉死亡当天，他在罗马参加了一场乌克兰人大型教堂集会。班德拉组织迅速拿出了这一不在场证据，如此克格勃说班德拉被自己人杀害的指控在得到西方媒体支持前就已不攻自破。[5]

218 尽管东德国家安全部在新闻发布会上承诺将进行调查，但他们从未给出利波尔兹指控内容的调查结果。1961 年 11 月 10 日，东德国家安全部又举行一场新闻发布会，指控盖伦和德国联邦情报局犯有政治谋杀罪，但没有提供任何有关班德拉被害的新信息。1962 年 4 月 2 日，他们在东柏林再次举行了一次新闻发布会，这次的主角是他们从慕尼黑召回的另一名特工：纳粹军事情报机构阿勃维尔的前特工奥西普·弗洪（Osyp Verhun）。弗洪称斯塔申斯基不是克格勃的特工，而是乌克兰地下组织的忠实成员，他是接受了敌对民族主义派系的命令而杀害班德拉的。在新闻发布会后，克格勃立即向东欧集团国家的相关组织发出请求，要求他们利用秘密渠道在西方散播新闻发布会的材料。这么做的目的不仅是要为克格勃谋杀班德拉的罪行开脱罪责，而且还要在西方情报机构之间制造隔阂：弗洪同样声称盖伦将军领导的德国联邦情报局正在乌克兰民族主义者中招募特工，以暗中监视美国。[6]

基辅的克格勃正严阵以待，准备应付可能由于斯塔申斯基爆料引发的地下民族主义残余势力的激烈反应。他们估计有可能爆发报复班德拉被暗杀的恐怖活动。1961 年 11 月，克格勃的乌克兰负责人维塔利·尼基琴科（Vitalii Nikitchenko）向本地区的各克格勃办事处寄发了一份备忘录，其中提出警告道：“外国媒体和广播正在传播一则捏造的消息，说国外乌克兰民族主义者组织的头目班德拉突然死亡，是苏联国家安全机构造成的。”他建议属下对这一切矢口否认：“如若收到特工就此事的报告，应该告诉对方，这是又一次挑衅行为。”

1962 年 2 月，克格勃乌克兰地区分部的各办事处负责人又收到一份由基辅发来的备忘录。尼基琴科提醒他们注意从西方通过普通邮件寄到乌克兰的出版物，这些书声称克格勃与班德拉之死脱不了干系。具有讽刺意味的是，这份警告克格勃官员“防止苏联情报机构卷入班德拉之死的备忘录”，并非经别人之手，而是由戴蒙上校——斯塔申斯基的直接上司——亲手撰写，再让尼基琴科签署发布的。戴蒙上校如今安然无恙，在基辅供职。和以往一样，他特别小心谨慎。“班德拉之死”这几个字就是由他亲手写在文件上的——打字员可不该知道她打印的备忘录的最关键内容。[7]

36 高层政治

219 西德对苏联散布的虚假信息发出回应是在1961年11月17日星期五。是日经总理阿登纳批准，西德联邦检察院公开声明他们拘捕了一名苏联公民——博格丹·斯塔申斯基，他被控“企图颠覆国家”的罪名。当局宣布斯塔申斯基被年轻的东德妻子说服叛逃。他认为自己如果继续留在苏联，会成为一个不受欢迎的证人而遭到暗杀。尽管已经犯下了谋杀罪，但他相信叛逃是活下去的唯一机会。[1]

在这份声明公布前，德国联邦情报局官员、克格勃特工海因茨·费尔费已经被关进西德监狱。此前费尔费曾向莫斯科通报斯塔申斯基的审讯结果。9月大选后西德执政联盟终于巩固下来，选择在此时披露斯塔申斯基交代的班德拉遇害信息，总理阿登纳充满信心。他即将动身前往华盛顿与肯尼迪总统会面，在正慢慢竖立起的柏林墙的阴影下讨论东西方关系。他在出发前，抛出了这枚影响国际关系的重磅炸弹。[2]

220 西德披露斯塔申斯基证词时，透露了极为敏感的信息：克格勃首脑谢列平曾亲自为他完成的任务颁奖。而就在这周，谢列平刚刚正式离开克格勃，出任苏共中央委员会书记。许多人认为赫鲁晓夫已选定他为接班人。谢列平的晋升引发了疑问：苏联最高领导人自己也涉足了斯塔申斯基事件吗？德国政府官员小心翼翼地避免过多暗示，但慕尼黑的乌克兰民族主义者立即将领导人之死归咎于苏联政权的最高层。

班德拉组织发布的声明称："克格勃首脑是赫鲁晓夫的下属，毫无疑问，苏联部长会议主席①赫鲁晓夫一定知道并批准了秘密暗杀计划。"谢列平与赫鲁晓夫的联系被一些西欧和英国报纸采纳并进一步深挖。《伦敦新闻画报》（*Illustrated London News*）暗示，谢列平升迁到中央委员会的关键职位，表明赫鲁晓夫对暗杀事件非但知晓而且认可。在这场宣传战中，西方媒体一击得胜。[3]

在阿登纳访问华盛顿前夕发布这一爆炸性的政治消息，绝非偶然。几个月来，波恩的西德领导人一直试图说服那位年轻而经验不足的美国总统，接受他们对未来欧洲东西方关系的看法，对苏联采取更强硬的态度。但他们出师不利。华盛顿方面对斯塔申斯基的爆料置若罔闻。11 月 17 日，正当阿登纳发表挑衅声明之时，美国报纸刊登了约翰 · F. 肯尼迪总统前一天的讲话。在谈到柏林的苏美紧张局势时，肯尼迪说："这是对我们国家成熟度的考验，我们接受这个事实，谈判不是一场拼字比赛的胜负。"[4]

1961 年 8 月时不采信斯塔申斯基证词的西德中情局特工，眼下倒是急于利用斯塔申斯基揭露的真相进行宣传，但他们也已无能为力。在西德该由德方来决定如何处理这项意外收获，221
而在美国，中情局被禁止从事任何意在影响美国公众舆论的活动。中情局总部兰利也发生了人事变动。中情局反苏立场最坚

① 苏联部长会议指 1946～1990 年苏联国家权力的最高执行和发布命令的机关。苏联部长会议主席是苏联政府首脑的正式称呼。

定的局长艾伦·杜勒斯即将离去。他将在11月底前辞职①，此举令克格勃沾沾自喜地庆祝自己在反中情局的行动中大获成功。[5]

公布斯塔申斯基的证词在西德之外的国家产生了政治影响，首先做出反应的并非美国，而是加拿大。时年42岁的阿瑟·马洛尼（Arthur Maloney）是加拿大议会成员，也是加拿大人权法案的主要作者之一。1961年12月初，斯塔申斯基的证词公布不到三周，他去了卡尔斯鲁厄的联邦总检察长办公室（General Prosecutor's Office）访问。卡尔斯鲁厄是西德的法学中心，联邦宪法法院和联邦最高法院都设在此处。一位联邦检察官接待了马洛尼，他证实了媒体对斯塔申斯基证词的报道。他对这位加拿大访客说，媒体的报道中几乎没有扭曲和混淆事实的内容。斯塔申斯基确实是按照莫斯科克格勃的命令，使用一种特别设计的喷雾枪杀害了班德拉和里贝特。联邦德国当局准备在1962年4月对他进行审判。但目前还未决定将审判放在慕尼黑还是卡尔斯鲁厄。[6]

加拿大纸质媒体对马洛尼的卡尔斯鲁厄之旅进行了报道。这与加拿大总理约翰·迪芬贝克（John Diefenbaker）的强硬反苏立场是一致的。1960年时，加拿大还在努力要脱离大英帝国宣布正式独立，5年后他们才有了自己的国旗，22年后他们才拿回了制宪修宪的权力。正是这样一个国家的领导人，迪芬贝克扭转了西方国家在赫鲁晓夫非殖民化问题上的劣势立

---

① 1960年首脑会议召开前夕，美国的U－2侦察机被苏联击落，此后引发的政治风波已令中情局大为难堪。艾森豪威尔当时还未解除杜勒斯的职务，肯尼迪当选后还是任命他为中情局局长。1961年猪湾事件（吉隆滩战役）失败导致他辞去了局长职务。

场。苏联惯于利用这个问题对抗西方国家，以此让之前是欧洲殖民地的国家和地区成为它的朋友。迪芬贝克宣称，苏联本身实际上就是一个殖民帝国，它剥夺了生活在苏联境内数以千万计的非俄罗斯人的自由。1961 年 11 月 22 日，经马洛尼倡议 222
在多伦多组织了一场民族论坛，这位加拿大总理在论坛上阐述该主题。在代表 29 个不同民族的 8000 名观众面前，迪芬贝克侃侃而谈：二战以来，共有 37 个国家、计 8.5 亿人从非共产主义国家的统治下获得独立，而苏联一直控制着 9600 万非俄罗斯人，他们从来没有机会说出自己是否想留在苏联。

迪芬贝克支持苏联领土中的“被俘民族”（captive nations），对进步保守党（Progressive Conservatives）的领导人来说是很自然的。进步保守党是一个以反共信念为荣的中右翼党派。但迪芬贝克和他领导的政府对苏联非俄罗斯民族的困境非常敏感，还另有原因。进步保守党是在乌克兰裔加拿大人的大力支持下上台执政的，这些人在迪芬贝克的权力基础区域——加拿大的西部草原省份——尤其有影响力。马洛尼也是在乌克兰人的投票帮助下，当选为国会议员的许多进步保守党人士之一。他所在的多伦多帕克代尔区（Parkdale），有两座乌克兰人教堂，几家乌克兰组织的总部也设在那里。外交政策方面，乌克兰人希望加拿大政府支持他们的祖国获得自由。尽管这些乌克兰人在政治立场上存在分歧，但他们都认为暗杀班德拉是对他们珍视的乌克兰独立梦想的打击。[7]

斯塔申斯基揭露的内幕消息传到北美时，联合国大会正在就殖民主义问题进行为期三周的辩论。1961 年 11 月 26 日，美国大使艾德莱·E. 史蒂文森（Adlai E. Stevenson）在大会上发表讲话，谴责苏联是历史上最大的殖民帝国。他宣称苏联是以武力统治非俄罗斯民族，并把乌克兰人归入“被俘民族”之列。此前，即 1959 年 7 月时艾森豪威尔总统宣布，将该月第三周设为首个“被俘民族周”。艾森豪威尔曾以“共产主义奴役的国家”为主题，作为他外交政策话语中的重要组成部
223 分。随着斯塔申斯基事件曝光以及新任总统入主白宫，“被俘民族”的话题再次成为人们关注的焦点。

苏联方面强烈反对这一倡议，肯尼迪的一些顾问也建议总统远离这个有争议的立场。这一立场实际上是支持推翻东欧的共产主义政权，会使华盛顿与莫斯科的关系复杂化。然而，尽管美国对苏遏制政策的创始人乔治·凯南（George Kennan）曾提出建议[①]，但肯尼迪总统仍延续了艾森豪威尔确立的传统，重申将于 7 月举办“被俘民族周”。来自苏联控制下的东欧的难民们，尤其是乌克兰人，想维持艾森豪威尔留下的这一文化遗产。

1962 年 1 月，乔治城大学的经济学教授列夫·多布里扬斯基（Lev Dobriansky）博士——他也是有关“被俘民族”国会决议的主要起草者，美国国会乌克兰委员会（Ukrainian Congress Committee of America）主席、全国被俘民族委员会（National Captive Nations Committee）的创始主席——向美国参众两院议员发出呼吁，敦促他们支持所有被奴役国家的解放斗争，特别是其中最大的国家，乌克兰。他提到了史蒂文森的联

---

① 乔治·凯南（1904 ~ 2005），是美国外交家和历史学家，遏制政策的创始人。凯南曾提出美国要使用“抵抗力量”，对苏联的扩张倾向进行长期、耐心、坚定与警觉的“遏制”。该主张被普遍认为是美国对苏联战略的思想基础。但同时凯南也认为美国的外交政策应尽量“谦虚谨慎”，不要四处输出“民主自由”，不要充当世界警察。不过，这一思想不容于美国决策层。

合国讲话在共产主义阵营中引发的不满，然后话锋一转说到德国的新闻。多布里扬斯基说：“莫斯科特工博格丹·斯塔申斯基最近公开的证词表明，他根据莫斯科的命令杀害了在国外流亡的乌克兰爱国领导人——1957 年刺杀了列弗·里贝特、1959 年刺杀了斯捷潘·班德拉，为赫鲁晓夫政权中的恐怖主义以及他对乌克兰民族主义的惧怕又添一份明证。”斯塔申斯基的证词迅速成为美国“被俘民族”的话题讨论中经常引用的内容。[8]

向政治领导人发出呼吁只是乌克兰移民运动的一部分，该
运动旨在提醒西方世界注意莫斯科实施政治恐怖主义的危险。
1961 年 11 月 17 日，西德政府公开斯塔申斯基的证词后不久，
班德拉组织的领导人开始在德国和北美的乌克兰人社区中动员
支持者。他们在接下来的几周中组织了 100 多场游行，在西欧
和英国有将近 80 场，在美国和加拿大有大约 50 场。媒体特别
关注了 1961 年 11 月 25 日苏联驻伦敦大使馆门前和 12 月 2 日
在苏联驻纽约联合国代表团驻地前举行的示威活动的情况。纽 224
约的苏联使团驻地外有 100 名警察巡查保护，以抵挡大约 400
名愤怒的抗议者。这些人先举出赫鲁晓夫的漫画，最后冲破了
警方的警戒线并焚烧苏联国旗。几天后苏联向美国驻莫斯科大
使提出抗议，认为“流氓”和“法西斯”的行径威胁到两国
文化合作的未来。不过，官方的抗议文字中并未出现班德拉或
斯塔申斯基的名字。[9]

37　国会议员

225 从德国到加拿大再到美国，各国政客都在努力应对斯塔申斯基爆料带来的影响，而罪犯自己则在接受精神病学的评估。1962 年 2 月 12 日至 3 月 5 日，海德堡大学的约阿希姆·劳赫（Joachim Rauch）教授在大学诊所里对他进行了观察，最后得出结论说他可以接受审判。调查人员和检察官忙于准备起诉书。在联邦德国总理阿登纳公开斯塔申斯基证词的要点之后，法庭人员尽力阻止了进一步的内容披露。尽管如此，起诉书几乎在准备就绪后就立即泄露给了媒体。4 月下旬，其主要内容出现在《基督与世界》（*Christ und Welt*）报上，这是该国发行量最大的周报，引发了审判将于 5 月底开始的传言。但最高法院审判庭将此案发回调查人员，审判日期推后至夏季，后又延至秋季。审判日期重排，延期至 1962 年 10 月 8 日。[1]

班德拉的追随者利用推迟审判的机会，为班德拉的遗孀雅罗斯拉娃尽量争取最好的代理人。该组织早就开始筹募资金，并找到了慕尼黑律师汉斯·诺伊维尔特（Hans Neuwirth）博士担任代理人，但他们希望他能得到在乌克兰事务和国际法方面有专长的律师的支持，于是班德拉的追随者又向两位美国律
226 师求助。一位是雅罗斯拉夫·帕多奇（Jaroslav Padoch），此人是班德拉儿时的伙伴，二战后移居美国。他将担当乌克兰事务方面的专家。另一位是来自威斯康星州密尔沃基（Milwaukee）

的律师查尔斯·J. 克斯滕（Charles J. Kersten），因其在美国政府中的地位，班德拉组织希望他能发挥一些政治影响力。该组织中许多人认为克斯滕同意协助班德拉的遗孀在审判中出庭，此举本身的意义已相当于一场重大政变。

20 世纪 50 年代，查尔斯·克斯滕曾担任三届国会议员，是华盛顿政治舞台上的重要人物。他在华盛顿履职期间曾领导众议院特别委员会调查共产主义国家的“侵略行为”。他还曾担任艾森豪威尔总统的心理战顾问。克斯滕不仅是身经百战的老兵，还是美国反共浪潮的发起人。1947 年威斯康星州选民首次将他送入国会，同年约瑟夫·麦卡锡（Joseph McCarthy）代表威斯康星州出任参议员，也是这一年杜鲁门总统要求国会拨款扑灭希腊和土耳其的共产主义力量。杜鲁门主义就此诞生：国内外针对共产主义的战争已经拉开序幕。[2]

在华盛顿工作期间，45 岁的克斯滕也在联邦众议院教育与劳工委员会（House Committee on Education and Labor）任职。正是此时他遇到了另外两位新当选的国会议员：来自加利福尼亚州的 34 岁的理查德·尼克松和来自马萨诸塞州的还不到 30 岁的约翰·肯尼迪。克斯滕和肯尼迪都是天主教徒，而且都反共，所以他们很容易达成共识。1948 年，克斯滕被任命为国会小组委员会主席，负责调查共产主义渗透美国工会的情况。肯尼迪也是委员会成员。[3]

同年，尼克松作为众议院非美活动调查委员会①的一员开

① 众议院非美活动调查委员会（House Un-American Activities Committee）创立于 1938 年，主要监察美国纳粹的地下活动。但因调查怀疑与共产主义活动有关的个人、公共雇员和组织而著名。该委员会于 1975 年 1 月撤销。

始升任要职，克斯滕则是此次升迁的重要助力。“大部分关于共产主义的知识都是他教给我的。”尼克松回忆起他首次和克斯滕见面的场景时这样说道。克斯滕把自己的共产主义事务顾问、天主教牧师富尔顿·J. 希恩（Fulton J. Sheen）与神父约翰·克罗宁（John Cronin）介绍给了尼克松。也正是克斯滕建议当时犹豫不决的尼克松，让他将苏联间谍阿尔杰·希斯（Alger Hiss）的罪状提交给约翰·福斯特·杜勒斯（John
227 Foster Dulles）。约翰·杜勒斯后来成为国务卿，当时是共和党当权者中的新星，他一直在庇护着希斯。约翰·杜勒斯和弟弟——日后担任中情局局长的艾伦·杜勒斯，最终被尼克松的证据说服，不再支持希斯。[4]

克斯滕同意参加斯塔申斯基的审判，其实是因为美国国会乌克兰委员会的老朋友的缘故。20 世纪 50 年代，美国国会乌克兰委员会主席多布里扬斯基教授曾担任前述克斯滕领导的众议院特别委员会的顾问。他曾帮克斯滕找到了解苏联国籍政策并愿意前来作证的证人，还亲自在调查委员会上作证。这位已经退休的国会议员没有让乌克兰朋友失望。他不仅同意到德国参加审判，而且还自愿尽力召集之前华盛顿的同事和熟人，呼吁他们要意识到即将在遥远德国进行的这场审判的重要性。[5]

1962 年 10 月 1 日星期一，克斯滕从威斯康星州去德国途中在华盛顿稍作停留。在抵达美国首都之前，克斯滕要求与现任总统的弟弟、美国司法部部长罗伯特·肯尼迪（Robert Kennedy）会面。但很不巧，司法部部长公务缠身。1960 年，约翰·肯尼迪竞选总统时与尼克松是竞争对手，当时克斯滕全力支持尼克松。结果，他现在连和肯尼迪的弟弟见面都很困难，更不用说总统本人了。克斯滕只得与罗伯特·肯尼迪的几位助手安排了一次会面。联邦调查局存有他于 1962 年 5 月 18 日写给罗伯特·肯尼迪的信件的副本，他在信中告知司法部部长自己将参加斯塔申斯基的审判，以求证斯塔申斯基和苏联高级官员之间的联系。[6]

对克斯滕永远敞开大门的是他之前的同僚托马斯·J. 多德（Thomas J. Dodd）。多德比克斯滕资历浅，时任康涅狄格州参议员。1962 年，多德担任参议院内部安全小组委员会（Senate Subcommittee on Internal Security）副主席。尽管两人分属不同党派（克斯滕是共和党，多德是民主党），但他俩有很多共同之处。他们都是天主教徒，认同一致的爱国主义，包 228
括决心在国内外与共产主义做斗争。多德因在纽伦堡审判纳粹战犯的案件中担任美方执行律师而出名。他曾参与质证著名的纳粹分子威廉·凯特尔（Wilhelm Keitel）、阿尔弗雷德·罗森堡（Alfred Rosenberg）。美国联邦最高法院法官罗伯特·H. 杰克逊（Robert H. Jackson）1946 年 10 月离开纽伦堡返回华盛顿时，指名让多德接替他的位置，担任代理首席律师，直到几个月后审判结束。1952 年，多德当选为国会议员，也在克斯滕领导的特别委员会参与调查共产主义的相关活动。[7]

克斯滕和多德是多年的老朋友。会面后在给这位参议员拟写的备忘录里，克斯滕总结了去德国的原因："我的目的是通过斯塔申斯基等人尽可能地揭露事情真相，以证明斯塔申斯基确实是按克里姆林宫的直接命令行事，而斯塔申斯基犯下的谋杀罪和俄罗斯共产主义密不可分。"他也说明了希望见多德的主要原因："有人无情揭开了共产主义活动的面具，我觉得中情局或其他政府机构或许会从中作梗，阻挠对这场审判和斯塔申斯基行动的宣传。汤姆，你如果可以通过中情局做些什么，帮助宣传这次审判，我们将非常感谢。”[8]

他的担忧源于自己的亲身经历。1956 年，一名罗马尼亚流亡人士在瑞士接受审判，克斯滕担任辩护律师。这位被告是 1955 年 2 月 14 日在伯尔尼占领罗马尼亚大使馆的四名反共罗马尼亚人之一，他们要求罗马尼亚释放关押的一些政治犯。以武力占领大使馆的“伯尔尼事件”，在媒体中引起轩然大波。此事不仅让大使馆的工作受到干扰，还导致一名使馆员工死亡。审判在欧洲媒体上被广泛报道，促使欧洲人开始关注罗马
229 尼亚当局侵犯人权的行为，但在美国却反响平平。克斯滕后来回忆道：“我记得自由欧洲电台淡化了这件事，《生活》杂志曾准备了一篇关于审判罗马尼亚人的报道，但听说它被毙稿了，希望这样的情况不会发生在斯塔申斯基一案中。”[9]

不过，这次的情况大不相同。早在公众知晓审判日期之前，《生活》杂志就于 1962 年 9 月 7 日刊登了华盛顿办事处负责人约翰 · L. 斯蒂尔（John L. Steele）关于此案的长篇报道，标题是“因为爱情缴械的杀手：叛逃西方的苏联间谍”。这篇文章很可能是基于美国政府从西德伙伴处获得的记录写成的。这是当时有关斯塔申斯基一事最详尽的报道。后来，中情局新闻办公室撰写克格勃暗杀计划的记者也曾参考斯蒂尔的文章。斯蒂尔在华盛顿人脉资源丰富，他能够讲述斯塔申斯基实施谋杀过程中的微小细节。他将斯塔申斯基的政治“转变”，归因于其对英格的爱。

克斯腾发现斯蒂尔文章的描述相当准确，并在 10 月 1 日与参议员多德会面时向他推荐了这篇文章。不过，他对《生活》杂志的专题报道虽然很满意，却也认为并非无可挑剔。他后来回忆道：“我认为它还没有充分论述我以为在审讯过程

中已经证明的最重要事实。那就是苏联政府在宣扬和平共处的同时，也在培养训练有素的职业杀手，并派其进入自由世界，精心挑选他们认为的政策的敌对分子，将之杀害。……他们的准备工作中有一个重要因素，那就是防止有人把这些谋杀归罪于苏联政府。"[10]

在给多德的备忘录中，克斯滕还和他的老朋友说："显然斯塔申斯基会认罪的，他也愿意合作。我认为这和德国政府的目标一致。我看如果斯塔申斯基态度配合，德国检察官将要求对他宽大处理。"在克斯滕看来，斯塔申斯基和西德检方已经达成协议。这次审判将是一场政治审判，他希望能在现场观战。1962 年 10 月 1 日晚，克斯腾和妻子登上了飞往慕尼黑的航班。[11]

第六部　审判

38 卡尔斯鲁厄

1962 年 10 月 8 日星期一，这天对柏林来说又是生死攸关 232
的一天。东德边境警卫向两名试图游过施普雷河（Spree
River）逃往西德的难民开火。两人未能逃脱。东德在对岸射
来子弹时，西柏林警方予以还击。同日，西柏林的英法美三国
代表向苏联占领当局发出一封抗议信，因为苏联方面阻止英方
救护车救助一名东德青年。苏联拒绝接受抗议信。此前，西柏
林的社会民主党市长维利·勃兰特（Willy Brandt）刚从华盛
顿与肯尼迪总统会晤归来。他在新闻发布会上宣称：“如果赫
鲁晓夫想要一场冲突，那就来吧。”[1]

10 月 8 日的卡尔斯鲁厄同样充满紧张和焦虑。“这个晴朗
的秋日，非常适合放下一切休息，无忧无虑地来游山玩水，”
该市唯一的日报《巴登州新闻报》（*Badische neueste
Nachrichten*）的记者这样写道，“对于这么晚才休假的人来说，
确实如此。但卡尔斯鲁厄的安全人员和刑事警察可没这份悠
闲。从昨天开始，第三刑事审判庭前的联邦法院周边一公里范
围内，已经全部安排警力布防。众所周知，‘万众瞩目的审
判’——斯塔申斯基案的法庭诉讼程序已经在这里启动，他 233
被控犯下两桩谋杀并背叛苏联情报机构的罪行。”[2]

事实上，联邦法院（Bundesgerichtshof）周围警察众多，让公众几乎无法进入大楼。据《伦敦晚报》（*London Evening News*）报

道，有多达 60 名身穿制服或便衣的警察。《巴登州新闻报》记者的描述让不少想去联邦法庭却无法靠近的人感同身受："警察似乎不知从哪儿冒出来，突然出现在他们怀疑的对象面前。他们从停在不同位置的车上，向经过身边的每个路人投来怀疑的目光。而如果说在整个审判过程中，联邦法院周围每一处住宅都有警官藏身，监视着附近的一切动静，我们也不会感到惊讶。"[3]

不管事实是否如此，不难想象当时的警察无处不在。欧洲各地的普通市民突然开始警惕间谍和外国特工。当天，西德主要政治周刊《明镜周刊》（*Der Spiegel*）发表了一篇文章，揭露西德军队对战争的准备不足。这篇文章的作者和出版商后因违反国家安全法而被捕。两天前，也就是 10 月 6 日星期五时，由肖恩·康纳利主演的第一部 007 电影《诺博士》在英国上映，上映的头两周就获得了超过 80 万美元的票房。具有讽刺意味的是电影首映之时发生在加勒比地区的行动：苏联工程师在美国未知情的状况下部署了核导弹——第一批弹头已于 10 月 4 日运抵古巴。这些迹象都不免让人想象好像街上到处都是间谍或便衣警察。[4]

卡尔斯鲁厄警方在联邦法院大楼周围的主要担心，不在于保护德国公众，而是保护斯塔申斯基。他既是被告，也是明星证人。他们怀疑克格勃会使用某种新型喷雾枪或其他凶器来让
234 这位同事闭嘴。就在几个月前，叛逃到西方的匈牙利特勤局前官员洛佩斯尼克·贝拉（Bela Lopusnik）由一家维也纳医院宣告死亡，死因成疑。西德警方对斯塔申斯基的饮食采取了特别的预防措施。他被关押在卡尔斯鲁厄监狱等待审判时，为他准备食物要有一名警察在场监督，而且任何时候都不允许警卫单

独进入他的牢房——每次必须有两个人。[5]

审判当天警方不仅在大楼周围而且在大楼内部——包括法庭内，加强了警力。一位记者写道："穿制服或便衣的警察严格控制了法院的整个办公场所。进入法庭的人都要接受两次检查：每个人都必须出示身份证件和法庭秘书处签发的通行证。"媒体认为这些通行证已经编好号，旁听者要坐在指定座位，这样警方就可以把自己人安排在法庭里紧要的位置上。

法庭里总共有 96 个座位，只有一半座席被分配给旁听者，其余则留给了法庭官员和审判参与人员。班德拉的人尽了最大努力想拿下全部旁听者的通行证，这让那些没能进入法庭的人非常恼火。一位记者称："德国法律专业的学生们公开竞争，争取至少拿到半天法庭旁听通行证。"只有很少人最后达成心愿。这次审判引发了前所未有的轰动，法庭根本无法容纳所有想要亲眼见证审理过程的观众。[6]

"获得庭审通行证的旁听者多种多样，"一名记者在描述法庭气氛时写道，"男性占主导，但也有十几位女性。我们甚至看到一位牧师。四周的谈话中可以听到德语、法语和英语。我们饶有兴趣地仔细审视这个法庭。前墙由巨大的三角形灰色、黄色石板拼接。五位法官的黑樱桃色袍子在这一背景下格外引人注目。"这是一个相当大的房间，没有窗户，绿色墙
壁，挂荧光灯，入口右手边有六排椅子供公众使用。左边是为 235
其他参与审判的人员预留的区域。[7]

离记者最近的是一张长条办公桌，桌子后面坐着被害者家属和他们的律师。德国法律允许受害者有自己的法律代表，他们也急切地希望利用这个机会。坐在最靠近入口处的是列

弗·里贝特49岁的遗孀达里娅·里贝特和他20岁的儿子安德里。安德里在父亲遇害时只有16岁。接下来是斯捷潘·班德拉20岁的女儿纳塔利娅（Natalia）。班德拉夫人没有出席审判。她当时住在加拿大的多伦多，那里还住着十多年前移居过去的成千上万的乌克兰难民。被害者家属由律师陪同，一名代表里贝特的家人，三名代表班德拉的家人。克斯滕坐在纳塔利娅·班德拉的左边，帕多奇坐在右边。克斯滕和帕多奇要协助的西德律师诺伊维尔特则坐在帕多奇旁边。[8]

诺伊维尔特的律师费用同克斯滕和帕多奇的费用一样，都出自乌克兰民族主义者组织的班德拉派系为审判而募集的资金。里贝特家依靠的是他们自己的组织派系及其支持者筹募的资金，不过他们的资金有限，因此里贝特家只有一名律师——慕尼黑律师阿道夫·米尔（Adolf Miehr）。达里娅聘请他纯粹是巧合。他的办公地点与她丈夫1959年10月被杀害之处离得不远，达里娅在寻找代理律师时碰巧走进了他的办公室。米尔对乌克兰移民的现状或国际政治几乎一无所知，但达里娅也不知道谁更适合担任她的代理律师。米尔没有找到像帕多奇这样的人，可协助他掌握乌克兰人之间的细微差别。列弗·里贝特的亲密同事博赫丹·科尔迪乌克（Bohdan Kordiuk）坐在米尔身旁，但他不是律师，在审判中没有正式身份，也从未被邀请发言。[9]

这个嫌疑人他们讨论了那么久、仇恨那么深，受害者家属、记者和公众都焦急地等待着被告的出现。嫌疑人第一次露
236 面是在开庭日的上午9点左右。当时，一名警察把他带进法庭，让他坐在法官专用桌子左边的长凳上。“那就是他！”班德拉派系的报纸《胜利之路》的一位记者写道，“这个中等身

材的年轻人，肤色略显苍白，头发梳得整整齐齐，嘴唇抿得紧紧的，穿着夸张地高雅——深色衬衣，搭配一条深蓝色的领带，打理得就像刚从理发店里出来似的。这就是他，暗杀了神圣领袖的刺客。这个堕落的人，他会像犹大一样，作为卑鄙的化身而被载入史册!"

《法兰克福评论报》(*Frankfurter Rundschau*) 的记者几天后也写出报道，他对斯塔申斯基首次露面的措辞更为客观。他说被告身高约 1.7 米，"脸庞英俊伶俐，手指修长漂亮"。法庭里每个人都注意到斯塔申斯基的脸色十分苍白。很难说这是由于他一年来几乎没有户外活动，还是因为紧张。在进入法庭后，斯塔申斯基的律师赫尔穆特·塞德尔(Helmut Seidel) 博士向他走去。他听着塞德尔说话，点点头表示明白了，然后抬头看向观众。他显然很紧张。[10]

斯塔申斯基住在莫斯科时以及之后在柏林的大逃亡，这些生命中最艰难的时刻都有赖于英格的支持，但现在他只能靠自己了。出于安全考虑，英格未获准上法庭。根据《明星》(*Stern*) 杂志记者的说法，在丈夫向美国人自首后，她就躲了起来。她担心自己也会出现在克格勃的死亡名单上，或在史塔西逮捕其父亲后，她会被绑架到东方。一家西德杂志愿意出 2 万德国马克的酬金，请她讲述自己的经历，但她拒绝了。后来媒体得知，她改换姓名搬到斯图加特 (Stuttgart)，在那里做了一名美发师。《汉堡晚报》(*Hamburger Abendblatt*) 的记者在斯图加特波林格大街 (Böblingerstrasse) 的一间公寓里找到了英格。警方察觉她的身份已暴露，于是把英格安置在一名警官的家中。她与总检察长办公室的埃尔温·菲舍尔 (Erwin Fischer) 博士保持密切联系。菲舍尔博士专门研究间谍案件，

237 曾起诉过海因茨·费尔费，后者是德国联邦情报局里最知名的克格勃间谍。尽管如此，英格还是没有出现在法庭上。她和保护她的警方监护人都担心她会被克格勃跟踪，并作为他们不希望存在的证人被灭口。斯塔申斯基将独自面对审判。[11]

39　忠诚与背叛

上午 9 点过后，法庭上人头攒动，在场人员都起立向身穿 238
深红色长袍的法官们致意。根据德国法律，他们（而不是陪审团）将决定被告的命运。几位法官由一位 50 多岁的男士领头，此人戴着一副只有一个镜片的眼镜。首席法官海因里希·雅古施（Heinrich Jagusch）博士曾在战争中指挥一个坦克营，还在战斗中失去了右眼。雅古施是一位经验丰富的法官，审理间谍案是他的专长。1959 年 10 月，也就是斯塔申斯基暗杀第二名受害者当月，雅古施被任命为联邦法院第三刑事审判庭庭长，主要审理间谍罪和叛国罪的案件。他很乐于给信仰共产主义的间谍判刑。法庭上每个人都知道这一点，包括斯塔申斯基。但雅古施在开庭时发表的声明给斯塔申斯基带来一线希望，他说这次审判可能会有所不同。[1]

雅古施说："1962 年 4 月末，在本案准备起诉后不久，一家发行量很大的严肃周报就宣布被告是杀人犯，在长篇文章中公开了这一结论，并刊载了他的照片，还描述了起诉书中明确的犯罪行为。"他所指是早前刊登在《基督与世界》报上的文章。他接着说："最近几天，许多日报都发表了类似的评论，还刊登了被告的照片，甚至在司法调查结束之前就宣布他是凶
手或政治刺客。……作为法庭诉讼的负责人，我有义务保护被 239
告免受公众舆论为时过早的判决。"[2]

然后，审判开始。雅古施法官问斯塔申斯基是否听得懂德语，是否身体状况良好。斯塔申斯基对这两个问题给出肯定回答。这时观众第一次听到被告的声音。被告仔细看着各位法官，研读雅古施和他身边同事的表情。雅古施要求被告向法庭讲述自己的情况，斯塔申斯基就从他的出生地和出生日期开始陈述。“1931 年 11 月 4 日，我出生在利沃夫地区的博尔晓维奇村。我出生时，利沃夫和整个地区都处于波兰统治下，所以当时我也是波兰公民。”他双手放在背后，用一种毫无表情的单调语气说着，让许多观众怀疑这是事先排练好的。[3]

雅古施继续以友好的态度提问，即使还不能达到彼此信任，也在设法营造相对轻松的气氛。斯塔申斯基向法庭解释，他于 1950 年夏天回家途中被铁路警察逮捕。当时他 19 岁，像往常一样坐车逃了票。当天他被释放回家，但几天后一个警察出现在他家门口，请他到铁路警察的办公室里谈一谈。他在那里第一次见到国家安全部的康斯坦丁·西特尼科夫斯基上尉，而国家安全部就是克格勃的前身。西特尼科夫斯基希望他加入秘密警察成为一名特工。

斯塔申斯基的说法在法庭上引起一阵骚动。许多记者不禁暗自生疑，苏联是否真的用这种方法来招募特工。但多年来，雅古施主持了无数对共产主义国家谍报人员的审判，他完全相信斯塔申斯基的说法。“这就是真正的原因吗?”他追问斯塔申斯基的动机。对方回答：“我知道他已经掌握了我的情况。来自同村的其他人知道的情况甚至不及我多，也早被逮捕了，
240 有些人被送去西伯利亚。所以我认为他说要逮捕我们，把父母送到西伯利亚去，这些都是事实。这样的事情确实发生了。我也认为乌克兰地下斗争徒劳无功。”

斯塔申斯基的证词没有表现出对争取乌克兰独立的抵抗运动的目标或观念有任何依恋。他说自己是对政治不感兴趣的局外人。他知道家人参与抵抗运动，而对这一情况的知晓以及他的姐妹直接参与这一运动，却成为可以胁迫他的软肋。

真要说有什么的话，斯塔申斯基的证词表明他反对民族主义者的意识形态和行事方法。他说："离我们村庄不远，大约1公里或1.5公里的地方，有一处（波兰人的）定居点，它不属于我们村庄。一天晚上我们听到枪声，可以望见那个方向发出的火光。早上再去那里的时候，就看到了行动的结果。那个定居点里有20～25幢波兰建筑被烧毁，所有人都被枪杀了。"雅古施又问战斗的起因，斯塔申斯基回答："这是波兰人和乌克兰人的老问题了。……因为乌克兰人认为波兰人应该从乌克兰西部消失，都回波兰去。波兰人也会采取同样的报复行动。他们包围乌克兰人的村庄，用同样的方式惩罚乌克兰人。"[4]

随后，雅古施进一步询问了斯塔申斯基对抵抗运动的态度以及他与秘密警察合作的动机。上午10点45分，雅古施第一次宣布法庭休庭15分钟。记者及公众拥入法院走廊，有人走向洗手间，有人点起了香烟，相互间就刚刚听到的内容交换意见，这其中有很多内容要消化。斯塔申斯基说的话可信吗？他给许多记者留下了正面的印象。几天后《法兰克福评论报》的记者写道："他的德语说得很好，带着斯拉夫语的口音，能毫不夸张地讲述自己的故事。他举止文雅，彬彬有礼。总而言之，他给人的印象是一个聪明、成熟、举止优雅的男子。" 241
《法兰克福汇报》的记者也持类似观点："斯塔申斯基非常聪明，反应迅速，难以置信的自信、敏锐，似乎能够全身心投入他认为正义的事业中去。"[5]

然而法庭上许多乌克兰人的想法却不一样，其中就有鲍里斯·维托斯金斯基（Borys Vitoshynsky）。他时年48岁，长期以来一直是班德拉的亲密伙伴，目前正在为班德拉组织的报纸《胜利之路》报道审判情况。他是训练有素的律师，也是一名职业记者。他在高中时加入了该组织，并在臭名昭著的波兰集中营别廖扎－卡尔图兹卡（Bereza Kartuzka）度过了21岁生日。二战大部分时间他被关押在奥斯威辛集中营，在那里目睹班德拉的两个兄弟被波兰警卫杀害。尽管他年轻时有社会主义倾向，但他与班德拉关系密切。在班德拉的葬礼上，主办方请他手捧一杯乌克兰的泥土，走在班德拉的棺木前。维托斯金斯基所思所写反映了班德拉组织中相当一部分成员的思想、态度和情感。[6]

“我看着刺客的脸，”维托斯金斯基在审判第一天的报道中写道，“他经常微笑，几乎不自觉地努力营造一种‘讨人喜欢的形象’。但我们乌克兰人是唯一对他的行为感到厌恶的人吗？”这个问题困扰着法庭里不少人，斯塔申斯基是家庭的叛徒，还是为了家人免受迫害而牺牲了自己？——维托斯金斯基有非常明确的答案：他是一个叛徒。“说真的，”这位曾经关押在别廖扎－卡尔图兹卡和奥斯威辛集中营的囚犯这样写道，“他的父母姐妹可曾想到过，自己的儿子兄弟会以保护他们免受布尔什维克迫害的疯狂借口，让他们成为他背叛的第一批受害者？”

维托斯金斯基在法庭中也遇到一些非乌克兰的记者，他们与他持相似的观点。其中一位是法国《费加罗报》（*Le Figaro*）的记者、俄罗斯和东欧问题专家多米尼克·奥克莱尔（Dominique Auclères）。她刚刚在巴黎出版一本书，讲述的是一位自称俄国末代沙皇最小的女儿安娜斯塔西娅公主的女子。
她对维托斯金斯基说：“斯塔申斯基在装腔作势！他的举止就
像在演戏，而且他给人的印象是一个性格软弱的人。”她在另 242
一个场合说：“我认为斯塔申斯基并非情有可原。他是个告密
者，一个懦夫。他不仅杀害了班德拉，早先他甚至背叛了自己
的家庭，那可是他想要保护的家人。”维托斯金斯基很高兴能
在报道中引用奥克莱尔的这些话。[7]

茶歇结束后，法庭重新开庭。法官要求斯塔申斯基描述苏联秘密警察派给他的首次重大任务。斯塔申斯基说，1951 年年初西特尼科夫斯基上尉命令他混入之前一直在探听情况的抵抗组织。任务是搜集信息，找出是谁协助暗杀了著名的乌克兰共产主义作家雅罗斯拉夫·哈兰。

当斯塔申斯基描述自己潜入妹妹未婚夫率领的抵抗组织时，观众们既震惊又怀疑。他告诉法庭，他在丛林里找到了杀害哈兰的凶手米哈伊洛·斯塔胡尔，把他出卖给了西特尼科夫斯基，但此人是在行动中被杀死的，而不是根据他提供的信息被抓获的。法庭上班德拉的人都知道他在撒谎。自那年夏天以来，他们已经收集了苏联关于那次审判的报告，其中清楚写明米哈伊洛·斯塔胡尔是被告之一——很明显他并没有在行动中身亡。[8]

中午雅古施宣布法庭休庭，大家去吃午饭。庭审将于下午 3 点继续。记者们冲到电话前，赶紧交出庭审的第一份报道。维托斯金斯基也是其中一员，他的文章于 10 月 10 日发表在班德拉组织的报纸《胜利之路》上。该报道以如下声明结尾：“我们对如此高度浓缩的报道形式表示歉意，但限于技术条件，我们必须立即将材料转交慕尼黑，这样我们的读者至少可

以简单了解一些审判首日的情况。”尽管他语含歉意，但事实证明维托斯金斯基是对审判过程报道最详尽的记者。其他记者对法庭上讨论的事情没有那么丰富的背景知识，也没有这么浓厚的兴趣。[9]

243 斯塔申斯基的律师塞德尔在午餐休息后，马上找了个机会询问他的当事人。塞德尔是个经验丰富的律师，斯塔申斯基非常幸运能得到他的帮助。1962 年 5 月，班德拉的继任者斯捷潘·伦卡夫斯基（Stepan Lenkavsky）在给帕多奇的信中写道：“政府给斯塔申斯基分配了一名辩护律师，卡尔斯鲁厄的一位好律师……他不是一个有左翼信仰的人。”塞德尔问斯塔申斯基，是什么动机促使他为苏联秘密警察工作。斯塔申斯基答道，他认为地下组织的反抗毫无意义，注定要失败。他还说地下组织成员犯下的暴行令人胆寒。“我之前已经说到了我们村里被烧毁的房屋。我和父母来到这个定居点时，我深感震惊，永远不能忘记眼前的景象。”

塞德尔的下一个问题有关斯塔申斯基家族面临的威胁。律师问：“你妹妹与抵抗运动保持着联系，他们承诺如果你帮忙，就不处罚你和你的父母，也包括你妹妹吗?”斯塔申斯基给予了肯定的回答。他当时陷入窘境，束手无策，只好加入秘密警察。塞德尔正在寻找可以减轻罪行的情节，使法官们相信斯塔申斯基是在被胁迫的情况下加入克格勃，而不是出于他自己的自由意志。在斯塔申斯基一整天的证词中，他显然遵循着自家律师采取的策略。[10]

班德拉和里贝特两家的律师则采取与之不同的策略。他们质疑斯塔申斯基的动机和说辞，试图把他描绘成一个背信弃义的人，不仅背叛了家人，也背叛了自己的人民。审讯首日，只有代表达里娅·里贝特的米尔博士有机会提问。斯塔申斯基作证说与家人断绝关系，后来才又恢复联络，米尔问他是否知道曾与他妹妹约会、后来被他出卖的地下组织指挥官伊万·拉巴后来怎样了。斯塔申斯基回答称，他在战斗中牺牲了。他不知道具体是什么时候，但他在 1954 年夏准备去波兰和德国前不久从家人那里听说了此事。斯塔申斯基又撒谎了。拉巴已于 244
1951 年被秘密警察杀害。对斯塔申斯基来说幸运的是，当时西方世界没有人掌握这一信息。[11]

庭审首日，诺伊维尔特、克斯滕和帕多奇都没有机会提问。下午由雅古施提问，斯塔申斯基继续就自己与苏联秘密警察的关系提供证词。从基辅的学校毕业后，他先是被派往波兰，然后又去东德。他在东德首次见到负责他的联络官谢尔盖·达蒙。根据达蒙的命令，他前往慕尼黑会见了一名乌克兰移民，克格勃想招募此人为特工。他描述了自己如何在秘密情报传递点存取物资，如何暗中侦察美国和西德的军事设施。“斯塔申斯基，”始终关注庭审的维托斯金斯基写道，“说话的口气，就好像他并不是因为自己犯下的已为人知或还鲜为人知的谋杀以及其他令人发指的罪行而正接受审判，仿佛只是在向感兴趣的公众讲述他的功绩。他有时会微笑，也许觉得把嘴唇那样扭曲，似乎玩世不恭地说着什么好笑的事。再加上他柔和的嗓音，他表现得好像是一个心地善良、天真单纯的人。”上午庭审时表现出来的紧张情绪似乎消失了。“他对问题的回答几乎是不动声色、漠不关心。他不会兴奋，也没有提高嗓门。”另一名观众在描述斯塔申斯基的举止时则这样说道。[12]

第一天的庭审已接近尾声。这基本上是一场雅古施和斯塔申斯基的双人秀。雅古施试图确定事实并理解其动机，斯塔申斯基努力让法官相信自己已经开诚布公地回答提问。看来审判的第一天，斯塔申斯基似乎就赢得了雅古施的支持。然而，虽然雅古施以极大的尊重对待被告，几乎都用“斯塔申斯基先生”来称呼他，但他也质疑斯塔申斯基的动机。斯塔申斯基曾提醒法庭，看到波兰人被烧毁的房屋时他是多么震惊，但法官说：“1943 年年底，你 12 岁时看到被烧毁的定居点，这一幕深深影响了你。而你和西特尼科夫斯基谈话时，已经 19 岁了。”对斯塔申斯基来说，情况似乎有些不妙。[13]

40 第一桩谋杀

10月9日上午，也就是审判的第二天，班德拉组织报纸 245
《胜利之路》的记者维托斯金斯基早早来到联邦刑事法庭的入口处，大楼还没有开门。“今天早晨又是阳光明媚、凉爽宜人的天气，令满脸倦容的记者也精神振奋起来。毫无疑问，他们整晚都在为自家的报纸杂志准备报道和收集信息，”他在关于庭审的报道中写道，“审判即将进行的大楼仍大门紧锁，一名年轻警官在楼前来回踱步。门前等待的人越聚越多。”[1]

终于，记者和访客通过身份文件检查获准进入大楼，陆续走进232号法庭。8点45分，警察把斯塔申斯基带进法庭。五分钟后，雅古施穿着长袍，戴着单片眼镜，和其他法官一起入场。斯塔申斯基的律师塞德尔博士，达里娅·里贝特的律师米尔博士，雅罗斯拉娃·班德拉的律师诺伊维尔特博士、克斯滕和帕多奇都已到庭，诉讼程序可以开始了。达里娅·里贝特和20岁的儿子安德里惴惴不安地等待着这天：今天斯塔申斯基要为杀害他们的家人（丈夫和父亲）的事实提供证词。不
同于班德拉的追随者，他们与西德情报和反情报机构没有密切 246
联系，无法掌握凶手情况或他提供证词的内部信息。安德里后来回忆说，他们是从报纸上才得知列弗·里贝特是被克格勃暗杀的。根据中情局的记录，审判开始前几个月达里娅被人跟踪，她的朋友认为来人可能企图恐吓她，希望促使她心脏病发

作。她顶住了压力，现在准备面对杀害丈夫的凶手。[2]

法庭中许多人都很好奇，想知道克格勃为什么决定杀害列弗·里贝特。里贝特是一名记者，就目前所知也并未与苏联秘密机构或秘密行动有什么联系。安德里回忆说，父亲的大多数政治盟友都将前往北美，里贝特也有计划要移居美国。他甚至开始学习成为一名车床工人，只是因为妻子拒绝出国，他才在德国逗留了这么久。为什么里贝特比班德拉早两年被杀的问题，也反常地激怒了班德拉的追随者。他们花费数年时间企图证明，己方——而不是里贝特和他的派系——才是苏联政权在乌克兰的真正威胁。不仅如此，他们一直声称里贝特反对班德拉，破坏了民族主义阵营的团结，从而使苏联受益。斯塔申斯基的爆料被公之于众后，班德拉派系圈子里流传着谣言，说选中暗杀里贝特只是刺客为刺杀真正的目标班德拉而做的准备。这些人冷嘲热讽地说克格勃用喷雾枪对一条狗进行测试后，又要在一个人身上试验，只不过这个人碰巧是里贝特。[3]

早在当年3月，诺伊维尔特在给调查法官弗里茨·冯·恩格尔布雷希滕（Fritz von Engelbrechten）的备忘录中，就曾试图解释为何选择里贝特作为斯塔申斯基的第一个目标。他写道，班德拉派系的领导人无法接受斯塔申斯基仅仅是为了练习才被派去暗杀里贝特的想法。他们的出发点是，“布尔什维克在计算结果时非常精明，他们太清醒了，不可能在没有明显目标和获益的情况下过早地违背自己的信念做出妥协”。但班德
247 拉派系的领导人虽不接受这种推测，却也无法提出其他设想。他们仍然认为里贝特与班德拉对抗符合克格勃的利益，所以无法解释克格勃的动机。诺伊维尔特写道：“因此，没有明显的理由来解释为什么布尔什维克要除掉里贝特。相反，他的反对

活动对他们有利。”后来达里娅及支持里贝特的党派拿到了这份备忘录。这篇文章公开发表后，更加大了两个民族主义团体间由来已久的不信任感。[4]

雅古施先向斯塔申斯基展示了一张照片，斯塔申斯基指认照片上的人是列弗·里贝特。随后，雅古施大声朗读了一段这位乌克兰领导人的生平简介，从他在利沃夫大学（当时利沃夫还受波兰控制，Lviv 写成 Lwów）研读法律开始，1934 年班德拉被捕后开始领导地下民族主义者，1941 年政府违背德国意愿宣布乌克兰独立后，加入独立政府工作。此后他被监禁在奥斯威辛集中营，与班德拉决裂，之后以报纸编辑的身份成为民族主义阵营中民主反对派的宣传平台。读完简介后，雅古施问了斯塔申斯基一个开放式的问题：“关于里贝特，你有什么想说的？”

斯塔申斯基解释说，他对里贝特的了解几乎完全来自联络官谢尔盖·达蒙。达蒙和其他卡尔斯霍斯特的克格勃官员一样，说里贝特是报纸编辑、一个思想意识形态的盲目追随者。克格勃认为像里贝特这些人编写的民族主义报纸，正在传播反苏言论，阻碍流亡者回国。但是，斯塔申斯基从没读过里贝特的作品，达蒙说什么他就信什么。[5]

就在前一天，斯塔申斯基作证称他与之前接近里贝特的克格勃特工白沙迦有接触时，雅古施就特别想弄清斯塔申斯基本人对最初打算绑架里贝特的计划有何看法。“你是否真的领会了谢尔盖·达蒙向你提出的那些目标和绑架的方式？”雅古施问道。斯塔申斯基表示确实如此。“我为克格勃工作，必须完成交给我的任务。”他如此告诉法官。雅古施追问道：“你认为那是对的吗？”斯塔申斯基做出肯定的回答。“世上有各种 248

各样的人，”雅古施答道，“有些人同意与克格勃合作，有些人甚至很乐意这么做。你，斯塔申斯基先生，属于后一类。”斯塔申斯基沉默不语。他无话可说，或者至少宁愿什么也不说。观众席中的众人可以看出他有些茫然不知所措。[6]

雅古施接下来讨论凶器的问题。“你之前见过这个吗？”雅古施问斯塔申斯基，并出示一根长约 18 厘米的管子，就像一支大号的笔。“法庭里一片死寂，”维托斯金斯基在报告中写道，“所有的目光都集中在斯塔申斯基身上。”斯塔申斯基平静地告诉法官，根据警方的要求他画出了枪管的图纸，这支枪管是警方复制的。雅古施问这个东西是不是和莫斯科客人给他的那支一样。斯塔申斯基检查了管子之后，回答说长度完全一样，但复制品比原来的要重些。

维托斯金斯基写道：“他把东西拿在手中摆弄，拆开又重新组装起来，同时解释说这个‘装置’在‘大体上’和他以前用来杀人的真货非常相似，但复制品还是有些不同。”此时他心里冒出一个念头：如果莫斯科来客带到卡尔斯霍斯特的喷雾枪是批量生产的呢？莫斯科政权的反对者中有多少人是真正死于自然原因的“心脏病”呢？“没有人能回答这个问题，”维托斯金斯基写道，“也许很多人只是不愿面对这个问题，安慰自己只有斯塔申斯基承认的两起暗杀事件牵涉其中。”斯塔申斯基相信用来杀里贝特的枪也暗杀过别人，但他不知道受害者是谁，也从来不敢问。斯塔申斯基向法庭解释说，“莫斯科来客”把手枪交给他时，他根本没有时间考虑其他事，武器专家就立即开始指导他如何使用手枪。[7]

1961 年秋，斯塔申斯基的供词公开后，许多流亡的乌克兰人都猜测，莫斯科秘密杀戮的第一个受害者是丹尼洛·斯科罗帕德斯基（Danylo Skoropadsky）。时年54岁的丹尼洛身强体壮，是1918年曾统治乌克兰的帕夫洛·斯科罗帕德斯基 249
（Pavlo Skoropadsky）的儿子。斯科罗帕德斯基家族几乎算是在20世纪里让乌克兰独立的家族。帕夫洛是18世纪统治乌克兰的哥萨克盖特曼（hetman）的后裔，也是俄国军队中一名野心勃勃的军官。1918年，他以盖特曼的头衔，在德国保护下统治乌克兰长达八个月，这是乌克兰动荡的革命历史中相对稳定时间最长的阶段。1918年年底德国人离开后，布尔什维克将斯科罗帕德斯基赶出乌克兰。两次大战的间歇期，他在德国生活，曾发起一场支持独立的运动，以取代激进的乌克兰民族主义者组织。1945年4月，美军飞机投弹轰炸，他被弹片所伤不治身亡。1948年，儿子丹尼洛接替他继续推进这场运动，当时丹尼洛44岁。

丹尼洛住在伦敦，不时前往德国、美国和加拿大，团结支持者，并与其他乌克兰组织建立共同阵线，包括当时已经分裂为三个派系的民族主义者。如果说班德拉和里贝特是“分裂者”，那么丹尼洛就是“黏合剂”。1956年4月，离他去世已不足一年，丹尼洛发起了一场由1万多波兰人与乌克兰人共同参加的示威游行，抗议赫鲁晓夫访问英国——这是苏联领导人首次出访。1957年2月22日，丹尼洛去自己最喜欢的餐馆吃饭。饭后他觉得不舒服就回家了，但很快就失去意识。当晚他被送往医院，第二天早上就在医院去世。他的墓碑铭文上写着：“我建设乌克兰，联合所有人，为了所有人。”有传言说他是被一个叫谢尔盖的克格勃特工杀害的，据说此人在他生命的最后几天里一直跟踪他。[8]

当天的庭审接近结束时，斯塔申斯基作证说自己如何携带

用报纸包裹的喷雾枪，开始追踪里贝特。雅古施向他提供了手枪的复制品和一张报纸，请他演示要如何隐藏武器。“应法庭
250 首席法官的要求，”一名在场的乌克兰记者写道，“斯塔申斯基当庭用了将近30分钟展示了极详尽的细节，如何包裹这个‘装置’以免引起路人丝毫的怀疑。他很专业，这些解释和演示，甚至是太专业了。……这是法庭里不少旁观者的印象。他所有的注意力都集中在那个会带来死亡的武器上——他就像一个被猎枪迷住了的猎人……观众们屏息听着他冷静客观的解说。”在接下来的时间里，斯塔申斯基一直很冷静，几乎没有流露出任何情感。也许唯一的例外是他描述自己杀害里贝特的那一刻。“从他身边经过时，我突然举起了手，”他说着叹了口气，“慢慢地……就这样，我扣下了扳机，然后继续走下楼去。”他的两颊升起了红晕，为原本苍白的脸上增添了一丝颜色。[9]

41 重要日子

1962 年 10 月 10 日上午，法庭比前几天更显拥挤。就在 251
当天，这位前克格勃特工要为班德拉谋杀案作证。到场的记者
比之前多，一些名人也第一次出现在审判现场。他们之中有已
经退休的西德联邦部长奥伯伦德尔。他要来见证此人供认自己
的罪行，而这一罪行之前曾被栽赃在他头上。那项指控使得奥
伯伦德尔的政治生涯就此结束。也许这次审判可以向世人证明
他的无辜。

奥伯伦德尔是法庭中很受欢迎的人物，庭中满是东欧难
民，他曾在政府中代表这些难民的利益。与往常一样，维托斯
金斯基在诉讼开始之前就早早来到法庭，还有机会与那位前部
长面谈几句。“人比前几天多了不少，噪音也更大，”维托斯
金斯基在当天的报道中写道，“几乎每个来到庭审现场的人都
在翻阅早报，快速浏览着前一天的庭审报道。”和前几天一
样，维托斯金斯基还是密切关注着被告的行为：他依然和每天
一样，在庭审开始前和律师商量着什么。“斯塔申斯基非常认
真地听对方讲话，总是点头表示同意，表明这位克格勃特工应 252
对‘腐败’的西方环境不太自信，”维托斯金斯基如此写道，
引用了一句苏联宣传的惯用语，“但他至少在表面上也在试图
适应这种环境——他不时地抚弄头发，调整领带或西装，还会
向法庭里的年轻姑娘暗送秋波。”

除了那些年轻女孩，斯塔申斯基还特别关注乌克兰民族主义者组织的成员。这些人中包括斯塔申斯基认为可能会是他的下一个暗杀对象——1941 年短暂独立的乌克兰政府总理雅罗斯拉夫·斯捷茨科（Yaroslav Stetsko）。此人曾被德国关押在萨克森豪森集中营。斯捷茨科现年 50 岁，是反布尔什维克联盟的领导人。前一天斯塔申斯基告诉法庭，克格勃联络官曾命他找到斯捷茨科在慕尼黑的公寓，他们第一次让他跟踪里贝特和班德拉也是这个目的。对斯捷茨科而言，这是他第一次来旁听审判。他才参加完由“亚洲人民反共联盟”（Asian People's Anticommunist League）组织的会议，刚从东京回来。斯捷茨科在会上的讲话中提到，对斯塔申斯基的审判是莫斯科想要控制世界的最新证据。[1]

上午 9 点刚过，雅古施和其他法官一起走进法庭。他以一个听来善意的要求展开话题：“告诉我们 1958 年夏天发生了什么事。”由雅古施法官的问题开始，斯塔申斯基向法庭讲述了他前往鹿特丹和慕尼黑寻找班德拉的详细情形。当他描述上司谢尔盖·达蒙对于他在电话簿中找到了班德拉的地址而表现得异常兴奋时，雅古施没有掩饰他的怀疑。“这听起来不太可能，”他对斯塔申斯基说，“他们应该已掌握了所有这些信息——电话号码、地址、车牌号之类。”然而，尽管据称克格勃已深入渗透乌克兰民族主义者组织，但它掌握的相关对象的信息至少落后了几年。1957 年斯塔申斯基的克格勃联络人给他的是里贝特几年前的家庭住址，这回班德拉的情况也是如此。

253 “有一段时间我没有接到任何任务。”斯塔申斯基继续说道。然后 1959 年 4 月底，他受命去莫斯科。正是在莫斯科的一家酒店里，他面见了一位名叫格奥尔基·阿夫克谢耶维奇的克格勃“贵族”，此人告诉他已经做出了和干掉里贝特一样的“清算”目标人物的决定。“他是按你说的那样表达，还是说哪个机构通过了这项决定？”雅古施问道。“他没有说得很清楚，”斯塔申斯基回答说，“从他的话语中可以得知，‘最高当局’已经同意了这项决定。”雅古施进一步追问道，这种表达是否意味着命令来自政府？斯塔申斯基说，确实如此。后来他因工作完成出色而受到克格勃首脑谢列平亲自表彰，更能确信这一点。

这是他在证言中首次直接提到苏联政府高层官员，而此人时任苏共中央委员会书记。有几位记者立即从座位上站起来，冲出门口向电话跑去。他们急于报道被告迄今为止披露的最具政治爆炸性的信息：斯塔申斯基证实了早前的新闻报道，苏共中央新上任的书记亲自参与了暗杀班德拉的阴谋。

斯塔申斯基继续作证，他讲述的经过一波三折，观众听来也跟着心情跌宕起伏。“我看见班德拉走进了车库里，”斯塔申斯基回忆起他初次与班德拉正面接触以及第一次企图暗杀失败的情景时说，“然后我（从藏身的另一座大楼拱门里）走了出去，在路上从口袋里掏出武器。”他叙述得很慢，法庭里的气氛也紧张起来。“我右手握着枪，左手拿着一支安瓿，开始向他走去，心里觉得我现在就该尝试一下，”斯塔申斯基继续说道，“我直接走到拱门前，站在那里时有那么一瞬间突然想
到，他就在那里，站在车边捣鼓着什么，完全不知道我来了， 254
那意味着死亡离他仅咫尺之遥，只要一瞬间，他就将阴阳永诀。”

这些话说出来时，法庭上一片寂静，甚至速记员打字的动

作都暂停下来。所有人的目光都聚集在斯塔申斯基的身上，而他的脸色如往常一样苍白，目不转睛地看着雅古施。“我跨进拱门，”斯塔申斯基继续说道，“车库门是开着的，车停在车库里。他站在车左边，在驾驶座附近摆弄着什么。看来他刚下车……我已朝他的方向走出两步，但这时一个念头突然闪过脑海，告诉自己我不愿这么做，然后就转身走开了。”此时几乎能听到观众席里如释重负的叹息声。只有雅古施没有受到叙述中如过山车般激烈起伏的情绪影响。斯塔申斯基告诉法庭，为了不要再改变主意，他向地面发射了喷雾枪，然后把枪从宫廷花园的一座桥上扔进了河水里。一年半之前，他也把杀害里贝特的喷雾枪扔进了这条河里。“是石桥还是木桥？”雅古施问道。斯塔申斯基回答说，这次是一座石桥——同一条河上两座不同的桥。

当斯塔申斯基说到真正杀害班德拉的那天时，他讲述了自己是在看到那辆车离开齐柏林大街后，才跳上电车去班德拉所住的公寓大楼的。雅古施毫不犹豫地指出他前后矛盾：“当时你在想什么？你可以对自己说：既然他走了，今天就到这里吧。相反你考虑的是他会去哪里？”斯塔申斯基没有更好的回答，只能说自己是奉命行事。他对法官说：“我必须明确地采取一些行动，表明我正在努力完成这项任务。”斯塔申斯基继续描述实际暗杀的经过时，雅古施又问了一个简短的问题：“你做了什么？”斯塔申斯基回答说：“我知道不能拒绝执行暗杀计划，我不得不这么做！”法庭上的紧张气氛再次达到顶点。“有些观众的身体前倾，似乎是要对即将到来的冲击有所准备，”维托斯金斯基写道，“所有人都屏息凝神，端坐不动，既没有窃窃私语，也没有咳嗽声。五位法官都穿着前襟镶白色

宽边的深红色长袍，系着领结，一动不动地端坐着，就像在前
墙的背景下放置的雕塑。他们的眼神也汇聚在被告身上。而斯 255
塔申斯基低着头，时不时地低声细语，继续讲述骇人的故事。”

斯塔申斯基告诉法官，这次他不敢走进院子，而是走到大楼的入口处，用他在卡尔斯霍斯特拿到的钥匙打开了门。然后他从里面锁上门，走楼梯上了一楼，在那里等着班德拉走进门廊。几分钟后，斯塔申斯基避开一名正要离开大楼的女士，然后只见班德拉就在眼前，正站在大门边，努力想把钥匙从锁孔里拔出来。他手臂下夹着几个袋子，其中一个敞着口，斯塔申斯基说他能看到里面是绿番茄。① “这不是下手的正确时机，”斯塔申斯基对法庭说，这是他的原话，“得等他把门关上。”

就是在此时，班德拉听到了他走近的脚步声，抬起头来看见斯塔申斯基。“就在那一刻，他看见了我，我也看着他。”斯塔申斯基说。为了争取时间，斯塔申斯基假装弯腰系鞋带。但当他起身时，班德拉还在忙着开门。“然后我继续往前走，”斯塔申斯基接着说道，“我还没拿定主意是否要实施暗杀行动。我从楼梯上走下来时，已经想着过一会儿我或许就从他身边走过，什么也不会发生。另一方面，我知道必须得下手。……这已经是第二次尝试了，我不该错过机会。”斯塔申斯基对法庭说，他问班德拉锁出了什么问题，感觉自己的声音仿佛从很远处传来。他知道这么做很蠢，因为说话的口音可能会出卖他。班德拉回答说一切正常。斯塔申斯基用左手拉着门，班德拉终

① 第 19 章谢列平给斯塔申斯基授奖时，斯塔申斯基曾强调媒体报道这是一袋绿番茄，但他见到的番茄是红色的。此处又供述是绿番茄，似乎有矛盾，但原文如此。

于把钥匙从锁孔里拔了出来。斯塔申斯基停了片刻，不知道该
怎么做。“我站在那里，想要关门就走，”斯塔申斯基对法庭
256 说，“……我突然举起手，同时扣下两个扳机，然后立刻转
身，随手关上门离开了。”

维托斯金斯基看了看手表，1962 年 10 月 10 日上午 11 点 30 分。他的老友和领导去世的真相终于大白。退休的联邦部长奥伯伦德尔终于被证明了自己的清白。斯捷茨科，克格勃暗杀名单上的第三号人物，无疑可以想象某天暗杀行动降临到自己头上时会是什么情形。

几分钟后，代表班德拉家的律师诺伊维尔特第一次有机会提问：“你杀害班德拉先生时是怎么想的?”斯塔申斯基花了一些时间才拿出答案。他终于开口说话时，显然很紧张：“我没有个人理由要杀他。我只是在执行命令。”雅古施宣布休庭。观众们陆续向出口走去。[2]

42 质疑

博格丹·斯塔申斯基在一个满是西德和外国记者的法庭上 257
承认犯有两项谋杀罪，这一供词令人震惊，同时也让人难以置信。为什么犯下两起谋杀案的人会如此坦率地承认一切呢？他是被人操纵了吗？

苏联和东德媒体言辞激烈地辩称，斯塔申斯基肯定是班德拉的忠实追随者，所以才同意牺牲自己，想将莫须有的罪名栽赃到莫斯科头上。1962 年 10 月上旬，早在审判开始之前苏联方面就发表了一篇文章，内容是采访乌克兰民族主义者组织的成员米哈伊洛·达维迪亚克（Mykhailo Davydiak），此人受班德拉和西德涉外情报机构派遣到乌克兰进行间谍活动。达维迪亚克声称他在 1959 年春出发之前，班德拉曾亲自与他会面，要求他在乌克兰寻找搜集有关斯塔申斯基一家的情报。达维迪亚克说，班德拉想派遣目前在西方的乌克兰民族主义者组织成员斯塔申斯基前往乌克兰执行秘密任务。[1]

不仅东方国家对斯塔申斯基的说辞提出异议，西方国家的媒体也争论不休。10 月 10 日上午，斯塔申斯基供词的真实性仍然受到广泛质疑。《法兰克福汇报》、汉堡《世界报》（*Die
Welt*）、科隆《德意志报》（*Deutsche Zeitung*）和慕尼黑《南德 258
意志报》（*Süddeutsche Zeitung*）的记者都对他的罪行提出了疑问。媒体的怀疑部分源于首席法官雅古施的审讯方式。由于担心审判前媒体已经泄露的主要内容，雅古施在开庭陈述中特意强调了法庭的公正性。在审判的最初几天里，他一直坚持这一说法。在此过程中，雅古施积极寻找证据想要推翻斯塔申斯基关于他去慕尼黑出差、与其他特工会面以及暗杀里贝特和班德拉时细节描述的证词。他的怀疑情绪也传给了其他人。[2]

审判至第二天快结束时，雅古施为斯塔申斯基总结了他到目前为止陈述的杀人理由。法官表示，如果他的说法中有误解，恳请被告指出。“你从 1950 年至 1957 年接受的教育，塑造了你的观念是如此：一旦接受命令，就必须为了苏联的利益而予以执行，不考虑任何个人的恐惧或担忧，即使有这些情绪也要克服它们并完成任务。”斯塔申斯基同意他的说法。雅古施问斯塔申斯基，如果他拒绝服从命令，会面临什么后果。斯塔申斯基告诉法庭：“出于人道主义或自身良心的挣扎拒绝执行暗杀行动，会受到最严厉的惩罚。因为我已经知道正在策划的暗杀计划，所以我将会与所有人隔离开来，这就相当于被判处死刑。”

雅古施对斯塔申斯基观点的总结不仅基于他在法庭上的证词，也基于西德调查人员审讯他的记录。斯塔申斯基在审判前和审判期间提供的证词中将俄罗斯和苏联相提并论。他似乎忠于那个由俄罗斯领导的联盟，而不是他的祖国乌克兰。他曾努力将自己乌克兰人的过去和身份抛诸脑后。如果不是这样的话，他就很难把自己认同为一个爱国者。

“我逐渐相信苏联政权是对的，越来越习惯于认为我这么做是为了苏联人民的利益，”雅古施引用斯塔申斯基对警方调
259 查人员的证词说，“我曾是一个坚定的共产党人。我所做的一
切都是出于政治信念。……我认为拒绝（从西方）返回祖国

的人都是在叛国。这就是我的共产主义信念。另一方面，我对遇害者家属表示同情，但当涉及俄罗斯人民的敌人时，我所受的共产主义教育要求我必须立场坚定。”有一位法官问他是否相信上帝，斯塔申斯基沉默了很久。他告诉法庭，在杀害里贝特之前，他自认为没有伤害任何人，或至少没有直接对他人的死亡负有责任。他自小在虔诚的宗教家庭中长大，但如今历经坎坷、手染鲜血后，很难说他是否仍然相信上帝。

在对斯塔申斯基动机的讨论中，大部分问题都是由里贝特家的律师米尔提出，而斯塔申斯基的律师塞德尔则保持沉默。塞德尔在诉讼过程中并没有很多表现——他没必要这么做。前一天固执追问斯塔申斯基的雅古施，这一天仿佛在为他辩护，提问方式和问题暗示的回答都与塞德尔之前设定的辩护策略不谋而合：斯塔申斯基确实犯下了可怕的谋杀，但这样做是因为被苏联宣传洗脑了，而且上面的命令无法违抗，否则会将自己的生命置于危险之中。斯塔申斯基的证词是否已让法官相信他没有向法庭有所隐瞒，而且是真的心存悔意？或是证实克斯滕在华盛顿听说的交易：作为对苏联当局指控的交换条件，斯塔申斯基得到了法庭的宽大处理？总之，对这次诉讼的理解，众说纷纭。[3]

要说斯塔申斯基谋杀的直接罪责，除了被告的证词，雅古施几乎没有确凿证据。没有任何证人能证明凶案发生时他在现场。他杀害班德拉前，在门廊里从他身边经过的女人克雷申齐娅·胡贝尔（Crescenzia Huber）无法在法庭上辨认出被告。实际上她说她在电梯口看到的那个人，头发比被告的更黑一些。在第五天中作证的其他证人，包括德国联邦刑事调查局的 260
范豪尔警官和慕尼黑刑事警察富赫斯，可以证实斯塔申斯基——或至少说有一个人用了他所说的各种化名——确实在被告指明的日期往来慕尼黑，并在他声称入住的酒店中住宿。但也仅此而已。

斯塔申斯基称曾在慕尼黑宫廷花园的河道里丢弃了三支喷雾枪，但尽管为搜寻它们把河水都排干了，这三支枪一直没有找到。富赫斯解释说，慕尼黑每年都会清理这条河道，手枪很可能已经被清洁工捡走了。由于没有凶器也没有证人，斯塔申斯基有能力以一种让人信服的方式回答各种问题，对于他的定罪就至关重要。[4]

如果他改变证词，整个案件就会分崩离析。他没有那样做。在拥挤的法庭上，他的叙述吸引了观众的想象力，引起了许多观众的共鸣。《法兰克福汇报》的记者在 1962 年 10 月 18 日的报道中写道："此人有一些特质，这些特质以这种程度彼此组合并不常见。斯塔申斯基非常聪明，反应迅速，几乎是令人难以置信的自信、敏锐，几乎能将自己完全奉献给他认为正义的事业。"这名对罪行已供认不讳的凶手如此受人欢迎，给班德拉的追随者带来了一个大问题。他们正努力将这场刑事审判变成一场政治审判，把苏联政权描绘成一个不惜一切代价消灭对手的政权。现在看来，这其中一名罪犯——西方公众唯一直接可见的来自苏联东欧集团的面孔——似乎赢得了这场亲民竞赛。[5]

维托斯金斯基在他的文章中一再重申，斯塔申斯基的证词并非推理小说或电影中的情节。这是对凶手本人以及他的莫斯科主人的起诉书。"斯塔申斯基的证词，除了不断让人（我们只考虑具有批判性思维的人）对他感到厌恶之外，还有不少人受到这位俄罗斯间谍'迷惑'，感到此事非常有趣，

简直耸人听闻，好像一篇激动人心的间谍小说，”维托斯金斯基写道，“不幸的是，我们不是在看小说。这是一个人听从 261
克里姆林宫里罪犯的命令，走上严重犯罪的道路：背叛自己的一切，高尚的一切，走上谋杀、谎言和为邪恶服务的道路。”[6]

现在轮到班德拉家的律师诺伊维尔特和里贝特家的代表米尔来讯问。他们的任务是揭露此人的真面目——这是一个叛徒、一个忠诚的共产党人、一个精于摆布他人的克格勃特工——希望以此改变法庭里的气氛和报纸报道中同情的语气。在审判开始前，班德拉的追随者已经收集了很多斯塔申斯基的家庭背景资料，可以证明斯塔申斯基至少在意识形态上背叛了自己的家人。斯塔申斯基家族确实积极参与乌克兰事务，而斯塔申斯基的叔叔甚至由于支持乌克兰地下组织而被苏联当局逮捕并处决。诺伊维尔特和米尔在审判第五天终于有机会用上这些信息，两人都对被告进行了长时间的审讯。他们竭尽所能想把他描绘成人民的叛徒。[7]

事实证明，斯塔申斯基可不是好对付的。诺伊维尔特问他为什么在整个审判过程中都称自己为俄罗斯人，他回答说他用这个词来表示自己的政治忠诚，而不是民族身份。诺伊维尔特问他是否知道根据苏联宪法，乌克兰有权脱离苏联；斯塔申斯基回答说，这是一个法律问题，而他不是律师。但他否认自己的叔叔彼得罗·斯塔申斯基被苏联人杀害的消息，这显然是在撒谎。他也拒绝回答如果克格勃下令让他杀害自己的妹妹，他会不会这么做。

米尔说：“你用了‘叛徒’这个词。”他指的是斯塔申斯基早前的声明，其中说他最初认为叛逃西方是对自己祖国的背叛。“你是乌克兰人，至少知道乌克兰解放斗争的历史事实。

262 你是否知道解放斗争自本世纪初以来，甚至更早前开始，就不是针对任何特定政权，不是针对任何特定政治秩序，而是反对任何外国统治乌克兰，反对任何国家占领乌克兰?”斯塔申斯基回避了这个问题。“我不能回答这个问题，”他告诉法庭，“你的问题似乎假设我是一个历史学家。我那个会写作的姐姐，她才有那样的历史知识，和一位历史学教授差不多。”米尔没有被说服，继续追问他的姐妹在为什么而战。“她为独立的乌克兰而战。”米尔终于引出了他想要得到的答案。这是两名德国律师前几天恶补乌克兰解放运动历史所能达成的结果，终于设法将斯塔申斯基说成是国家的叛徒。[8]

斯塔申斯基自己的律师塞德尔尽量不讨论国家认同、家庭忠诚和个人背叛等问题。他的辩护策略清晰而简单：斯塔申斯基，无论他以前是谁、在杀戮时是怎样，现在都已经改变了。他重新思考了自己的行为，经历了重大的道德和心理转变。他叛逃到西方以及他陈述的供词就是最好的证据，这是调查人员和现在的审判法官可以作为判断依据最确凿的证据了。“你到西方来，为什么要承认这一切呢?因为如果你不承认的话，没人会知道。”塞德尔问道。斯塔申斯基给出了很可能是事先准备好的回答。“一开始我只是决定再也不进行暗杀了，”他告诉法庭，“在莫斯科期间，我的政治倾向和意识形态发生了转变。我在莫斯科经历的一切促使我做出这个决定。我承认，无论如何我有责任弥补过失，也试图警告人们不要再发生类似的事情。”斯塔申斯基的证词中涉及他与谢列平会面以及他婚后留在莫斯科期间的内容，篇幅冗长，这是他和他的律师希望法庭能从中得出的主要结论。[9]

海德堡大学的心理学专家约阿希姆·劳赫教授也被传唤来

作证。1962 年 2 ~3 月，他曾研究斯塔申斯基。他认为斯塔申 263
斯基不是会编造故事或企图以自我谴责来吸引他人注意的人。事实上，教授认为斯塔申斯基缺乏活跃的想象力，也过分依赖别人的意见。劳赫作证说：“就个人意志力而言，斯塔申斯基给人的印象是个温和的人。”他后来解释道：“尽管他很聪明，斯塔申斯基先生……，他的思想并不独立。”他也曾努力自己决定原则性事情，但一旦结了婚，斯塔申斯基就依赖妻子的判断：“他妻子的权威取代了他自己的判断。他可能无法单凭自己就与过去决裂。……他往往回避不愉快的问题，而不是将它们一一解决。他总想把它们抛在一边，不愿面对。”塞德尔肯定非常兴奋——尽管评估措辞十分严厉，但这样一来，斯塔申斯基就更容易说自己是被克格勃洗了脑。[10]

斯塔申斯基在夫妻两人于莫斯科逗留以及他们决定逃往西方的证词中，一再提到英格·波尔在他道德转变中所起的作用。与之前一样，雅古施试图验证斯塔申斯基的说辞。“如果你内心的转变是像你现在描述的这样，那你不是要经常跟妻子详细讨论这些细节吗？当一个人的内心负担过重时，确实需要向别人倾诉。”斯塔申斯基表示赞同。他告诉法庭，他和英格的大部分谈话都在室外进行，但并不是每次谈话都可以在室外，所以克格勃很可能会窃听到他们在室内的谈话。像以往一样，法庭只有斯塔申斯基的证词，一切都靠他的说服力。[11]

而他的说服力看来很强大。随着审判推进，不少观察人士不再怀疑他的证词。就在审判进行的第三天，雅古施决定平息人们的猜测，因为那时已有不少人觉得斯塔申斯基只不过是一个助长反苏情绪的傀儡。斯塔申斯基就班德拉被害一事作证结束后，雅古施问：“德意志联邦共和国内有没有人（除了调查

机构之外）在任何时候影响过你，让你对这次审判的这一点或那一点说些什么？”“没有，从来没有发生过那种情况。”斯
264 塔申斯基答道。法官进一步追问：“更早之前有没有什么促使你，出于某种原因让你在这里给我们编造故事，把一切都归罪于自己？”“没有。”斯塔申斯基回答说。“也许是德意志联邦共和国以外有人做过这种事？”雅古施继续发问。“没有。”斯塔申斯基说。“你确定吗？”法官坚持道。“是的！”回答还是一样的。[12]

43 检方发言

法庭诉讼的最后一天是10月15日，正是斯捷潘·班德拉 265
遇害三周年的日子。他的追随者们身着黑色西装，打着黑色领带来到法庭。那天他们在卡尔斯鲁厄圣斯特凡教堂（St. Stefan's Church）参加了一个礼拜仪式，纪念这位遭暗杀的领袖。斯塔申斯基注意到法庭上不寻常的着装，但不知他是否想到这与三年前的事件有关联。[1]

当日，班德拉的追随者和悼念者对首席检察官阿尔班·库恩（Albin Kuhn）采取的立场感到十分高兴。库恩博士是一位年长的绅士，秃顶，戴着圆圆的眼镜。他代表政府对博格丹·斯塔申斯基提起公诉。对于被告来说，库恩的讲话绝不是什么好消息。库恩说斯塔申斯基在谋杀案发生时就知道，喷雾枪会杀死受害者。他将斯塔申斯基的罪行定义为“谋杀，也就是危险的杀人行为”。检察官承认斯塔申斯基是为克格勃做事，是国家手中的工具，而这个国家采取了杀害政治对手的手段，但他拒绝将克格勃视为一个军事组织，并宣布克格勃的命令不合法。

库恩在陈述结束时说：“法律规定谋杀绝对应受到惩罚， 266
在本案中不能考虑被告有减轻罪责的情况。”他要求法庭因两项谋杀罪判处斯塔申斯基两个无期徒刑，并因从事间谍活动再加三年刑期。不管美国国会议员克斯滕来参加审判之前在华盛顿听到了什么有关赦免协议的传言，看来都不是真的。如众人所料，斯塔申斯基暗示苏联领导人在国外组织政治杀戮，但检察官并没有表现出宽容姿态来作为回报。斯塔申斯基的境遇似乎不妙。[2]

接下来发言的是诺伊维尔特。无论是斯塔申斯基还是他的律师，都没有想过从诺伊维尔特这里能听到什么好话。前几天的问话表明，他不仅对斯塔申斯基所谓的转变持怀疑态度，而且对苏联和乌克兰政治及历史的细节也很了解。乌克兰民族主义者组织的成员认为，在质询的过程中斯塔申斯基已经暴露了他的真面目。法庭上的一个班德拉追随者写道："斯塔申斯基对待询问他的律师言语粗野，应付慌乱且应答无礼，使人对他有了完全不同的看法。直到此时他的真实面目才显露出来：对他所依赖的人唯命是从，对那些他不害怕的人则公然蔑视。他甚至还嘲笑那些人。事实证明，他本质上还是一个克格勃特工，一个'苏联'人。"[3]

记者维托斯金斯基称斯塔申斯基在撒谎，但他用的手段并非歪曲事实，而是略去了人生中重要的一部分。他指的是斯塔申斯基家人参与民族主义的地下活动，以及他背叛自家姐妹的动机。其他记者则质疑斯塔申斯基加入秘密警察是否真的是为了拯救自己的家人。总部位于巴黎的乌克兰人报纸《乌克兰消息报》（*Ukraïns'ke slovo*）写道："斯塔申斯基刻意隐瞒原因，这其中肯定还有别的动机。"民族主义者希望斯塔申斯基能多说一些他被召去基辅接受训练之前参与镇压乌克兰地下组
267 织的事情。斯塔申斯基拒绝了，诺伊维尔特问他多久参加一次反叛军行动，他说自己只是按命令行事。他们想让他说出他和同伴杀害了多少叛乱分子，以及乌克兰移民中还有谁遭到克格勃

暗杀，但他要么不知道，要么就拒绝回答。他们也想让他描述己方战友如何英勇地进行地下斗争，但他不愿说。

最后，班德拉的追随者对他叛逃西方的动机也提出了质疑。“斯塔申斯基逃到西方，并非因为他是个‘幡然悔悟’的布尔什维克，”维托斯金斯基写道，“他是出于为自己着想的理由。”班德拉的追随者在审判后发表的一篇文章中，阐述了他们如何理解这些真实的动机。文章称斯塔申斯基的叛逃是“一个完全合乎逻辑的步骤，因为他发现克格勃的莫斯科领导层对他及妻子的不信任感明显与日俱增。……他作为一名特工为克格勃工作了这么久，自然知道这个机构不会一直容忍可疑的伙伴或人员，这些人对他们共同犯下的秘密罪行知道得太多”。斯塔申斯基不过是自私地为了活命而出逃的，并非因为心意有了任何改变。[4]

班德拉的追随者有充分理由对一名克格勃刺客的供认表示怀疑，此人一夜之间成为媒体的宠儿，成了忏悔和坦白的象征。他们有充分理由质疑他说自己对乌克兰的解放斗争一无所知，因为他的家人都是村子里乌克兰地下组织的坚定支持者。他当然知道他的叔叔发生了什么事——1941 年 6 月苏联人离开利沃夫后，他的尸体在城市的监狱中被发现。

斯塔申斯基叛逃并非出于忏悔，而是为了活命，这一观点也得到克格勃的前领导认同。1964 年叛逃到西方的克格勃官员尤里·诺先科（Yurii Nosenko）告诉中情局的审讯人员，斯塔申斯基曾在公寓里发现窃听器，他一定害怕克格勃会暗杀他。如他所知，在斯大林时代参与政治敏感行动的特工经常会遭遇这种结果。具有讽刺意味的是，班德拉的追随者和克格勃 268
似乎在一事上不谋而合：斯塔申斯基是个不能信任的叛徒。[5]

诺伊维尔特在最后陈词时表示，他并不想代表班德拉一家来复仇。班德拉家是一个牧师家庭，他们在为乌克兰争取自由的斗争中失去了三个儿子。但当诺伊维尔特称斯塔申斯基是叛徒，潜入乌克兰地下组织是背叛了妹妹对他的信任，这听起来确实像是报复。斯塔申斯基开始在座位上动起来，观众可以看到血色涌上他的脸颊——这在审判期间是很少见的。但这还没结束，侮辱人的比喻还在后面：他接着说斯塔申斯基的克格勃主人把他像一条狗一样训练，就是为了杀害无辜的受害者。尽管如此，诺伊维尔特和库恩一样，也认可了斯塔申斯基精神转变的辩护词。“这个人是教养方式的产物，就像以前巴甫洛夫训练的狗一样，但后来这个女人出现了，”诺伊维尔特说，他指的是英格·波尔，“她是那个最终为我们（西方）体系辩护的人，也唤醒了他的良知。”

但诺伊维尔特向斯塔申斯基表达的同情也就到此为止了。“不管我们从什么角度来考虑这个案子，”律师继续说道，“都不可能像在忏悔室中那样，坦白一切就可以得到宽恕。我们是在法庭上。无论我们多努力寻找人性的弱点，总有两个人被谋杀，两条生命遭到毁灭。”法庭里班德拉的追随者对诺伊维尔特的演讲技巧印象不太好——他很紧张，说话的声音也很低——但他们喜欢他表达的内容，除了有关斯塔申斯基的，还有涉及他们为独立而奋斗的事。“根据我们西方传统的原则，这种斗争是神圣的，”诺伊维尔特宣称，“正是这些乌克兰人，他们在艰难的历史进程中，向世人表明他们打算听从传统的召唤。”[6]

时近中午，法庭休庭，斯塔申斯基的前景从审判开始便一路惨淡。他已经完成了看似不可能完成的任务，让法官和公众

都喜欢他，甚至检察官和受害者的律师都认为他已经悔悟，不再是当初的杀手。但这些似乎都无关紧要。检方要求判处两个 269
无期徒刑外加三年刑期。随着时间的推移，他们的愿望似乎离实现越来越近了。

那天让人最难忘的演讲是班德拉 21 岁的女儿纳塔利娅的发言。她的讲话是对父亲的致敬。她提醒法庭，他正是在三年前的今天被谋杀的，他的猝然离世在三个孩子心中留下了难以愈合的伤口。纳塔利娅起立发言时，法庭上一片寂静，就连记者也不再翻动笔记本。她和在场的人分享了一些她与父亲的私人记忆。父亲专门从事密谋反叛，他的真实身份甚至连自己的孩子也不知道。“（我）记得有一次得了严重的中耳炎，我问妈妈那个站在床边抚摸我脸颊的陌生人是谁，”纳塔利娅激动得声音微微发颤，“那时我已经完全忘记了父亲的样子。”她指的是战后的几年，班德拉与家人分开，妻子带着孩子住在米滕瓦尔德（Mittenwald）难民收容所里的情景。[7]

即使到 20 世纪 40 年代末，一家人在同一屋檐下团聚之后，纳塔利娅也有很长一段时间既不知道自己的真实姓名，也不知道父亲的身份。纳塔利娅回忆说：“13 岁时我开始阅读乌克兰报纸，读了很多关于斯捷潘·班德拉的报道。渐渐地我留意到经常和父亲在一起的许多人的姓氏，我开始有了自己的结论。有一次一位熟人不小心失言，我才确信父亲真的是斯捷潘·班德拉。但即便在那时，我也意识到我不敢让弟弟、妹妹知道这个秘密，因为如果他们无意中泄露真相，就会非常危险。”

纳塔利娅·班德拉的讲话给观众带来一种此前的审判证词中完全没有出现过的情绪——这是一场由斯塔申斯基的行为

引发的人间悲剧。纳塔利娅和她父亲的伙伴一样，身穿黑色衣
270 裙。她提醒观众注意斯塔申斯基的证词，他在证词中说，联络官谢尔盖·达蒙向他保证，班德拉的孩子们成年之后会感谢他所做的一切。纳塔利娅说，除非克格勃绑架了他们，对他们实施再教育，才会有这种可能，就像他们对乌克兰反抗军首领之子、十多岁的尤里·舒赫维奇（Yurii Shukhevych）所做的那样。对班德拉的孩子们来说，他是生命中最高的道德权威，是为上帝和乌克兰而死的英雄。“他是这一崇高理想的化身，”纳塔利娅说，“他将永远是我生命的指引，也将永远是我的兄弟姐妹和乌克兰所有年轻人生命的指路明灯。”[8]

公众和法官显然都被这番讲话打动。斯塔申斯基眼睛低垂，脸色变得比平时更苍白。

44　魔鬼代言人

午餐休息结束后，雅古施法官立即请里贝特家的米尔律师 271
发言。到目前为止，他讯问斯塔申斯基时的态度和诺伊维尔特一样强硬而咄咄逼人。和首席检察官库恩一样，米尔拒绝接受斯塔申斯基是被胁迫实施谋杀的说法。但是，对于检察官称斯塔申斯基以欺骗方式实施谋杀的指控，米尔同样不采信。关键是发生了什么类型的杀戮。根据德国法律，最严厉的惩罚是针对“暗害”（Meuchelmord）或称“阴险毒辣的谋杀”行为的，那意味着斯塔申斯基知道他的受害者无法自卫，对即将发生的袭击毫无知觉。“里贝特无力自卫吗？他轻信他人吗？”米尔向法庭提问道，然后用否定的口吻回答了自己的问题：“里贝特爬上楼梯时的状态，他肯定不是毫无防备的。信任的概念在这里也无关紧要。”米尔认为里贝特身体健康，他有能力保护自己免受攻击。他接着说：“‘暗害’的概念，通常非专业人士乐于使用，（它）……在本案中并不适用。”米尔的论点出人意料地削弱了控方在此案中的一个关键因素，即斯塔申斯基出其不意地杀害了一个毫无防备的受害者，如果按此定罪，他 272
应该受到最严厉的惩罚。

但是，米尔对检方论点的意外攻击并没有到此为止。他还坚称，鉴于斯塔申斯基在苏联接受的思想灌输以及他对共产主义的信念，指望他在第一次接到犯罪命令时就叛逃到西方是不合理的。米尔引用里贝特遗孀达里娅的话来结束这段令人讶异的发言，他代表的是这位遗孀的利益，看来这位原告所诉求的利益与其他人不同。“尊敬的审判庭！”米尔说，“以里贝特夫人的名义，我必须再次向你保证，她对斯塔申斯基没有丝毫的仇恨，而是同情，她这样做是对的……轻判也就够了，因为斯塔申斯基的行动意味着他将背负良心的重担，他要为两个人的死亡负责。这一点他永远也摆脱不了。”[1]

这是怎么回事？法庭里的许多人都被米尔的讲话惊得目瞪口呆。这位律师是站在谁的一边？他为什么要求对凶手从轻发落，而且还质疑控方论点的法律依据？接下来由达里娅·里贝特发言，她的讲话倒让问题清晰起来。这位 49 岁的妇女面容看来开朗坦诚，薄薄的嘴唇展现出坚强的意志和决心。她从被害人家属和律师坐着的桌子后面站了起来，然后用带有浓重口音的德语告诉法庭，由于她在语言表达方面有些困难，并且希望尽可能地准确表达，她将阅读一份书面声明。这份声明是由达里娅 20 岁的儿子安德里从乌克兰语译为德语的，此时他正坐在她身旁，随时准备在需要时施以援手。

“首先，”达里娅说，“我得说我感觉在这次审判中担任共同原告的角色并非易事。因为这里有一个问题：我要谴责谁？如果要我真诚而准确地回答这个问题，那么答案如下：指控应该针对那些下令的人，俄国布尔什维克政权，苏联体制。这个体制无情地要求人们融入其中，不管个体的死活；在这个体制
273 下，这些人也成为机械的部件。”和诺伊维尔特一样，达里娅首先攻击的是苏联的制度。但与班德拉家律师不同的是，她准备将几乎所有的责任从执行犯罪命令的人转移到发出指令的人身上。“我对被告没有恶意或仇恨，”她宣称，“我也可以代表

我那快要长大成人的儿子说同样的话，更确切地说，代表我的两个孩子。从纯粹个人的角度来说，被告可能会受到同情，我也不认为对他施以严厉的惩罚有什么重要意义。我认为斯塔申斯基的案例完全是一种现象，它同时折射出我国人民的悲惨命运。”

安德里后来回忆说，母亲的话在法庭上遭到了怀疑。但它们给斯塔申斯基留下了深刻印象，他的举止明显变得更好了。安德里完全支持母亲在斯塔申斯基惩罚问题上的立场。里贝特一家希望这首先是对苏联政权及其镇压乌克兰民族运动所采取的方式的审判。从她的声明和后来的著述中可以看出，达里娅准备把斯塔申斯基看作苏联政权的受害者，而不是班德拉追随者眼中的行凶者或叛徒。她希望随着审判公之于众，将改变西方对待乌克兰移民以及他们所致力的独立运动的态度，而审判的消息也将传到乌克兰，“给那些被蒙骗的人有再一次认真思考的机会”。[2]

不久，斯塔申斯基又从另一个意想不到的源头得到了帮助。在庭审过程中，班德拉家的律师团队中既高调且在政治上颇有权势的克斯滕似乎也倒戈了。克斯滕在庭审的大部分时间里一直保持沉默。虽然他的身份只是诺伊维尔特的顾问，但许多人认为他是代表班德拉家的三名律师中最资深的人物。从休庭期间拍摄到的照片中可以看出，他在两位同事中间非常自信地跨步而行，一只手还揣在裤子口袋里，而身边的诺伊维尔特拄着拐杖一瘸一拐，矮小的帕多奇提着公文包。这其中谁是最有影响力的，不言自明。美国统治着世界，它的支持不仅对西
柏林的存续至关重要，对西德本身也是如此。每个人都知道克 274
斯滕不是普通的美国人：他在华盛顿的最高层都有人脉。

克斯滕在法庭上用英语发言，运用了丰富的演讲技巧，说话的口气就像在美国的法庭上一样。他每说完一段话就会停下，等翻译译成德语。与达里娅以及她的律师一样，克斯滕来这里并不是为了紧盯着斯塔申斯基不放。正如他在两周前写给参议员托马斯·多德的信中阐述的那样，他的主要任务是揭露苏联对西方世界的威胁，尤其是苏联政府欣然杀害政治对手的嗜好。“如果斯塔申斯基没有叛变，”这位前国会议员声音洪亮而清晰，“某天或会在纽约街头发现联合国代表中顽固的反苏人士的尸体，死于这一苏联科学杰作制造的‘心脏病发作’。”他把杀害两名移民领袖的事件，放到了苏联对乌克兰政策及乌克兰解放运动的大背景中。他提到了 1932 ~ 1933 年的乌克兰大饥荒、20 世纪 30 年代末的大清洗以及 1954 年在哈萨克斯坦肯吉尔（Kengir）残酷镇压古拉格起义——那里一半以上的囚犯是乌克兰人，其中不少人曾是乌克兰反抗军的士兵。

克斯滕的讲话给斯塔申斯基带来了新的希望。这名美国国会议员宣称：“班德拉夫人不是来找斯塔申斯基寻求报复的，而是为他伸张正义。他知道自己并未在犯罪过程中被捕，而是叛逃西方自愿讲述了苏联政府的全部罪行以及他在其中扮演的角色。”克斯滕认为，审判的真正目的是揭露苏联权力最高层的“真正罪犯”。“这起案件已证明苏联部长会议的那些领导人犯有一级谋杀罪，”他对法庭表示，“法院可能无法对真正的罪犯实施惩罚。但它可以宣布做出具有历史意义的判决，认定苏联政府犯有谋杀罪，这一判决将使深受苏联政府阴谋之苦的大部分人感到振奋。”对斯塔申斯基来说，审判过程中的心
275 情肯定是跌宕起伏，因为紧接着克斯腾之后就是帕多奇发言，

他不仅指责莫斯科的苏联领导人，对暗杀者本人也绝不放过。[3]

但随后斯塔申斯基的律师塞德尔发表总结陈词，正义的天平又开始向有利于他的一方倾斜。在整个审判过程中，斯塔申斯基一直坚持原先的说法：他认为争取乌克兰独立的斗争徒劳无益，在他犯下罪行时，他相信共产主义理念。他是在杀人之后才发现真相并为自己的行为后悔的。塞德尔很乐于在对法庭的最后陈词中加强这种叙述。塞德尔给在场者留下了深刻印象。“他说话声音很平静，但很自信，对案件的处理能力也非常出色，”班德拉的一名追随者在关于审判的报道中写道，“他巧妙地利用了前面发言律师的所有错误和不恰当的表述来减轻他当事人的罪责。”达里娅·里贝特的亲密伙伴弗拉基米尔·斯塔希（Volodymyr Stakhiv）当时也在法庭上，他写道：“赫尔穆特·塞德尔博士的辩护发言专业而精彩。”[4]

“我为斯塔申斯基辩护，他是一个普通人，一个像你我一样的人，”塞德尔告诉法庭，“一个农民的儿子，意外和命运使他陷入困境：这个人与我慢慢熟悉，最初有些内向和保守，但后来感到这是一个温柔快乐而坦诚的人，而且此人具有非凡的记忆力。所以当看到本人和他的行为之间有如此大的反差时，真是让人莫名惊骇。”塞德尔解释说这种反差是由斯塔申斯基成长的环境造成的，他从小就被灌输了马克思主义意识形态、苏联的爱国主义以及对上级的绝对服从。“站在法庭前的这个人，他来自一个盛行着与我们完全不同的伦理和道德观念的国家。他被告知没有所谓的个人自由，自由就是自觉自愿地从事不可逃避的事情。还有谁能比苏联部长会议更能建立这个让人无可逃避的体系呢？”

塞德尔向法庭表示，检方认为克格勃不是一个军事组织，

276 斯塔申斯基不可能在胁迫下行事，他不打算反驳检方的说法。但是，塞德尔个人认为克格勃的纪律比军队更严格。尽管如此，他也不会以“服从命令”为理由为被告辩护。相反，他辩称斯塔申斯基是根据克格勃灌输的教条意识形态，杀害了里贝特，而他暗杀班德拉是出于担心如果不这样做，他自己就会成为下一个目标。接下来他阐述了自己的主要论点：“我要说的完全符合我深切的法律信念，我认为被告不是罪犯，而是罪犯的从犯。”

塞德尔的讲话改变了法庭上的气氛。这位律师似乎找到了完美的办法，只有把斯塔申斯基说成是谋杀的从犯，既谴责苏联对本国公民和国外反对者的所作所为，也惩罚杀手。而杀手的忏悔和证词使整个世界意识到苏联政权带来的危险。达里娅后来回忆说，诺伊维尔特意识到法官们的情绪变化，发表声明说他不坚持对被告判处无期徒刑。但首席检察官库恩坚持自己的观点，希望对被告所犯的两起谋杀案各判处一个无期徒刑。

在这场决定他命运的审判中，博格丹·斯塔申斯基是最后一个发言的人。“我只能说，”斯塔申斯基说道，脸色如以往一样苍白，“我已经说了我所能说的一切。我的证词，其实也是我悔改的见证。我意识到我的罪行，我只能要求尊敬的法庭更多地以仁慈而不是法律为指导。”他的证词确实是他能在法庭上打出的唯一一张牌，而他运用得很好。如果克斯滕说得对，当局和斯塔申斯基之间达成了协议，那么他显然是在履行己方的义务，给西方世界呈上了迄今为止揭露苏联政治杀戮行为的最严厉证词。

审判到此结束。雅古施宣布判决结果将于 1962 年 10 月 19 日星期五上午 9 点公布。斯塔申斯基、受害者家属以及整个世界都要再等上漫长的四天才能得知判决结果。[5]

45 判决

10月19日上午，准备听取斯塔申斯基案判决结果的记者 277
们慢慢聚集起来，谁都无法预测会有什么结果。审判的最后一天，他们目睹了一场“紧张的法律较量”，这是雷金纳德·佩克（Reginald Peck）在《每日电讯报》（*Daily Telegraph*）上报道的措辞。不仅控方和辩方对这两起谋杀案的定义不同，受害者的家属似乎也在到底谁才是主犯的问题上存在分歧——是斯塔申斯基还是苏联政权。前一天，东柏林的《柏林报》（*Berliner Zeitung*）发表了一篇长文，再次声称杀害班德拉的是莱因哈德·盖伦及其手下。这家报纸指责雅古施以及法庭听从了西德政府的命令，用反共言论来取代缺失的证据。该报宣称：“无论法庭的判决结果是什么，有一件事可以提前下结论：判决中不会有真相。”[1]

上午9点刚过，雅古施就开始宣读判决结果。文件内容很长，法官从被告的生平简历开始朗读。几分钟之后，他才对控方和辩方提出的论点进行评说。雅古施说：“联邦最高法院刑事上诉法庭同意这项指控，因为两项罪行构成了毒药谋杀。”这对控方而言明显是取得了胜利。不幸的是，对于班德拉阵营
来说，控方可能赢得了这场战役，但即将输掉整场战争。“刑 278
事上诉法庭，”雅古施继续说道，“……同意辩护律师的意见：在这两起案件中被告都不是谋杀的主犯，虽然他单独进行了杀

人行为，但只是一个杀手、一种工具。肇事者，也就是说凶手，是那些负责密谋和策划谋杀的人，包括选定受害者、时间、地点和谋杀方法的最后细节。”

这里是审判的关键，雅古施和其他法官都站在辩方一边。控方认为，“一个人如独立地完成此事，毫无例外应被谴责为罪犯”。雅古施反对控方的这种说法。为何会这样？雅古施说，因为只要有“策划政治谋杀并发布这种命令的国家”，只要“他们会……在意识形态上训练部分臣民”执行这些命令，对这些国家的公民就不能以与其他国家相同的标准来评判。雅古施举了纳粹德国的例子，以来说明国家和国家的意识形态对普通公民的影响。“在道德上抵制这些负面力量的人，会在大众中孤立无援。”法官说，他本人就经历过这一时期。“屈服于这些力量的人是屈服于由官方控制的、一种巧妙而强大的大众影响力。他们并没有犯罪学一般范畴下的犯罪动机。”[2]

如果斯塔申斯基真的只是谋杀的从犯，而真正的行凶者在莫斯科，法庭又能采取什么行动呢？雅古施和西德司法系统对谢列平几乎无能为力，更别说赫鲁晓夫了。正如雅古施所说：“既然他们在外国主权国家的领土上担任高级职务，我们想让正义得到伸张的努力也鞭长莫及，尽管从长远来看，没有人能逃脱正义的惩罚。”另一方面，目前斯塔申斯基倒是在法院的管辖范围内。雅古施继续说：“本庭宣布的判决并不是要摧毁
279 被告，而是要在人力所及的范围内，帮助他赎罪。这两起谋杀案分别判处六年徒刑，叛国罪刑期为一年。总共判处八年徒刑，足以赎罪。待审羁押期间可折抵刑期。”[3]

在雅古施宣读完判决时，法庭里没几个人能完全理解刚才那一幕的重要性。两起谋杀案仅判八年？想到检方是要求判处

两个无期徒刑，这个落差尤其令人震惊。事已至此，班德拉的追随者打算摆出一副勇士的面孔。他们也是为了控诉苏联、为自身的斗争寻求国际合法性而斗争——这两个目标都已经实现。但是，他们希望看到斯塔申斯基被判为乌克兰叛徒的愿望没有达成。达里娅·里贝特和她的乌克兰移民圈子采取不同的立场，他们更多地把斯塔申斯基视为受害者，而不是行凶者，法院的裁决似乎支持了他们的立场。

不少班德拉的追随者和同情乌克兰民族主义者组织的人对这项判决表示失望，其中也包括在判决结果公布前就离开了卡尔斯鲁厄的帕多奇。10 月 19 日，帕多奇从美国写信给班德拉的继任者伦卡夫斯基，后者是当时乌克兰民族主义者组织的最高领导人，两人在慕尼黑时是莫逆之交。他写道："斯塔申斯基被判八年徒刑的消息刚刚传来。尽管没有哪个检察官希望对他进行严厉的惩罚，但仍然很难想象：剥夺了两个人的生命只被判八年徒刑。太便宜他了，这是微不足道的代价。"他还说在美国主要的乌克兰语报纸《自由报》（*Svoboda*）上，这则判决的新闻与另一篇关于利沃夫苏联法庭判处一名被控行贿的人死刑的报道并列出现。帕多奇显然很失望地写道："两种制度，两种人文主义标准。"

帕多奇竭力想弄明白西德法庭为何如此异乎寻常的宽大处理。他怀疑这一判决是斯塔申斯基与美方达成协议的结果，而不是克斯腾曾说的与德国检察官达成的协议。"他可能是花钱买的，用另一种货币支付，"判决公布当天，心灰意冷的帕多奇对伦卡夫斯基写道，"他可能花了不少时间和我们的美国调 280
查人员打交道。"有这种想法的不只他一个。美国合众国际社（United Press International，UPI）的一名记者在对判决的评论中最后写道："他们认为他太有价值了，盟军的情报部门可不能任由他在服刑中砸石头累死。"[4]

斯塔申斯基案的判决在德国引发轰动。西德媒体的评论存在分歧，看看接下来几天发表的文章就能说明些问题。汉堡的《图片报》（*Bild-Zeitung*）记者写道："年度大案判决——凶手安坐莫斯科。"《莱茵邮报》（*Rheinische Post*）的记者评论道："轻判——是引狼入室。"《巴登日报》（*Badische Zeitung*）的记者写道：普通人没法理解，怎么会认为一个杀手仅仅是谋杀的从犯。

这一判决触及了德国二战后政治历史以及身份认同等高度敏感的基本话题，其中之一就是纳粹的遗留问题。首席检察官库恩在庭审最后一天就法律判定问题的发言，以及首席法官雅古施在判决书中都提到了最近的纳粹历史，但两种提法的性质完全不同。库恩回顾了纳粹的过去，指出德国自身在极权主义方面的经验不应使德国法院更宽容地对待这些代表国家犯下的罪行。库恩说："我们德国人没有理由只批评别人，因为我们还没有处理好自己的过去。然而，暴力行为并不因为由他人犯下就降低了其严重性。"另一方面，雅古施则主张德国人自己也知道要抵挡政府的集体洗脑是多么困难。他认为斯塔申斯基不是自愿或狂热的凶徒，也不是一个"乐于服从元首、以更大的力度执行命令的艾希曼（Eichmann）类型的人"。他说："被告当时是个可怜的魔鬼，思想上被误导和迷惑，迫于命令的压力不由自主地行动。"[5]

许多人立即意识到开创这种先例是多么危险。《法兰克福评论报》的记者写道："审判庭庭长雅古施在对判决的解释中说，德国人应该对像斯塔申斯基这样的人，这种按命令行事的

刺客，特别能够理解。这话说来不讽刺吗？……难道他不知 281
道，这个判决多么近乎改变一个政府的原则，对这样的政府来说，谋杀不是犯罪。”汉堡《图片报》的读者给报纸致信道：“现在，对根据希特勒命令进行的谋杀的所有判决都必须重新审查了吧。”[6]

自纽伦堡审判纳粹战犯以来，西德法院普遍驳斥了纳粹行凶者只是服从命令的说法。现在联邦刑事法庭和批准其裁决的高等法院，正戏剧性地扭转了这一政策。两家法院都正式驳回斯塔申斯基案中“在命令胁迫下行事”的辩护，但这一裁决为纳粹罪犯辩护开辟了新途径，现在他们也可以声称自己只是谋杀的帮凶，而主要罪犯，包括希特勒、希姆莱、戈林和其他第三帝国的高级官员，早已命归黄泉。

几乎无人怀疑，这一判决受到与冷战直接相关的宏观政治形势的影响。有些人对此表示乐于接受，有些人则觉得可悲可叹。汉堡《图片报》有读者写道：“这一判决完全正确。我们希望由于这个人悔罪，擦亮了许多西方人的眼睛，才有可能正确评估莫斯科方面的政策。”也有人不同意：“这太可怕了。我们是法治国家还是暗杀政策的走狗？”[7]

对公众和政治精英来说，强大的邻国苏联侵犯了西德主权是另一个高度敏感的问题。判决宣布后不久，西德政府首席发言人卡尔－金特·冯·哈泽（Karl-Günther von Hase）发表声明称：“外国势力认为可以完全无视人类法律，在我国草菅人命，这是骇人听闻的事实。”媒体问政府是否会对苏联采取实际行动作为回应。“那西德打算怎么办？”卡尔斯鲁厄的《巴
登州新闻报》记者问道，“对我联邦国家主权的无理侵犯已得 282
到证实。里贝特和班德拉是因苏联命令而在慕尼黑被谋杀的。

刑法和国际法遭到蔑视。没人能安全逃脱来自莫斯科的袭击——不管在哪个国家，不管是何人。”但政府并不急于采取行动。《巴登州新闻报》那篇文章的作者说得没错。面对一个崛起中的共产主义超级大国，任何一个欧洲国家都不会感到安全，尤其是西德。因为这个超级大国为了获得与美国平等的地位，甚至打算改变游戏规则。[8]

西德议员开始要求政府做出正式回应。1962 年 12 月 7 日首次提出时，西德政府回避了这个问题，推说卡尔斯鲁厄高等法院还没有拿出正式判决。经过再三要求，西德政府于 1964 年 4 月向波恩的苏联大使馆发出正式照会。照会上写道：“鉴于联邦法院已经确定两项罪行……都是根据苏联政府部门的命令犯下的。联邦政府提请苏维埃社会主义共和国联盟政府注意，这种行动严重违反普遍公认的法律原则，特别是国际法。”照会以惯常保证相互尊重的措辞结束：“外交部借此机会向苏维埃社会主义共和国联盟大使馆保证它将受到高度尊重。”苏联当局对此未予理会，西德官员也未要求他们做出回应。[9]

第七部　分离

46　信函未复

审判结束一年多后的 1963 年 11 月 7 日，克斯滕给肯尼迪 284
总统写了一封信。克斯腾希望能把现在关押在西德监狱的斯塔申斯基带到美国来，在调查苏联海外暗杀事件的参议院委员会面前作证。这位总统不仅和克斯滕一样信仰天主教，而且都有反共的经历，也是他最后寄予希望的人。

克斯滕认为斯塔申斯基能否前来作证是件国家大事。他介绍了斯塔申斯基经历的要点，并指出“在他叛逃之前，斯塔申斯基正在接受针对英美高层的暗杀训练。毫无疑问，还有其他人也在接受这种培训”。他希望总统能让国务院放弃异议，允许斯塔申斯基进入美国。“我认为你会同意我的观点，”他写道，“全面曝光极端的破坏活动是防止它们发生的最好办法。”在信的结尾，克斯滕追忆了两人在 20 世纪 40 年代末曾是美国国会中共同反共的斗士。他还忆起“1947 年在威斯康星州密尔沃基曝光了共产党人的行动，打破了共产主义力量打算控制该地区工业的阴谋”。克斯滕还附上了两人一同前往密尔沃基组织共产主义渗透工会一事的听证会时的照片。[1]

克斯滕希望斯塔申斯基一案能尽量吸引媒体报道，得到公 285
众关注。审判结束后，他立即发表声明称：“德国最高法院的裁决是公正的，是真理的伟大胜利。判决揭露了苏联政府才是真正的凶手。”克斯滕表示他将代表雅罗斯拉娃·班德拉向海牙国际法庭和联合国人权委员会（Human Rights Commission of the United Nations）提起针对赫鲁晓夫和苏联政府的诉讼。克斯滕在西德期间，甚至与海德堡大学的著名国际法专家赫尔曼·莫斯勒（Hermann Mosler）教授进行了交流，讨论将此案提交联合国的可能性。克斯滕回到美国后，曾就此事与乌克兰朋友一起进行战略规划，并拜访几位驻联合国的外国代表，但该项目始终未能启动。[2]

克斯滕结束卡尔斯鲁厄之旅回国后，对未能将此案提交联合国深感失望，遂投身于希望美国国会就斯塔申斯基案举行听证会的活动。这次活动由全国被俘民族委员会主席多布里扬斯基教授牵头。1963 年 2 月 19 日，克斯滕写信给他的老朋友、美国参议院内部安全小组委员会副主席、康涅狄格州参议员托马斯·多德，敦促多德也参与此事。克斯滕写道：“我知道你完全明白，我们担心的不仅仅是古巴发射导弹。”他指的是不到半年前的古巴危机。“还有苏联人在世界各地使用邪恶的颠覆策略。在这种情况下，只要是反对苏联的美国官员，即使他级别再高，也有可能遭遇不知来自何方的、迅捷无声的暗杀。”克斯滕给小组委员会的高级成员、纽约州参议员肯尼思·基廷（Kenneth Keating）也写了一封这样的信。基廷向多德提起这件事，多德表示对这个想法有兴趣，两人都在 1963 年 3 月对克斯滕的来信做出了回应。

多德在给克斯滕的回信中写道：“我同意你的观点，此案可能会为我们提供契机，推进我们调查苏联恐怖组织实施的刺激和诱导自杀等问题。”他答应与委员会的同事进一步讨论此
286 事。克斯滕给他的老朋友回信，鼓励他继续推进听证会事宜。克斯滕援引内部安全小组委员会早前的一份报告称，他们调查

了一些可疑的政治谋杀案后，无法找到“确凿的证据证明苏联……曾涉足其中或将谋杀伪装成自杀”。克斯滕写道，斯塔申斯基案的审判就是拿出了确凿的证据。[3]

多布里扬斯基是举行听证会的主要倡导者，他认为应该把斯塔申斯基带来美国，让他成为明星证人。多布里扬斯基后来回忆道：“我的感觉是我们应该把这一切戏剧化。如果把斯塔申斯基还有其他许多人集中到这里，我们可以给世人展示莫斯科下令进行政治谋杀所产生的影响。尤其是西德最高法院控诉苏联政府多过谴责斯塔申斯基个人，此时我们认为此举确有必要。”然而，国务院不予批准。官方认为后勤保障困难太大，还有安全问题，但多布里扬斯基认为缺乏支持的原因是“当时美国希望和苏联全面缓和的局势”。[4]

到 1963 年夏天时，美苏关系发生了戏剧性变化——变得越来越好。1961 年夏秋时节的柏林墙危机和 1962 年 10 月的古巴导弹危机已经成为过去。1963 年 7 月，美英苏三国谈判代表就《部分禁止核试验条约》的条款达成一致意见，这是限制核武器至关重要的第一步。次月，肯尼迪和赫鲁晓夫在白宫和克里姆林宫之间架设了热线电话，以便于解决未来可能出现的危机。肯尼迪批准了价值 25 亿美元的协议，将美国小麦出售给苏联，旨在缓解苏联严重的粮食短缺问题。10 月 7 日，肯尼迪在顾问和国会领导人在场的情况下签署了限制核试验的协议。这是他与赫鲁晓夫关系的重大转折，标志着短暂的美苏友好关系达到了顶峰。此时看来克里姆林宫的主人终于幡然醒悟，他正急于购买美国小麦，也承诺不再进行核武器试验，没人对斯塔申斯基案或克里姆林宫主人下令进行政治谋杀的事感兴趣了。[5]

287 克斯滕写给肯尼迪总统的信，强烈要求他支持在参议院就苏联暗杀事宜举行听证会的想法，始终未得到回应。1963 年 11 月 22 日，克斯滕的信寄出两周后，总统在达拉斯遇刺身亡。克斯滕的信函复印件转交给了联邦调查局。克斯滕曾预测苏联可能从哈瓦那派遣训练有素的杀手，来暗杀美国反共的领导人，联邦调查局怀疑预言此时已成现实。李·哈维·奥斯瓦尔德与克斯滕提出警告的那类由莫斯科训练、哈瓦那指使的杀手形象惊人地吻合。赫鲁晓夫和谢列平这次是在指挥杀害美国总统吗？——谢列平当时以党和国家监察委员会主席的身份拥有巨大权力，而且很快将被任命为苏共主席团委员。这种假设吓坏了许多美国人。如果确实是这样的话，应该如何应对呢？难道要打一场全面的核战争吗？[6]

许多美国政客，包括政府最高层官员，都为这些问题而彻夜难眠。尽管奥斯瓦尔德长期留在苏联、他有苏联妻子以及他与古巴移民的关系，政府调查人员仍在努力强调实施暗杀仅有一位枪手的理论。对于在班德拉遇刺期间担任中情局慕尼黑站站长的威廉·胡德来说，这是他任内又一起备受瞩目的暗杀事件，但这次暗杀具有更大的政治意义和潜在影响。20 世纪 60 年代初，胡德从德国调职到中情局总部兰利，他是少数几名过目并签署了一份电报的中情局官员，电报中未能披露奥斯瓦尔德最近因与反对卡斯特罗的移民发生争吵而被捕。而在肯尼迪遇刺前几周，他还曾协助联邦调查局从监视名单上删除奥斯瓦尔德的名字。尽管如此，胡德还是保住了工作，直到 20 世纪 70 年代才从中情局退休。不管苏联是否参与其中——1963 年时也没有人确知实情如何——几乎没有当权者准备与苏联开战，即便发生了总统遇刺事件。[7]

47 华盛顿来客

博格丹·斯塔申斯基在狱中过着单调平静的生活，1964 288
年4月10日星期五，本来又是一个平常日子。那天早上他被转到卡尔斯鲁厄高级刑事法庭，一年半前他曾在那里接受审判。他们想让他见见一位来自海外的贵宾，美国参议员托马斯·多德。斯塔申斯基也被列入了多德此次出访要会见的人员名单，这份名单中还包括西德新任总理路德维希·艾哈德（Ludwig Erhard）、其前任康拉德·阿登纳、首席联邦检察官路德维希·马丁（Ludwig Martin），以及审判斯塔申斯基时的主审法官雅古施。

这位参议员后来称不管他在来访中还要与谁会面，他的首要目的是想见斯塔申斯基先生。这次会面有斯塔申斯基案的检察官奥伯勒博士（Dr. Oberle）和一些美方官员在场——美方人员中有些人是跟随参议员从华盛顿一路赶来，有些人则来自美国驻波恩大使馆。参议员多德前往卡尔斯鲁厄看望斯塔申斯基的计划，实际上已经酝酿了很久。[1]

肯尼迪遇刺事件使得在美国国会举行听证会讨论苏联进行政治暗杀的想法再次得到大家关注。1964年2月，中情局为调查肯尼迪遇刺案的委员会准备了一份关于“苏联使用暗杀和绑架手段”的报告，其中涉及斯塔申斯基案的部分内容。 289
但是，如何把他带到美国的问题仍然没有解决。早在1月底时，多布里扬斯基就得知，为了推动整件事情的进展，多德参议员决定亲自去西德同斯塔申斯基以及与此案有关的西德官员会面。[2]

多德在西德逗留的日程中排满了与各种西德高层政治家的会晤，既有在职的，也有退休的。他与阿登纳的会晤定于4月8日上午，也是多德访问西德的第一个整天。阿登纳没有掩饰他对已故肯尼迪总统及其外交政策的批评。他认为肯尼迪在古巴导弹危机期间对苏联过于软弱。1962年10月，在斯塔申斯基案审判结束不久，他就曾要求美国驻西德大使将审判记录给肯尼迪过目，以此证实苏联过去的所作所为以及他们的能力所及。现在，他对美国与苏联日益增长的贸易表示担忧，特别是肯尼迪与赫鲁晓夫的美国谷物协议。具有讽刺意味的是，多德表示如果肯尼迪还活着，参议院很可能会否决这项协议，现在总统去世使得此事在政治上已无法操作。[3]

次日，多德前往卡尔斯鲁厄会见联邦宪法保卫局（西德反间谍机构）局长胡伯特·施吕贝尔斯（Hubert Schrubbers）博士，后者向他简要介绍了斯塔申斯基案和苏联在西德的间谍活动情况。施吕贝尔斯向多德展示的数据令人过目难忘：过去几年里西德发生了222起绑架案，大部分发生在柏林。在这些案件中，52起使用了武力，7起案件中的受害者被下药麻醉，其余的人则是被诱骗到东方。苏联间谍活动造成的威胁在西德最为严重。

4月10日是多德安排见斯塔申斯基的日子。上午，参议员与联邦刑事法庭院长布鲁诺·霍伊辛格（Bruno Heusinger）博士讨论了此案。他们也谈到正在进行审判的参与管理奥斯威辛集中营的前党卫军成员案——多德前一天在科隆旁听过审判。

霍伊辛格告诉他，奥斯威辛的罪犯和斯塔申斯基这两个案子在
法律上相互交织。他说，这两次审判都证明了“无所不能的 290
国家机器会如何改变和奴役人性”。根据多德的笔记判断，他们并没有正式讨论奥斯威辛集中营案的被告是否会像斯塔申斯基一样被当作谋杀的帮凶而不是行凶者，但霍伊辛格的评论表明有这种可能性。斯塔申斯基案的判决开创了先例，现在正影响着西德法院对纳粹罪犯的审判。在与霍伊辛格会面后，多德去见了斯塔申斯基案判决的主审法官雅古施，两人讨论了斯塔申斯基犯下的罪行以及他的未来。现在多德觉得自己已做好充分准备，要去会一会这个耳熟能详的人物。[4]

下午 2 点过后会面开始了。参议员向这位前克格勃杀手致意，说他“讲出了真相，具有重大意义”。接着多德开始发问，参议员希望斯塔申斯基能告诉他有关其他暗杀事件的情况，包括看起来像自杀的暗杀活动——多德的委员会调查这类案件已经有一段时间了。其中一起案件涉及苏联特工瓦尔特·克里维茨基（Walter Krivitsky），他于 1937 年叛逃到西方，写了一本书名叫《我是斯大林的特工》（*I Was Stalin's Agent*），揭露了苏联在海外进行间谍活动和暗杀的方式。1941 年 2 月，克里维茨基在华盛顿的一家旅馆被人发现躺在血泊中，据称是自杀。

另一起案件则涉及年轻的丹麦外交官保罗·邦延森（Paul Bang-Jensen），他拒绝向联合国提交 1956 年匈牙利革命参与者的名单，因为他认为这份名单会被泄露给苏联。1959 年 11 月，人们在纽约皇后区发现了他的尸体。和克里维茨基的情况一样，邦延森的尸体边发现了一张遗书，解释了自己自杀的原因。[5]

斯塔申斯基尽量想提供一些帮助。多德后来回忆称，斯塔申斯基描述了“自己如何杀害班德拉的种种细节……他如何

日复一日地跟踪他，掌握他的习惯，在公寓的楼梯上偶遇”。斯塔申斯基对克格勃实施的其他暗杀行动没有第一手资料，但
291 他很了解他所效力的机构的文化，能够做出有根据的猜测。他在评论此事时说：“在苏联，人们认为这是对付其他国家某些政敌的理所当然的方式。”

斯塔申斯基还告诉多德：“他有明确印象自己是作为一个覆盖全世界的机构的一部分在发挥作用。”他很清楚自己是按照苏联最高领导层下达的命令行事，也知道在公众对班德拉遇刺事件的愤怒消退之后，暗杀活动还会继续。多德在旅行日记中写道：“他说自己很明确，将分配到某个主要英语国家从事同样类型的工作。”多德参议员对斯塔申斯基暗杀班德拉时使用的喷雾枪复制品印象尤为深刻。会面持续了将近两个小时。结束后，多德去见了雅罗斯拉夫·斯捷茨科，斯塔申斯基暗杀名单上的第三号人物。[6]

多德后来回忆说他离开西德时，对克格勃的运作方式有了更深入的了解。1965 年 3 月，美国参议院内部安全小组委员会最终举行了听证会，特别关注了斯塔申斯基案件。委员会的报告以《国际谋杀公司：作为苏联政策工具的谋杀和绑架》为标题出版。主标题呼应了美国媒体在 20 世纪 30 年代和 40 年代给黑手党杀手起的名字——“谋杀公司”（Murder, Inc）。导言部分由参议员多德撰写，他指出尽管斯塔申斯基的审判“只短暂地吸引了西方世界媒体的关注”，但它理应“归入历史大审判的行列”。多德认为它的重要性如下：“在法庭上首次呈现证据确定了苏联使用谋杀作为国际政策的手段，尽管在斯大林去世后发生了所谓的‘自由化’，但苏联政府的国际谋杀机关仍在全力运作。”[7]

48　审判者

1964 年 4 月 10 日，多德离开卡尔斯鲁厄后，斯塔申斯基 292
被送回监狱。据说他在距离慕尼黑 40 英里的兰德斯堡监狱（Landsberg Prison）服刑。此时他还有五年多刑期。他的律师塞德尔已经提出了减刑申请，但不知道是否会获得批准。

不久，监狱外又传来坏消息。1964 年 6 月 23 日，英格显然不堪忍受煎熬，申请离婚。斯塔申斯基对此做何反应，我们不得而知，但不难猜想英格的动机。据《明星》杂志记者格尔德·海德曼（Gerd Heidemann）说，她担心自己的生命安全，已经开始接受精神治疗。1962 年 11 月初，在斯塔申斯基接受审判后不久，海德曼采访了英格。采访由联邦总检察长办公室的埃尔温·菲舍尔安排，菲舍尔向英格保证可以信任海德曼，不妨坦诚相待。不幸的是，她并不知道，从 1953 年起海德曼就一直为东德秘密警察史塔西工作，代号为“格哈特”（Gerhardt）。1985 年，他因出售伪造的希特勒日记而入狱，此时他仍在史塔西的活跃特工名单上。海德曼后来声称自己是双重间谍——这一说法也不会给英格带来多少安慰。[1]

斯塔申斯基在监狱里还相对安全，但他获释后会怎样呢？ 293
他去哪里找能躲避克格勃同事追杀的避风港？雅古施与参议员多德会面时曾说：“斯塔申斯基的证词非常有帮助，但待他刑满释放后，德国对他来说非常不安全。”雅古施希望“能在一个更安全的国家为他做些安排”。雅古施是支持斯塔申斯基的重要人物，但他很快就会被迫离职，留下斯塔申斯基几乎孤立无援。[2]

雅古施在宣布对斯塔申斯基的判决后不久，就开始遭遇政治麻烦。东方国家发起的宣传运动指责他是坚定的纳粹分子。随后又是《明星》杂志记者海德曼，他公布了几张照片，曝光了雅古施审理的案件中一名调查人员的面目，透露了法官将机密材料泄露给这位记者的事实。多德访问卡尔斯鲁厄数月后，情况变得更糟。1964 年 9 月，雅古施违反职业道德准则，在西德主要政治周刊《明镜周刊》上发表一篇文章，揭露一名东德间谍嫌疑人被从联邦监狱中获释，据称是为了换取东德释放多名政治犯。这篇文章质疑政府的政策以及雅古施上级在这个问题上的立场，却没有署名。1964 年 11 月初，雅古施又有一篇文章刊载于同一份杂志，因总检察长办公室批准以间谍罪逮捕《明镜周刊》的一名记者，文章对此举提出质疑。这篇文章的署名是“审判者”（Judex）——取自一部讲述神秘复仇者的热门法国电影。两篇文章都颇有争议，引起了广泛关注。各方开始搜寻文章作者，不久慕尼黑的一家报纸就把矛头指向了雅古施。[3]

联邦刑事法庭院长布鲁诺·霍伊辛格最初与他沟通时，雅古施否认了这一说法。但他很快改变主意，承认自己就是“审判者”。他在高等法院的职业生涯差不多就此结束。他冒犯了几乎所有人——反对释放共产主义国家间谍，得罪支持改善与东方国家关系的人；质疑记者以间谍罪遭非法逮捕，得罪
294 强硬派。最重要的是，他对上司和同事撒谎。自斯塔申斯基审判以来，可能是有人得到了东方国家的支持和鼓励，对雅古施

的指控甚嚣尘上，说他曾在希特勒统治下参与将德国工会纳粹化。雅古施否认这一指控，他在高等法院的上级和同僚也支持他。《明镜周刊》的文章发表后，他失去了他们的支持。[4]

1965 年 1 月，雅古施因隐瞒自己曾是纳粹党成员而被停职，一个月后允许他以健康原因退休。离开法官席后他又重新出发，后来成为德国交通法方面的权威，但他在政治上的影响仍是在斯塔申斯基案中做出的判决。这一判决对数十起前纳粹官员的审判产生了直接影响，包括于 1965 年秋季结束的对奥斯威辛集中营管理人员的审判。与斯塔申斯基案的审判相对应，此案被告也没有作为主要罪犯被定罪，而是作为谋杀的从犯。其中，集中营指挥官的副官罗伯特·穆尔卡（Robert Mulka）被判十四年徒刑，这与 1947 年华沙法院对集中营指挥官、穆尔卡的上级鲁道夫·霍斯（Rudolf Höss）做出的死刑判决大相径庭。德国议会需要七年时间才能修改刑法，消除斯塔申斯基案判决造成的漏洞。由于新法规直到 20 世纪 70 年代中期才开始生效，不少遭到指控的纳粹罪犯曾在德国法庭上引用“斯塔申斯基案”来为自己辩护。1973 年，华沙的德国秘密警察（SD）指挥官路德维希·哈恩（Ludwig Hahn）被判处十二年徒刑。他曾负责扫荡华沙犹太人聚居区，参与镇压 1944 年华沙起义。西德媒体认为对其宽大处理与斯塔申斯基案的先例有直接联系。[5]

雅古施离职后，西德司法部门最高官员中再没有一个人关心斯塔申斯基服满刑期后的安危。另外也不知道多德参议员是否曾按雅古施的提示，为斯塔申斯基寻找一处安全避风港。但多德作为一个对世界大事——对斯塔申斯基的未来——有影响力的参议员，他的日子也已屈指可数了。[6]

295 1966 年 6 月，美国参议院标准和行为特别委员会（US Senate Select Committee on Standards and Conduct）就多德的西德之行举行听证会。他的政治对手声称，他此行的真正目的是帮助朋友——美国陆军退役准将朱利叶斯·克莱因（Julius Klein）。克莱因负责在美西德公司的公共关系，曾因推广那些从纳粹政权及其罪行中获利的公司而受到批评。作为回应，其他西德公司已停止聘用他作为公关代表。现在有人指责多德去西德主要不是为了见斯塔申斯基，而是代表克莱因将军进行游说，帮助他挽回一些失去的生意。这些指控从未得到证实，但 1967 年多德因私人目的挪用竞选连任资金而受到参议院斥责。当时多德试图对枪支行业进行监管并取得了一些成绩，这次调查就是枪支行业游说人士努力促成的结果。

这位感谢斯塔申斯基说出真相的参议员一直到 1971 年才离开岗位，但在此之前他已权力与威望尽失。苏联媒体庆祝这位参议员下台。苏联有不少人认为他可以算得上是苏联有史以来最可怕的敌人之一。[7]

49 消失

汉堡的《明星》杂志率先发布消息，记者写道：“美国中 296
情局特工来接他，他们即刻坐上军用飞机前往美国。”他指的是斯塔申斯基从监狱获释。杂志记者也提到了英格的境遇。她于 1964 年 6 月与博格丹离婚，但据多年来一直帮助她的联邦检察官菲舍尔透露，她生活富足，情绪也好转了。她再婚了吗？如果是的话，嫁给了谁？谁也不知道。

《明星》杂志的报道刊载于 1969 年 2 月中旬，美联社（Associated Press）立即转载，随后世界各地的报纸都刊发了这一消息。克格勃特别留意《明星》这份杂志。当年 3 月底，克格勃驻乌克兰负责人向苏共领导人汇报了此事。在中情局内部，官员们也注意到了《明星》杂志的报道，中情局有关肯尼迪总统遇刺的文件中也留存有这一报道的副本。唯一对该消息发表公开评论的官方机构是西德司法部。1969 年 2 月 18 日，司法部一位发言人宣布当时 38 岁的斯塔申斯基已经被释放，为他的人身安全考虑而允许他离开本国。这位发言人不愿透露斯塔申斯基究竟去了哪里，但他明确表示释放斯塔申斯基已是整整两年前的事。这位前克格勃杀手仅服了三分之二的刑 297
期就被释放。[1]

自 1965 年 3 月媒体报道西德总统海因里希·吕布克（Heinrich Lübke）拒绝了斯塔申斯基律师提出的减刑申请之

后，这是涉及斯塔申斯基案的首次公开声明。此时《明星》杂志的记者写道，1966 年新年前夜斯塔申斯基获释，随后就被中情局特工接走了。报道称美方认为他是非常有价值的特工。斯塔申斯基获释后便消失无踪，《明星》杂志此文成为许多人猜测这名间谍命运的立足点。有人认为他可能已经前往美国报告情况。但对想要追踪斯塔申斯基去向的人来说，他们都已晚了至少两年。[2]

全世界都在怀疑是中情局窝藏了斯塔申斯基时，实际上中情局的专家们还在争论他们是否能信任这位前苏联特工。也许在发生了所有这些事情之后，他仍然是克格勃狡诈阴谋破坏西方安全的一枚棋子。詹姆斯·安格尔顿（James Jesus Angleton）多年来（1954～1975 年）一直担任中情局反间谍部门的负责人，他非常担心克格勃可能渗透到中情局——他认为所有克格勃叛逃者都是准备来安插的卧底。直到 1975 年平安夜安格尔顿离职后，中情局才重新审视斯塔申斯基案。

这份写于 1976 年 4 月 22 日的报告以有力的声明开头："本备忘录旨在确定是否有足够的信息支持克格勃特工博格丹·斯塔申斯基的说法，即他于 1959 年 10 月在慕尼黑暗杀乌克兰移民领袖斯捷潘·班德拉。"这份长达 16 页的报告详细分析了中情局搜集到的所有涉及斯塔申斯基案的信息，仔细梳理后得出的结论是：斯塔申斯基很可能确实做了他所说的事。唯一无法解释的证据是班德拉胃里有氰化物残留，这是斯塔申斯基的喷雾枪不应留下的痕迹。除此之外，报告作者称："很难看出克格勃会从斯塔申斯基的供认中得到什么好处。"

298 这份报告中没有任何迹象表明斯塔申斯基确实被带到了美国，更别说像新闻圈里谣传的那样：斯塔申斯基接受整形手术后在美国定居了。《明星》杂志记者报道斯塔申斯基被释放的消息，如果认为是美方带走了斯塔申斯基的判断没错，那么他们也一定是把他送到美国以外的地方了。如果他被带到美国，落到安格尔顿和他的中情局下属手中，斯塔申斯基很可能会遭受和从克格勃叛逃的尤里·诺先科一样的待遇。诺先科曾被单独监禁三年，并施以药物让他说出“真相”。直到1967年他才被从中情局释放，1969年才宣布他确实是叛逃者。

中情局1976年报告的作者称，斯塔申斯基在服了三分之二的刑期后于1967年获释。“他曾接受德国当局的钢铁工人培训，更换姓名后在另一个国家定居。”报告并未说明具体是哪个国家。从西德监狱获释后，无论斯塔申斯基去向何处，很明显他得躲藏起来。[3]

斯塔申斯基唯一泄漏的线索是在他写给慕尼黑死亡名单上第三号人物的一封信中。收信人是班德拉曾经的副手斯捷茨科。“我认为对于克格勃下令实施的谋杀，没有什么真正的保护措施，”斯塔申斯基在狱中写道，“但采取一些措施或可使他们犯案更困难。”斯塔申斯基建议斯捷茨科及其他可能遭克格勃暗杀的目标人物至少每三年就更换一次姓名和住址，并尽可能频繁地更换居住的国家。在每个国家，他们应选用当地广泛使用的姓名作为假名，避免使用斯拉夫名。姓名和地址不应出现在电话簿和通讯录上。住所中应使用另一个假名，还要训练他们如何识别尾随跟踪的人。斯塔申斯基写道：“绝对保密必须是第一戒律。”[4]

50　克里姆林宫的幽灵

299 1969年突然宣布博格丹·斯塔申斯基被提前释放，此后他就从媒体上消失了。但他的罪行甚至他的供述，继续影响着冷战政治以及与此案直接相关的人的生活。对许多受到波及的人来说，这种影响绝非好事。

1973年夏天，他的名字又一次出现在美国政府调查暗杀即将访美的勃列日涅夫的阴谋中。6月初，苏联驻华盛顿大使馆通知美国特勤局（US Secret Service），据他们的消息来源称，以班德拉曾经的副手斯捷茨科为首的一群乌克兰民族主义者正在密谋暗杀苏联领导人。据称这些杀手是狂热的乌克兰年轻人，曾参加越南战争，眼下正在美国接受特殊训练。他们计划穿上警察或美国陆军制服攻击勃列日涅夫，后者在1964年接替赫鲁晓夫成为苏联领导人。其中一名受到指控的策划者是美国陆军中校尼古拉斯·克劳西（Nicholas Krawciw）。

特勤局与中情局核实苏联要求调查的情况，后者从斯塔申斯基档案中找到了斯捷茨科的名字。中情局对特勤局的联络人说，斯捷茨科已列入克格勃的暗杀名单。联邦调查局立即着手
300 调查此案，很快意识到这个阴谋是苏联凭空捏造的。斯捷茨科当时已成为班德拉组织的领导人，一直计划访问美国但并未成行。其他被指控参与密谋的同伙要么完全不参与政治，要么属于乌克兰民族主义者组织中与斯捷茨科敌对的派系，不可能在

任何项目上与他合作，更不用说刺杀勃列日涅夫。

其中一名所谓的阴谋策划人奥西普·津克维奇（Osyp Zinkewych）是持不同政见的文学作品出版商，这些作品都被偷运出乌克兰。津克维奇相信文字的力量，而不是子弹的威力。尼古拉斯·克劳西曾两次在越南服役。赎罪日战争①爆发前，1972 年时他曾在以色列担任情报官员，表现出色。和苏联列出的美国乌克兰社群中其他许多成员一样，克劳西对刺杀勃列日涅夫的阴谋一无所知。显然苏联是在试图利用美国执法机构来对付那些计划抗议勃列日涅夫访美的乌克兰组织。美国联邦调查局有消息称，美国国内主要的乌克兰人报纸《乌克兰周报》（*Ukrainian Weekly*）呼吁读者积极参与抗议活动。该报称勃列日涅夫是“笑里藏刀”。[1]

勃列日涅夫访美期间唯一见到的枪支，是他最喜欢的好莱坞演员查克·康纳斯（Chuck Connors）赠送给他的两把手枪。这位苏联领导人很欣赏康纳斯出演的西部片。尽管克格勃竭力阻止，纽约和其他几个城市还是发生了抗议活动。规模最大的一次集会于 1973 年 6 月 17 日星期天在纽约的联合国总部前举行。接近 1000 名乌克兰抗议者高呼：“勃列日涅夫，少管美国，滚回家去。”班德拉组织青年部的阿斯科尔德·洛津斯基（Askold Lozynskyj）据说是此次活动的参与者之一，他向人群发表了讲话，提醒人们注意“自由之乡”的政府渴望与“压迫之乡”的政府做生意的讽刺意味。最终还是乌克兰民族主义者的示威活动，而并非他们的子弹，才是苏联政要出国旅行

---

① 赎罪日战争（Yom Kippur War），指 1973 年 10 月 6 日埃及、叙利亚和巴勒斯坦游击队反击以色列的第四次中东战争。

的最大威胁。[2]

301 勃列日涅夫比任何人都清楚这一点。1975 年 5 月，他将长期竞争对手、前克格勃首脑谢列平从政治局除名，自此跃上了苏联权力的顶峰。谢列平被解职的官方原因是他在海外的形象受损，伦敦的大规模示威活动抗议他访问英国就证明了这一点。自从斯塔申斯基案审判以来，西方国家称谢列平是政治暗杀的总策划人。

在美国，参议员多德领导的内部安全小组委员会报告中更强调了他的这一角色。多德在导言中写道："根据斯塔申斯基的证词，在指挥这场（谋杀）阴谋的苏联官员名单中，苏联国家安全委员会主席谢列平排在首位。今天，这位'流血湿手事务部'（Department of Blood-Wet Affairs）的领导成了苏联部长会议副主席、主席团委员、苏共中央委员会书记。他在新一届政府中担任高级职务，有力地表明谋杀会继续用作苏联政策的工具。"次年，美国报纸评论谢列平不仅是苏联统治阶层的二号人物，也是"克里姆林宫把谋杀作为政策工具的代表人物"。[3]

多年来，谢列平一直不能与苏联官方代表团一同访问西方，因为他与斯塔申斯基案有牵连，西德法官曾针对他发过逮捕令。直到西德政府迫于苏联的强大压力撤销了命令，时任全苏工会中央理事会（Soviet Trade Union Association）主席的谢列平才觉得自己可以到西方进行正式访问。1975 年春，他接受英国工会主席的邀请访英。英国议会一接到他来访问的消息，伦敦朝野便一片舆情激愤。在野的保守党要求政府拒绝他的入境签证，执政的工党说邀请他是一个错误。一位工党议员表示，谢列平是自 1940 年著名纳粹分子鲁道夫·赫斯访英以来最不受欢迎的客人。

尽管如此，谢列平还是决定不取消这次访问。他想测试一 302
下自己是否还会遭起诉。而接待他的不仅有心怀不满的议员，还有愤怒的乌克兰移民。伦敦街头有 3000 人抗议谢列平访英。这位克格勃前领导人被迫缩短访问行程，提前返回莫斯科，但此后不久他就被政治局除名。他的政治生涯到此结束。[4]

谢列平失去苏联最高领导层中的职位，并非因为政治局同僚认为这位克格勃领导人在监督海外暗杀行动上有任何不妥，而是勃列日涅夫利用西方的抗议活动来除掉主要的政治对手。勃列日涅夫将西方公众舆论作为谢列平解职的理由，让苏联政治精英们久久不能忘怀。受此影响最大的人是勃列日涅夫任命的尤里·安德罗波夫（Yurii Andropov），他于 1967 年坐上了谢列平之前的职位，（继弗拉基米尔·谢米恰斯内之后）担任克格勃的掌门人。和谢列平一样，安德罗波夫也是一个有着强烈政治野心的官员。他从谢列平经历斯塔申斯基一案的结果中学到重要的一课：如果他被逮到在国外进行暗杀活动，那么以后在苏联政坛上晋升的希望就破灭了。

在安德罗波夫的领导下，克格勃暂停暗杀苏联政权的政治对手。安德罗波夫也尽量不严厉迫害持不同政见者，以避免与西方国家产生冲突。20 世纪 70 年代最重要的两位反对派人物——亚历山大·索尔仁尼琴（Aleksandr Solzhenitsyn）和安德烈·萨哈罗夫（Andrei Sakharov），按照苏联的标准，在克格勃手下受到温和对待。索尔仁尼琴被驱逐出国去了西方，萨哈罗夫被流放到苏联的某个省级城市。两人都未遭到监禁。勃列日涅夫于 1982 年 11 月去世之后，小心翼翼的安德罗波夫成了苏联国家元首。[5]

51 亡命天涯

303 由于斯塔申斯基叛逃西方造成的公开丑闻影响了苏联政治局内部的政治斗争，克格勃一直在寻找这位前雇员。1962 年 11 月，斯塔申斯基案审判结束后一个月，谢列平的继任者谢米恰斯内（也是安德罗波夫的前任），作为克格勃主席批准了一项针对“特别危险的叛徒”的“特别行动”计划。上榜的人中就包括博格丹·斯塔申斯基。

谢米恰斯内在回忆录中这样解释苏联企图杀害前克格勃特工背后的逻辑：

> 我本人作为克格勃主席，从来无权单独对人员的实际清理做出决定。（西方国家的）反面宣传主要是基于在国外执行苏联法律的原则，而这一原则首先适用于我们军队中那些有名有姓的叛逃人员。如果一名契卡干部（克格勃特工）、一位苏联公民或一名宣誓效忠祖国和现有秩序的士兵，背叛祖国逃到西方，那么根据现行的苏联法律，他将在法庭上接受缺席审判。如果被判处死刑，那么之后就会提出执行死刑的问题。[1]

304 谢米恰斯内于 1962 年 11 月签署的这份文件明确指出，“这些叛徒把重要的国家机密交给对手，给苏联造成了巨大的政治损害，他们被缺席审判判处死刑，判决将在国外执行”。克格勃的反情报部门将监视叛逃者在苏联境内的亲属，检查通信、搜查住所，希望这些叛逃者会与家人联络，由此透露其行踪。海外的反间谍小组则将在其居住国追查叛逃者，然后派遣负责采取措施的第十三局里经过专门训练的杀手执行判决。阿纳托利·戈利岑（Anatolii Golitsyn）是于 1961 年 12 月叛逃至西方的克格勃官员。针对他的计划是，如果他被传唤到美国参议院或国会委员会作证，就实施暗杀。[2]

斯塔申斯基获释后的下落只有一小部分西德官员掌握。1971 年，当时已经退休的德国联邦情报局局长盖伦将军出版回忆录，他在书中表示知道这位前克格勃杀手的遭遇。盖伦证实了西德官员早前发表的斯塔申斯基服了部分刑期后即遭释放的声明。“如今，这枚克格勃的‘鱼雷’以自由人的身份生活在世界某地，那是他当初于 1961 年夏，在柏林墙横贯柏林前几天就选定的地方。”盖伦如此写道，但将军也从未透露确切的地点。[3]

如果斯塔申斯基不在美国，那么他去了哪里？另一位退休将军迈克·赫尔登赫伊斯（Mike Geldenhuys）于 1984 年 3 月初接受南非报纸记者采访时，出人意料地揭晓了答案。赫尔登赫伊斯时年 60 岁，曾是南非国家安全局（Bureau of State Security，BOSS）秘密警察部门的负责人，该部门以其粗暴的反间谍策略以及在应对非洲人国民大会（African National Congress）领导的解放运动中侵犯人权而闻名。1983 年 6 月， 305
即接受采访八个月前，赫尔登赫伊斯从南非警察总监一职上退休，那是南非警察系统中的最高职务。

1984 年 3 月 5 日，南非历史最悠久的日报《开普时报》

（*Cape Times*）对他进行了采访。文章以赫尔登赫伊斯的生平传记和描述斯塔申斯基杀害里贝特的经过开场，杀害班德拉的经过将刊载在下一期报纸上。这位退休将军在采访中说，斯塔申斯基是从德国来南非的，而他当时任上校，是南非国家安全局的二把手，也是第一位审问斯塔申斯基的南非官员。赫尔登赫伊斯描述了斯塔申斯基在南非生活的一些细节，但拒绝透露其他情况。“斯塔申斯基的卷宗是世界上保守得最好的秘密，”他告诉记者，“事实上有些内容依然是最高机密，因为斯塔申斯基的新身份和行踪永远不会透露。”如果克格勃的暗杀小组还在寻找斯塔申斯基的话，那么斯塔申斯基从何处开始新生活就是一条重要线索。问题是苏联与南非没有外交关系，在该国展开任何行动对于后勤组织来说都将是一场噩梦。此外，赫尔登赫伊斯告诉记者，现在已没有人能认出斯塔申斯基了。

赫尔登赫伊斯告诉记者，虽然斯塔申斯基在西德逃脱了死刑，却仍有性命之虞，他从监狱获释是在刑期结束前就极秘密地安排的。“与此同时，西德的安全部门联系了我们，要求在南非给这名男子提供庇护，因为他们相信南非是唯一相对安全的国家，在这里他不会受到克格勃特工的袭击，”将军继续说道，“我们同意了。”整个国家只有三个人知道这次秘密安置：赫尔登赫伊斯、他的上司南非秘密警察负责人亨德里克·范登伯格（Hendrik van den Bergh）、南非总理B. J. 沃斯特（B. J. Vorster）。

据赫尔登赫伊斯说，斯塔申斯基于1968年来到南非，那至少是获释一年之后的事。南非接受了西德同僚的要求也并不
306 吃亏。赫尔登赫伊斯表示，斯塔申斯基“向我们的情报部门提供了大量苏联情报机关组织结构和运作方式的信息，简直是

无价之宝”。据称斯塔申斯基在南非不仅获得新身份，做了整形手术改变容貌，还找到了新工作，再次结了婚。

赫尔登赫伊斯告诉记者：“我们给他找了一份工作，他也干得很出色。后来他结识了一位来自德班（Durban）的女孩，并与之坠入爱河。他们在共和国某地登记结婚时，他还请我当伴郎。我们建立了友谊，至今未变，所以当时我高兴地接受了邀请。”赫尔登赫伊斯在采访中说，他的银行保险箱里还有一张婚礼之后他与两位新人合影的照片。赫尔登赫伊斯从未提到英格·波尔或有其他人陪着斯塔申斯基到南非来。[4]

美联社及各大新闻机构转载了这位前克格勃杀手的下落和出狱后生活的报道，将消息传遍世界。包括班德拉和里贝特家庭成员在内的不少人都怀疑报道是否属实。我们有理由相信这则消息是真实的。除了赫尔登赫伊斯之外，传说在南非知道斯塔申斯基身份的两个人中，有一个人还活着。起先担任总理后来成为总统的沃斯特于 1983 年 9 月去世，但范登伯格的健康状况良好。1980 年遭排挤离开政府部门后，范登伯格开办了一家养鸡场并着手撰写回忆录。据赫尔登赫伊斯将军的传记作者汉利·范斯特拉坦（Hanlie van Straaten）说，至 2013 年夏时，这位将军的档案中还存有沃斯特总统、范登伯格和他本人的一张合影。这张照片放在一个标记为“斯塔申斯基”的文件夹中，是保存在这个文件夹中的唯一文档。[5]

赫尔登赫伊斯的说辞也与早先的媒体报道相吻合。1964 年 6 月 23 日，审判结束后不到两年，英格与斯塔申斯基离婚，正式结束这段曾经撼动了克格勃根基的婚姻关系。从此她完全从公众的视线中消失了。离婚是摆脱克格勃的计谋吗？或者她的消失是为了在斯塔申斯基获释后与他重聚？斯塔申斯基被提

前释放的消息泄露给媒体后，一名联邦检察官告诉《明星》
307 杂志，英格得到了救助，过着幸福的生活。到底是斯塔申斯基在供养她，还是他们两人就在一起，谁也不知道。可以确知的是，她几乎从未回过东德。1986 年，斯塔申斯基和英格的儿子小彼得的墓碑被移走。根据德国法律，埋葬二十五年后的墓地如果无人看顾，可以重新使用。[6]

据说斯塔申斯基一直在南非生活。有传言称，20 世纪 70 年代他曾担任由南非支持的刚果作战部队的顾问。这就是赫尔登赫伊斯将军所说的南非国家安全局给他找的新工作吗？当然有这种可能：1967 年，也就是斯塔申斯基出狱的那年，南非警方参与了罗得西亚①的反叛乱行动。执行任务的第一批特种部队人员是在德班的秘密警察基地受训的。而据说斯塔申斯基的新妻子就是来自德班。采访赫尔登赫伊斯的新闻记者格希·施特劳斯（Gerhi Strauss），透露出斯塔申斯基辗转到了南非生活的消息。施特劳斯也生活在德班，最后在德班去世。当然，这一切都有可能是巧合，但也可能是斯塔申斯基出狱后生活状况的证据。[7]

新成立的秘密警察部队需要接受训练以打击叛乱分子，在乌克兰解放运动中有战斗经验的斯塔申斯基的确可以提供有益的建议。如果事实确实如此，那么斯塔申斯基的故事引出了一个悲剧而讽刺性的结局。英格拯救了他，而她离开后，他又走上老路。离开一个极权政权，又靠另一个极权政权谋生的刺客，他不是第一个。20 世纪 50 年代，霍赫洛夫是另一个叛逃的克格勃特工。他曾给南越独裁者吴庭艳（Ngo Dinh Diem）

---

① 罗得西亚（Rhodesia），非洲津巴布韦的旧称。

提供建议，教他如何有效地组织队伍，对抗游击队运动。霍赫洛夫和斯塔申斯基几乎都是镇压叛乱的专家，而在西方世界他们都有强烈的反苏信念。他们会加入这场被许多人称为在世界范围内反共的斗争，也就不难理解。[8]

斯塔申斯基获释后定居的国家是美国还是南非，在两种猜 308
想中后者似乎更可信。但如果赫尔登赫伊斯的说法准确，那么他的叙述透露了一些斯塔申斯基生活和事业的新线索。看来，斯塔申斯基在西德接受炼钢工人的培训对他毫无用处。目前还不清楚 1967 年时他在哪里度过或如何度过，但 1968 年时他开始为南非秘密警察工作。南非秘密警察使用与克格勃相似的战术，镇压另一个被压迫民族的解放斗争。他还失去了那个曾经激励他摆脱克格勃和苏联体制束缚的女子。

在 2013 年 4 月 1 日与本书作者的电话交谈中，赫尔登赫伊斯将军证实 20 世纪 60 年代末至 70 年代博格丹・斯塔申斯基确实生活在南非。他还证实了传记作者汉利・范斯特拉坦 1984 年时采访他的报道的真实性，但他声称其他事情都不记得了。尽管将军的选择性记忆可能受时间和衰老的影响，但这也可能表明，他不能自由谈论这个目前依然在世、仍依靠他前任上司保护的人。[9]

52 重归故里

309 “这个有点驼背、灰白头发已谢顶的男人，看起来比他的年龄小很多，一点儿也不像我在照片中见过的博格丹·斯塔申斯基。”乌克兰自由记者纳塔利娅·普里霍德科（Natalia Prykhodko）这样写道。她声称曾在 2011 年夏通过乌克兰安全部门的朋友与这位前克格勃杀手见面。据那位朋友说，当时快 80 岁的斯塔申斯基想要吐露真相，所以准备接受采访。

记者来到这位老人位于基辅市中心的公寓里，见到墙上挂着斯大林的半身像和丘吉尔的肖像画。老人很友好，但请她不要用录音机。采访是用乌克兰语进行的，这位主要讲俄语的记者提请读者注意，她的笔记可能并未充分反映斯塔申斯基谈话的所有细节。2011 年 8 月乌克兰庆祝独立二十周年纪念之前的几星期，基辅一家主要报纸刊登了这则采访。文章标题倒是很吸引人——“博格丹·斯塔申斯基：我完成了对乌克兰的使命”。

这位自称斯塔申斯基的老人在接受普里霍德科采访时，推
310 翻了不少之前在西方国家媒体中广泛报道的内容。他告诉记者自己加入克格勃是出于信念，而杀死班德拉和里贝特也是出于坚定的信念。他相信苏联的统治给祖国带来了进步和福祉。然而，最惊人的爆料并非斯塔申斯基的政治信仰，而是他逃往西方的原因。老人说，这是谢列平亲自策划的一次特别行动，结

果证明很成功。谢列平之前的职业生涯主要在共青团，他担心自己在苏联领导层老一辈同事心目中的形象，而让全世界知道他成功暗杀了班德拉，就可以向同僚展示自己是多么强硬。根据谢列平的命令，斯塔申斯基要去自首并说出暗杀事件的全部真相。原计划是在他服完刑期后——鉴于他自愿认罪，刑期当然不会太长——克格勃小组将迅速把他送回苏联。斯塔申斯基作为苏联意识形态的坚定信徒，同意牺牲自己。

一切都完全按照谢列平的计划进行。据说斯塔申斯基从西德监狱获释后，美国中情局将他转移到了美国，于是事情脱离了原先的安排。“我在刑期结束前获释，并被带到华盛顿，”斯塔申斯基对年轻的记者说，“美方怀疑我在玩两面派，决定把我送到拉丁美洲的巴拿马待一段时间。我在监视下生活，据说是为了养成新习惯。我非常小心，心里很清楚他们可能随时会把我干掉。”1968 年克格勃小组来到巴拿马营救斯塔申斯基，先把他带到非洲，然后于 1970 年回到苏联。

他的个人生活怎么样呢？他的确娶了英格。英格和他一样，是出于信念而加入克格勃的特工，并非迫不得已。他们确实有过一个儿子，1961 年 8 月他们去往东柏林然后叛逃西方时，把儿子留在莫斯科让克格勃照管。埋葬在达尔高的孩子尸体是由克格勃从东柏林一家医院弄来的。老人说后来他和英格离了婚，英格在那次行动后于东德定居，但由于史塔西官员不
信任克格勃特工，英格的特工生涯受到了影响。他们的儿子童 311
年经历坎坷，后来成为基辅大学的教授，并在乌克兰定居，目前还时常与父亲联系。斯塔申斯基从未想和住在利沃夫附近博尔晓维奇村里的父母或姐妹联络。老人说他们的政治观点有分歧，妥协是不可能的。[1]

这是一段令人震惊的叙述——连西方几个精明的乌克兰观察家都注意到了这一说法，而且还挺认真地提出各自的看法。约翰霍普金斯大学（Johns Hopkins University）跨大西洋关系中心的高级研究员塔拉斯·古斯奥（Taras Kuzio）对于斯塔申斯基在独立后的乌克兰领取退休金的说法感到惊愕。美国罗格斯大学（Rutgers University）的亚历山大·莫季尔（Alexander Motyl）教授在世界事务网站的博客中写道："今年夏天，克格勃的一位暗杀大师在基辅现身。"尽管如此，他仍然怀疑采访的真实性，许多读者也有同感。其中一人质疑普里霍德科报道中斯塔申斯基叙述的细节。"她只要拿出一张斯塔申斯基的照片，就可以终结所有的猜测，这很容易做到，因为如今斯塔申斯基根本不会面临任何危险，没人会为这些陈年旧事浪费子弹或毒气。"这位人士还提出可以使用 DNA 来确定此人的真实身份。[2]

这次采访确实引发了许多疑问。谢列平在西方国家寻求公众关注的想法，与 20 世纪五六十年代克里姆林宫内部政治斗争的现状背道而驰。根据今天看到的中情局文件，叙述中涉及美国方面的说法似乎同样毫无根据。出现这次采访仅仅表明在今天的俄罗斯和乌克兰，有越来越多的人对斯塔申斯基的故事感兴趣。[3]

20 世纪五六十年代苏联在使用杀手和毒手枪的秘密战争中丢盔卸甲，又在舆论法庭上一败涂地，杀害班德拉后想要达成的近期和长远期目标更无着落。如今资深的克格勃官员自己都承认，暗杀行动非但没有破坏西方的乌克兰民族主义运动，反而使其重新焕发活力，更是丝毫没有削弱乌克兰政治独立的
312 想法。1991 年 12 月，斯捷潘·班德拉遭暗杀三十二年后，乌

克兰宣布脱离苏联实现独立，此举也加速了苏联帝国的崩塌。但无论在莫斯科还是乌克兰，人们从未彻底遗忘斯塔申斯基以及他的罪行。班德拉和斯塔申斯基在公众的记忆中永远纠缠在一起，在2014年俄罗斯入侵乌克兰之前，两人的形象总是在政治意识形态斗争中作为对立面出现。

2006年秋，曾直言不讳批评普京的前克格勃官员亚历山大·利特维年科（Aleksandr Litvinenko）遭遇放射性钋中毒事件，斯塔申斯基的名字又一次出现在俄罗斯报纸上。针对西方媒体认为暗杀是由俄罗斯情报人员实施的报道，俄罗斯对外情报机构发言人谢尔盖·伊万诺夫（Sergei Ivanov）发表了声明，称："自1959年乌克兰民族主义者斯捷潘·班德拉遭清算后，苏联情报机构及其继任者——俄罗斯联邦对外情报机构，再未对反对俄罗斯的个人实施清理行动。"西方观察人士中几乎没有人从字面意义上理解这一声明。如果说这则声明起什么作用的话，那就是它让读者想起莫斯科有将政治杀戮作为外交政策工具的传统。[4]

2008年秋天，斯塔申斯基的名字再一次成为乌克兰头条新闻，当时利沃夫市政府将城市有轨电车和公交车的票价提高33%，学生票涨价超过40%。为了向市民"推销"涨价政策，该市共发放5万份传单，上面写着："对祖国的背叛始于免费乘车"。此后，斯塔申斯基的名字经常在新闻中出现。那是乌克兰橙色革命的鼎盛时期，最终由亲西方的总统维克托·尤先科（Viktor Yushchenko）上台执政。2004年尤先科二噁英中毒时，许多人认为是俄罗斯特工所为。乌克兰人的民族自豪感在上升，许多民族主义团体把班德拉视为他们的英雄。尤先科总统甚至追授了他"乌克兰英雄"的称号。[5]

313 2010年年初，随着俄罗斯支持的维克托·亚努科维奇（Viktor Yanukovych）政府上台，乌克兰的政治气候又发生了戏剧性变化，与班德拉和斯塔申斯基相关的政治价值观也随之扭转。就在班德拉被方兴未艾的民族主义力量宣传为乌克兰民族英雄的同时，亲俄网站则忙着美化暗杀他的刺客斯塔申斯基，从而削弱班德拉的组织。纳塔利娅·普里霍德科采访自称是斯塔申斯基的人，是打算以更积极的视角来呈现斯塔申斯基，并旨在推动这样一种趋势。“这次神秘采访……不论是真实的或只是一场骗局，可以证明亚努科维奇领导下的乌克兰正再次推崇克格勃的‘价值观’，”一位访客用并不流利的英语在莫季尔教授于世界事务网站的博客中留言道，“而且它……让克格勃显得比现实中更强大。”[6]

在西方那些自冷战时期就从事间谍活动的老手中，不少人怀疑俄罗斯的秘密机构是“复兴斯塔申斯基”行动的幕后黑手。2011年4月，在普里霍德科的采访面世前几个月，一则英语写就的博客出现在网上，表面看来是出自斯塔申斯基之手。作者在第一则博客的开头这样写道：“我是坚定的共产主义者，坚信要帮助祖国建立一个更好的苏联。为了实现这个目标，我搜集信息，取了假名，后来杀了人。”同月，乌克兰国家布尔什维克党（National Bolshevik Party of Ukraine）——乌克兰东部城市哈尔科夫（Kharkiv）的一个边缘团体——一名领导人呼吁市政当局以斯塔申斯基的名字命名一座城市公园。[7]

2014年，乌克兰亲欧盟示威运动（Euromaidan）频繁举行抗议，被乌克兰议会赶下台的总统亚努科维奇逃往俄罗斯，随后克里米亚并入俄罗斯。随着政治局势发展，斯捷潘·班德拉作为祖国自由和独立的象征再次风靡乌克兰。班德拉的名字显眼地出现在基辅独立广场（Maidan Square）上作战的自卫部队旗帜上，之后又飘扬在乌克兰东部与俄罗斯支持的势力的战斗中。[8]2014 年 8 月，乌克兰人在东部的顿巴斯地区与俄罗斯混战正酣，有身份不明的人将慕尼黑班德拉墓地上的十字架推倒——此举在德国和乌克兰都遭到谴责，让人想起以前对西德犹太人墓地的亵渎行径。大致与此同时，顿巴斯的“叛逆 314
者”网站又旧调重弹，拿出过去克格勃的说法，宣称班德拉是被西德特工暗杀的，据说是在他的咖啡中掺了毒药。[9]

乌克兰再次高举要从莫斯科独立的旗帜，今天绝大多数乌克兰人拒绝接受班德拉激进的民族主义意识形态以及他的战略战术。2014 年 5 月在乌克兰危机和爱国主义的大规模动员中，最大的民族主义政党自由党（Svoboda）领导人仅赢得了 1% 的选票。而在 2014 年秋季，该党未能突破 5% 选票的门槛要求，所以未能获得议会席位。如今，班德拉代表了 20 世纪上半叶盛行的少数激进民族主义信仰的预言者。大多数人选择了欧洲的理念和一个新的多元社会。很少有人还会支持暗杀事业，或者说得更准确些，是 20 世纪 50 年代苏联所采取的暗杀乌克兰民族主义领导人的策略。[10]

过去几年，有记者去斯塔申斯基家乡采访，发现村里已没有他的家人了。“他的父母对此无法释怀。”一位邻居说出了斯塔申斯基家人听说他刺杀班德拉的消息后的反应。“他们说自己把一生都献给了乌克兰，而儿子给他们带来这样的耻辱。他的妹妹玛丽亚说她已经和哥哥断绝了关系。如果是被流放到西伯利亚倒更好些：如果上帝允许他们回来，也不会无颜面对别人。他的父亲很快逝世，伊琳娜得了胃癌，没过多久也撒手人寰。妹妹玛丽亚病了一辈子。他们的生活只有不幸。至少在死后，人们可以用善意的话语来纪念他们。”[11]

邻居们认为博格丹·斯塔申斯基至少回过一次家乡。当地有传言称，斯塔申斯基出狱后不久，他父母的墓地上就出现了鲜花。也有人说他仍然不时地回这个村子，来看看他父母的房
315 子，尽管这栋房屋已有别人居住。村民们说，可以肯定的是，再也没人能认出他了——他在自己的家乡如幽灵般出没。这个悲剧人物，不管哪一方都视他为叛徒。[12]

尾声：冷战重来

詹姆斯·邦德走进上司的办公室。这位上司的真实姓名始 316
终是个秘密——我们只知道此人的姓氏首字母“M”。邦德多年来和上司（无论上司是男是女）有过无数次谈话，这次谈话的结束方式却迥然不同。他把手伸进夹克口袋，掏出一把怪异的枪朝着老板发射，只见一道毒液喷出。直到最后一刻，“M”才按下椅子上一个隐藏的按钮。一道防弹玻璃从天花板降下，把他和这位莽撞的特工隔开。枪管中射出的毒液击在玻璃墙上反弹，邦德自己失去了意识。“氰化物。”枪击后冲进办公室的内部安全主管如此说道。他命令所有人都离开此处。钱小姐（Miss Moneypenny，亦作钱班霓）用手捂着嘴，惊恐地看着她心爱的探员被拖出办公室。

这是伊恩·弗莱明最后一部邦德小说《金枪人》中的关键片段。这部小说被拍成了最受欢迎的 007 电影，特工 007 由罗杰·摩尔（Roger Moore）扮演。小说写于 1964 年，正值冷战高峰时期，小说的内容借鉴了当时世界媒体正在报道的真实间谍故事。邦德被苏联洗脑后开枪射出氰化钾毒液的画面，直
接来源于报纸对博格丹·斯塔申斯基审判的报道。弗莱明的小 317
说中，在邦德试图杀害上司之前，邦德和“M”还讨论过慕尼黑惨案。“他们是否碰巧提到上月发生在慕尼黑的霍歇（Horcher）和斯图茨（Stutz）谋杀案？”“M”这样问道，想让

邦德明白克格勃绝不是世界和平的捍卫者。[1]

说到毒液枪，邦德使用失败，而斯塔申斯基却是成功的。尽管斯塔申斯基事件已化为流行文化的一段传奇，但它却是个典型例证，证明采取暗杀手段作为国际政策的工具终将以失败收场。虽然杀手完成了任务，但策划暗杀的主谋并未达到他们的最终目的，当一切公之于众后，倒是对事件背后的操纵者造成了重大损害。

在这片苏联才征服不久的乌克兰土地上，游击战已接近尾声，策划暗杀班德拉也是为了镇压叛乱所做的努力。然而在此之前，反叛活动已经得到有效抑制，游击部队与国外指挥中心的联系也已被苏联秘密警察控制和操纵。这次暗杀是在苏联政治领导人的坚持和热情支持下进行，而得到的结果却与暗杀发起者的设想背道而驰。暗杀既没有在反政府武装力量中造成混乱，也没有在最激进的流亡组织中引发领导人的权力争斗，而是消灭了一位本已不再得到广泛支持或者说对当前局势不再具有威胁的领导人，把他变成了“革命”道路上的烈士，为他的支持者提供了之前遍寻不着的作战动员的工具。

斯塔申斯基叛逃西方，并随时准备将他了解的苏联暗杀计划和盘托出，此举严重损害了苏联领导层的信誉，抹黑了苏联的国际形象。刺客的证词以及随之而来的公关灾难——任何政府支持实施暗杀都会面临这样的风险——追根溯源，都是因为东柏林的苏联安全机构发生了重大失误以及违反苏联禁止情报
318 官员和特工与外国公民联姻的既定做法而产生的后果。政治领导层在这两方面的干预都是错误的——这是克里姆林宫在成功打击了高调的政敌后流露出兴奋与傲慢的迹象。

这对新婚夫妇成功地智斗克格勃。英格·波尔在东德长

大，在西柏林工作，她从未接受或学会容忍苏联体制中的意识形态和苏联的生活方式。克格勃招募她的计划，如果真能实现的话，也不会带来什么实质性结果。面对苏联首都经济的困难水平，她毫不费力地说服丈夫叛逃到更繁荣的西方。而斯塔申斯基出生在一个爱国的乌克兰家庭，他对苏联国家及其意识形态没有强烈的归属感。他受到胁迫被招募，不得不监视自己的家人和同胞。他从小就是基督徒，对自己被迫犯下的杀戮行为从道德上感到良心不安。夫妇俩恐怕叛变计划被克格勃发现，迫使他们加紧准备，而儿子的意外死亡为他们提供了正日夜寻找的机会。斯塔申斯基和妻子采取行动是因为他们相信只有坦承一切并获得西方安全机构的保护，才有可能逃脱克格勃的暗杀，找到安全之地。

有些对斯塔申斯基审判非常敏感的观察者，将被告比作陀思妥耶夫斯基小说《罪与罚》中的主人公。《科隆评论报》（*Kölnische Rundschau*）记者在评说这起审判及其判决时写道："斯塔申斯基是意识形态下的拉斯柯尔尼科夫（Raskolnikov）。"和拉斯柯尔尼科夫一样，斯塔申斯基也在艰难的道德困境中挣扎，受他深爱的女人影响将罪行供认不讳，最后被判处同样的八年刑期。但在斯塔申斯基的经历和约瑟夫·康拉德（Joseph Conrad）的小说《在西方目光下》（*Under Western Eyes*）之间，可以找到更惊人的相似之处。这部1911年的杰作的主人公是一个名叫拉祖莫夫（Razumov）的年轻人，他的同学在实施恐怖主义活动后向他寻求帮助，但他向俄国警察出卖了对方。警察招募拉祖莫夫作为特工，派他去瑞士渗透俄国革命者的活动圈子。他在那里遇到并爱上了那个同学的妹妹。由于无法承受道德压力，拉祖莫夫最终向他所爱的女人和他暗中监视的革命者坦白了一切。[2]

319 在克格勃实施的暗杀计划中，拉斯柯尔尼科夫和拉祖莫夫面临的问题似乎是苏联特工霍赫洛夫和斯塔申斯基叛变的核心问题。此前外界认为他们都忠于共产主义理想。美国和西欧的情报机构非常乐意利用陀思妥耶夫斯基式的危机来扳倒他们的对手，但问题是中情局及其西欧合作伙伴也经常采用与对手相同的手法。“我们做那些让人厌恶的事，是为了世界各地的普通人晚上可以安然入眠。”这是约翰·勒卡雷的小说《冷战谍魂》中角色的台词，他正试图说服下属出手暗杀英国情报机构的仇敌。[3]

戴维·康威尔原本就是英国情报官员，使用笔名约翰·勒卡雷撰写小说，创作的内容也并非空穴来风。但从事暗杀活动的西方间谍机构从未经历在斯塔申斯基审判期间苏联机构所遭遇的尴尬。这主要是因为——不管 007 小说和电影如何暗示——在现实中此类杀戮大多外包给了“自由职业者”，他们通常都是普通的罪犯。西方情报机构只提供目标、计划、资金和后勤支持。如果说苏方通常会追捕他们认为是苏联公民的移民团体领导人，美方则会远离本国公民，以外国人为目标。这是两个冷战超级大国政治文化的重大差异。按照沙皇的传统，苏联人认为像班德拉这样的人是他们的臣民，虽然这些人可能从来就不是苏联公民，但他们出生在后来被苏联占领的领土上，因此是暗杀的合法目标。[4]

尽管在目标选择和“消灭”敌人的手法上存在明显差异，苏联和美国情报机构在 20 世纪 50～60 年代为了应对类似现
320 象——帝国的削弱或瓦解引发的叛乱——都采取了暗杀手段。苏联领导人下令杀害班德拉和里贝特，是为了保护帝国免遭解

体威胁。尽管他们已经尽了最大努力，苏联还是于1991年解体。当然，美国领导人没有自身的所谓帝国要保护。尽管美国政府发表种种反殖民主义言论，然而在华盛顿认为容易被共产主义力量颠覆的地区，能维持原来的国家苟延残喘，与美国政府的利益直接相关。独立国家的领导人，比如古巴的卡斯特罗、刚果民主共和国的帕特里斯·卢蒙巴（Patrice Lumumba）、印度尼西亚的苏加诺（Achmad Sukarno）和多米尼加共和国的拉斐尔·特鲁希略（Rafael Trujillo），因为他们有亲苏倾向并独立进行政治行动，都有可能成为暗杀的目标。以特鲁希略为例，他就是因为执行的政策被认为有利于共产主义类型的革命而成为攻击目标。①[5]

随着时间推移，克格勃和中情局暗杀事件曝光引发的国际丑闻，迫使双方都暂停了各自的暗杀计划。俄罗斯当局声称其苏联前任在斯塔申斯基证词公开后就立即停止了暗杀行动。然而他们无法拒绝帮助战友，因此他们在1978年9月保加利亚安全部门暗杀持不同政见者格奥尔基·马尔科夫（Georgi Markov）事件中起了一些作用。马尔科夫被一把雨伞状的手枪击中，而枪是由克格勃提供的。美国方面，由弗兰克·丘奇（Frank Church）领导的美国参议院委员会对中情局的行动进行了调查，促使美国总统吉米·卡特于1978年正式决定叫停暗杀活动。

冷战结束开创了国际关系的新时代。它给东欧带来了自由主义，结束了南非的种族隔离，并在中东实现了短暂的巴以和

---

① 1961年5月30日，多米尼加共和国的领导人特鲁希略在离开宅邸时遇刺身亡。据说美国中情局参与了此次行动，但中情局否认自己跟暗杀有关。

解。但它也留下一个受创的俄罗斯，创造了众多新独立的国家——这些国家必须设法处理好与这位前主人兼邻居的关系，也使某些之前冻结的种族矛盾和国际冲突死灰复燃。随着新千年来临，这些前克格勃官员再次翻出来冷战时期的暗杀手册，希望能按照他们的意愿重塑世界格局。俄罗斯希望目前残余的帝国能维持原状，周围围绕的都是友好（即顺从自己）的国家和领导人。

321 2004 年 2 月，卡塔尔当局逮捕了三名俄罗斯公民，罪名是杀害叛乱的车臣共和国代理总统泽利姆汗·扬达尔比耶夫（Zelimkhan Yandarbiyev）。其中一名被捕者享有外交豁免权，但另外二人因参与在卡塔尔首都多哈的暗杀行动而受到审判并被判处终身监禁。次年，为了改善俄卡关系，他们被引渡回俄罗斯。俄罗斯当局拒绝承认曾派特工前往卡塔尔执行暗杀任务。俄罗斯情报机构的发言人重申，斯塔申斯基丑闻发生后，莫斯科已停止在海外进行暗杀活动。尽管他们表示抗议，但大多数人认为扬达尔比耶夫是被俄罗斯政府杀害的第二位车臣总统。八年前，他的前任焦哈尔·杜达耶夫（Dzhokhar Dudaev）在车臣被俄罗斯军机发射的导弹炸死。[6]

2004 年秋天，全世界的新闻机构都报道了维克托·尤先科的神秘中毒事件。尤先科是乌克兰总统选举中亲西方的候选人。尤先科身上发现了二噁英的痕迹，让人怀疑俄罗斯是提供毒物的源头，甚至可能就是俄罗斯策划了这场阴谋——没有几个国家的安全部门下设毒物实验室，更没有理由用它来对付尤先科。尤先科保住了性命，但关于可能发生的情况有许多理论推测。

2006 年 11 月，另一位反对克里姆林宫的前克格勃官员亚历山大·利特维年科在伦敦死于放射性钋中毒。这是莫斯科第二次被怀疑打算使用放射性物质杀害反对者。第一次的目标是1957 年的尼古拉·霍赫洛夫，他在那次暗杀中侥幸逃生。据说在对付霍赫洛夫时，他们在他的咖啡里加了毒药，对付利特维年科时他们选了他喝的茶。英国当局曾要求俄罗斯政府引渡一名前克格勃官员，他们认为此人与利特维年科谋杀案有关。莫斯科拒绝了这一要求。[7]

2016 年 1 月发布的一份关于利特维年科中毒的报告认为， 322
他是被俄罗斯联邦安全局（Russian Federal Security Service，FSB）的两名特工杀害的。报告称，“FSB 暗杀利特维年科的行动，很可能得到了帕特鲁舍夫（Nikolai Patrushev）和普京总统的批准”，指明俄罗斯联邦安全局局长和现任总统是此次暗杀的最终责任人。此案并没有直接指证俄罗斯领导层的确凿证据，但就像斯塔申斯基案一样，证据的线索又一次指向了莫斯科权力金字塔的顶端。[8]

重启冷战时期政治暗杀行动的情报机构，俄罗斯不是唯一一家。据说中情局在该领域远远领先于竞争对手，他们更依赖于运用技术，而不是人力。与冷战时期一样，俄罗斯人追杀他们认为的自己人，而美国人更喜欢干掉“外国人”。“掠食者”（Predators）——可以从空中攻击目标的无人机——提供的新机遇，让中情局占有明显优势，也使其特工在日新月异的暗杀技艺之林占据前沿位置。

他们的暗杀计划始于 2004 年，九年的时间已有 3300 多人被暗杀，其中大多数是“基地”组织成员，这些人早就在中情局的暗杀名单上了。该项目于 2011 年达到顶峰。总部位于华盛顿的新美国基金会（New America Foundation）专家表示，仅2011年巴基斯坦北部的部落地区就有120多起无人机袭击事件，造成近850人死亡。那个区域是无人机项目的主要攻击目标。在遇害人群中，大约有50人是无辜百姓或未能确认身份关系的对象。这是迄今为止对无辜受害者人数的最低估计。有报告称2012年1月至2013年2月，在阿富汗东北部被无人机杀害的200人中，仅有35人是原定目标。[9]

自冷战以来，世界发生了翻天覆地的变化。然而，很大程度上未曾改变的是将暗杀作为实现政府政策的工具并使之合理化的逻辑。“要我说，二战后我们的工作方式与对手的方法，几乎大同小异，”约翰·勒卡雷小说《冷战谍魂》中的角色这
323 么说道，“我的意思是你得比对手更无情，不能因为我们政府的‘政策’宽厚仁慈就心慈手软，你明白吗?”政府的政策仁慈成为支持继续有针对性杀戮计划的道德论据。冷战也许已经结束，但最近东西方紧张关系的升级以及针对现有国际秩序的新挑战出现，使得冷战时期的两家对手几乎难以抗拒地重拾冷战时期的斗争方法。从这个意义上说，斯塔申斯基的经历不仅仅是一段历史，它也是对现在的洞察、对未来的警示。

致　谢

我之所以对博格丹·斯塔申斯基的故事感兴趣，是因为 325
1993 年首次读到了在乌克兰发表的庭审证词摘录。那时已是庭审结束 30 年后了。证词摘录自早前在慕尼黑出版的更全面的审判材料，这些东西之前在乌克兰根本见不着。让我惊讶的是，对于一个似乎有充分理由不说实话的人犯下的罪行，这些证词的坦率程度出人意料。它们提供了一个独特的视角，可供了解苏联秘密机构的运作方式，以及一个人与使他成为叛徒的国家之间的关系。

读完斯塔申斯基的证词后，还是有一连串问题没有得到解答。他的声明常常听来有些自说自话，有些甚至不可能实现。毕竟一个克格勃特工单枪匹马能实施一次甚至两次暗杀吗？审判结束后斯塔申斯基怎么样了？为什么他犯下两起谋杀罪却只被判处八年徒刑，而且提前两年释放？他出狱后去了哪里？另外，如果他提供的证词是与法院达成协议的一部分，那么其中有多少内容是真实的？

在一次访问慕尼黑期间，我想到用现有的证据来验证斯塔申斯基的说辞。亚历山大·莫季尔曾追踪斯塔申斯基在慕尼黑犯下两起谋杀案前后的行动轨迹，准备写一部以他为角色原型的小说。我也以此为榜样，追踪了斯塔申斯基的脚步。根据斯塔申斯基的法庭证词，我画了一张地图，自己沿着路线走了一遍。我的实验证实了斯塔申斯基的说法，至少在这方面，他讲的是实话。

326 得知中情局解密文件中有涉及班德拉的政治活动和遭暗杀的情况，还有他的追随者和他在乌克兰移民群体中竞争对手的活动情况时，我就掌握了更多可交叉对比的资料。中情局档案中的信息有助于核实和补充斯塔申斯基在审判期间提供的证据。苏联方面解密的文件和证词也有同样的助益。事实再一次证明，斯塔申斯基讲的是真话——但不是事实的全部。需要由我来填补他叙述中的空白点。

想书写涉及情报部门历史的话题绝非易事，不仅因为很多内情依然保密，而且还有众多为了掩盖真相而编造的内容，甚至为了故意误导公众视线而持续隐瞒实情数十年，就像斯塔申斯基案中列举的那样。为了搜集资料，在错综复杂的冷战间谍史中找到出路，我需要各方支持，在此非常感谢那些给我最多帮助的人。

特别感谢我的朋友、同事弗兰克·赛恩（Frank Sysyn）和泽农·科胡特（Zenon Kohut）。弗兰克邀请我参加他在慕尼黑组织的两次会议，而泽农陪我踏遍了斯塔申斯基在慕尼黑走过的地方，从列弗·里贝特被害的卡尔广场到班德拉工作的齐柏林大街，再到班德拉遇害的克赖特大街。他们还把我介绍给安德里·里贝特——列弗·里贝特的儿子，他可能是 1962 年 10 月斯塔申斯基审判时唯一还在世的亲历者。非常感谢安德里·里贝特在我去慕尼黑时接受我的采访，也感谢他的妻子伊万娜（Ivanna Rebet）向我提供慕尼黑乌克兰自由大学（Ukrainian Free University）图书馆馆藏的信息。感谢该校校长尼古拉斯·萨福瓦尔（Nicolas Szafowal）博士提出有关史塔西档案中涉及斯塔申斯基一案的建议，还与我分享了班德拉遇刺后他的其他同伴的人生轨迹。

美国乌克兰研究基金会（Ukrainian Studies Fund）的罗曼·普罗齐克（Roman Procyk）博士请他的母亲仔细回忆了20世纪40年代末至50年代初乌克兰社区中的人如何在慕尼黑生活，帮我解答了不少涉及二战后慕尼黑情况的疑问。他还帮我安排了对阿纳托尔·卡明斯基（Anatol Kaminski）博士的 327
采访。在列弗·里贝特遭暗杀时，卡明斯基与里贝特一家关系很密切。

还要特别感谢安德里·波尔特诺夫（Andriy Portnov）给我介绍了他在柏林自由大学（Free University of Berlin）最优秀的学生玛丽亚·普日博罗夫斯卡（Maria Przyborowska）。玛丽亚是最得力的助手，她曾多次前往柏林郊区的达尔高——英格·波尔就在那里出生，博格丹和英格1961年8月从那里出发逃往西方世界。玛丽亚努力搜寻英格的邻居和亲戚的线索，不幸的是最终一个也没有找到。但玛丽亚在教区档案中发现了彼得·波尔的葬礼记录以及孩子母亲的经历信息。

我在哈佛的同事埃曼努埃尔·K. 阿基安蓬（Emmanuel K. Akyeampong）帮我从南非共和国查到了几份难得一见的报纸。据说斯塔申斯基从西德监狱获释后曾在那里定居。感谢南非前警察局局长迈克·赫尔登赫伊斯将军同意接受电话采访，也感谢他的妻子安纳杰（Annatje Geldenhuys）安排了具体事宜。感谢将军的传记作者汉利·范斯特拉坦友情协助，同意将我希望给将军看的材料以及我对这些材料的质疑转交给将军。

感谢隆德大学（University of Lund）的托马斯·斯内根（Tomas Sniegon）与我分享他采访克格勃前主席谢米恰斯内的

笔记。也感谢加拿大维多利亚大学（University of Victoria）的谢尔盖·叶克希克（Serhy Yekelchyk）给我指明方向，让我查找到涉及班德拉的最新文献。感谢乌克兰的尤里·沙波瓦尔（Yurii Shapoval）和弗拉基米尔·维亚托维奇（Volodymyr Viatrovych）给我有关克格勃档案和苏联安全部门历史方面的建议。感谢华沙的波兰国家记忆研究所（Polish Institute of National Memory）的马尔钦·马耶夫斯基（Marcin Majewski）博士提供有关斯塔申斯基的档案。感谢美国的奥尔哈·阿列克西克（Olha Aleksic）帮助我查找哈佛大学乌克兰研究所的列别德文献。感谢列夫·恰班（Lev Chaban）和卢博·沃雷涅茨（Lubow Wolynets）协力帮我安排在康涅狄格州斯坦福德市的乌克兰博物馆和图书馆（Ukrainian Museum and Library）查找帕多奇的文献。感谢加拿大《乌克兰回声报》（*Ukrainian Echo*）的奥勒·罗曼里森（Oleh Romanyshyn）和加拿大乌克兰研究所（Canadian Institute of Ukrainian Studies）的罗曼·森库斯（Roman Senkus），感谢他们帮助我搜集有关班德拉遇刺的剪报。

328 再次感谢我的朋友兼资深编辑米罗斯拉娃·尤尔克维奇（Myroslav Yurkevich）协助我改进英语写作。黑宫广明（Hiroaki Kuromiya）和吉姆·克林勒（Jim Klingle）阅读了手稿并给予热烈支持。玛丽·萨罗特（Mary Sarotte）就斯塔申斯基作为书中主角应如何处理提出了一些重要问题，帮助我重新思考整理他的人生经历。出色的文学经纪人吉尔·克内里姆（Jill Kneerim）对斯塔申斯基的故事很着迷，给了我无数绝佳的建议，让这本书更有吸引力。我很幸运基础读物出版社（Basic Books）的拉腊·海默特（Lara Heimert）同意把本书加入这家著名出版社出版的间谍故事系列中。这让我有机会再次与拉腊以及之前为我出版《最后的帝国》（*The Last Empire*）、《欧洲之门》（*The Gates of Europe*）这两本书的优秀团队合作。特别感谢利娅·斯特克（Leah Stecher）、科林·特蕾西（Collin Tracy）、凯茜·施特雷克富斯（Kathy Streckfus）、珍妮弗·汤普森（Jennifer Thompson）和贝齐·德耶苏（Betsy DeJesu）。

再次感谢我的妻子奥莱娜（Olena），她是这个新书项目的灵感和动力。感谢女儿奥莱西娅（Olesia）协助编辑手稿并提出改进意见，我对她的建议是言听计从。

注　释

序幕

1. Richard Deacon and Nigel West, *Spy! Six Stories of Modern Espionage* (London, 1980), 127; Karl Anders, *Murder to Order* (New York, 1967), 51–54; *Moskovs'ki vbyvtsi Bandery pered sudom*, ed. Danylo Chaikovs'kyi (Munich, 1965), 194–198.

1　斯大林的召唤

1. Nikita Sergeevich Khrushchev, with an introduction, commentary, and notes by Edward Crankshaw, translated and edited by Strobe Talbott, *Khrushchev Remembers* (Boston, 1970), 262; Dmitrii Vedeneev and Sergei Shevchenko, "Priznalsia, zabiraite," *2000*, February 14, 2002; Tarik Cyril Amar, *The Paradox of Ukrainian Lviv: A Borderland City Between Stalinists, Nazis and Nationalists* (Ithaca, NY, 2015), 242–248; Iuliia Kysla, "'Post imeni Iaroslava Halana.' Osinnii atentat u L'vovi," *Ukraïna moderna*, January 6, 2014, http://uamoderna.com/blogy/yuliya-kisla/kysla-galan.

2. William Taubman, *Khrushchev: The Man and His Era* (New York, 2004), 179–207.

3. Khrushchev, *Khrushchev Remembers*, 146–147; "Bandera, Stepan," in *Encyclopedia of Nationalism* (San Diego, 2001), 2: 40–41; Mykola Posivnych, *Stepan Bandera* (Kharkiv, 2015); Grzegorz Rossoliński-Liebe, *Stepan Bandera: The Life and Afterlife of a Ukrainian Nationalist: Fascism, Genocide and Cult* (Stuttgart, 2014).

4. Khrushchev, *Khrushchev Remembers*, 228; Grzegorz Motyka, *Ukraińska partyzantka, 1942–1960* (Warsaw, 2006); Volodymyr Viatrovych, *Druha pol's'ko-ukraïns'ka viina* (Kyiv, 2012).

5. Paul Robert Magocsi, *A History of Ukraine: The Land and Its Peoples* (Toronto, 2010), 696–700; Jeffrey Burds, "Agentura: Soviet Informants' Networks & the Ukrainian Underground in Galicia, 1944–48," *East European Politics and Societies* 11 (1997): 89–130; Yuri M. Zhukov, "Examining the Authoritarian Model of Counter-Insurgency: The Soviet Campaign Against the Ukrainian Insurgent Army," *Small Wars and Insurgencies* 18, no. 3 (2007): 439–466.

6. Bohdan R. Bociurkiw, *The Ukrainian Greek Catholic Church and the Soviet State (1939–1950)* (Edmonton, 1996); Vedeneev and Shevchenko, "Priznalsia, zabiraite"; Amar, *The Paradox of Ukrainian Lviv*, 240–242; Kysla, "'Post imeni Iaroslava Halana."

7. Pavel Sudoplatov and Anatoli Sudoplatov, with Jerrold L. and Leona P. Schecter, *Special Tasks: The Memoirs an Unwanted Witness—A Soviet Spymaster* (New York, 1995), 253 (hereafter Sudoplatov, *Special Tasks*).

8. Amar, *The Paradox of Ukrainian Lviv*, 243; Sudoplatov, *Special Tasks*, 254.

9. Khrushchev, *Khrushchev Remembers*, 262–263.

2　王牌杀手

1. Sudoplatov, *Special Tasks*, 24–38.

2. Myroslav Yurkevich, "Organization of Ukrainian Nationalists," in *Encyclopedia of Ukraine*, vol. 3 (Toronto, 1993); Roman Wysocki, *Organizacja ukraińskich nacjonalistów w Polsce w latach, 1929–1939: Geneza, struktura, program, ideologia* (Lublin, 2003).

3. Sudoplatov, *Special Tasks*, 249–253, 378; Nikita Petrov, "Shtatnyi gosudarstvennyi ubiitsa (reabilitirovannyi): Dva dnia iz zhizni Pavla Sudoplatova," *Novaia gazeta*, August 7, 2013; Nikita Petrov, "Master individual'nogo terrora: Portret Ėitongona, kollegi Sudoplatova," *Novaia gazeta*, February 26, 2014.

4. Sudoplatov, *Special Tasks*, 255–256; Dmytro Viedienieiev, "Iak zahynuv Shukhevych i shcho mohlo statysia z ioho tilom," *Istorychna pravda*, August 8, 2011; Olesia Isaiuk, *Roman Shukhevych* (Kharkiv, 2015).

5. Aleksandr Pronin, "Likvidatsiia 'Volka,'" *Stoletie*, March 25, 2014; Andrei Sidorchik, "Palach dlia terrorista: Ubiitsu Bandery nagradili ordenom," *Argumenty i fakty*, March 12, 2014; Posivnych, *Stepan Bandera*, 216; Sudoplatov, *Special Tasks*, 378.

3　秘密特工

1. Stashinsky's Trial Transcripts, in *Moskovs'ki vbyvtsi*, 127.

2. Ihor Derev'ianyi, "Rozstrily v'iazniv v chervni-lypni 1941 r. Iak tse bulo," *Ukraïns'ka pravda*, June, 24, 2011; Lesia Fediv, "Vin ubyv Banderu," *Shchodennyi L'viv*, May 22, 2008; Ivan Farion, "Iak by mohla, sama ubyla b ubyvtsiu Bandery . . . ," *Vysokyi zamok*, October 14, 2015.

3. Stashinsky's Trial Transcripts, in *Moskovs'ki vbyvtsi*, 125–127; Farion, "Iak by mohla, sama ubyla b ubyvtsiu Bandery. . . ."

4. Amar, *The Paradox of Ukrainian Lviv*, 245–253; Roman Heneha, "Uchast' l'vivs'koho studentstva v rusi oporu v druhii polovyni 1940-kh—na pochatku 1950-kh," *Ukraïns'kyi istorychnyi zhurnal*, no. 3 (2007): 97–112; Irina Lisnichenko, "Shcherbitskii postoianno tverdil Semichastnomu," *Fakty*, January 19, 2001.

5. Volodymyr Ovsiichuk, "Pivstolittia tomu . . . ," in *Osiahnennia istorii: Zbirnyk na poshanu profesora Mykoly Pavlovycha Koval's'koho z nahody 70-richchia* (Ostrih, 1999), 13–17; Vitalii Iaremchuk, "Students'ki roky M. P. Koval's'koho," in ibid., 18–29; Evgenii Chernov, "N. P. Koval'skii: O vremeni i o sebe," in *Dnipropetrovs'kyi istoryko-arkheohrafichnyi zbirnyk*, vol. 1 (Dnipropetrovsk, 1997), 11.

6. Stashinsky's Trial Transcripts, in *Moskovs'ki vbyvtsi*, 130–131.

7. Oleksandra Andreiko, "Narys pro istoriiu sela Pykulovychi," *Forum sela Pykulovychi* http://xn—b1albgfsd8a2b7j.xn—j1amh.

8. Stashinsky's Trial Transcripts, in *Moskovs'ki vbyvtsi*, 135–137; Rossoliński-Liebe, *Stepan Bandera*, 351; Svitlana Voroz, "Ioho vchynkam nemaie vypravdannia," *Holos narodu*, November 23, 2013; Roman Vasyl'ko, "Zlochyn: Khto hostryv sokyru?"

OUN-UPA, http://oun-upa.org.ua/articles/vasylko.html; Vedeneev and Shevchenko, "Priznalsia, zabiraite."

9. Ovsiichuk, "Pivstolittia tomu"; Mikhail Kravchenko, "Trezubets v petle," *Russkoe voskresenie*, www.voskres.ru/army/publicist/kravtshenko.htm.

10. Stashinsky's Trial Transcripts, in *Moskovs'ki vbyvtsi*, 137.

4 空降伞兵

1. Dmytro Viedienieiev and Hennadii Bystrukhin, *Dvobii bez kompromisiv: Protyborstvo spetspidrozdiliv OUN ta radians'kykh syl spetsoperatsii, 1945–1980-ti rr.* (Kyiv, 2007), 288–303, 392–409.

2. John L. Steele, "Assassin Disarmed by Love: The Case of a Soviet Spy Who Defected to the West," *Life*, September 7, 1962, 70–77, reprinted in Allen Dulles, ed., *Great True Spy Stories* (New York, 1968), 419–435; here, 421–422; Stashinsky's Trial Transcripts, in *Moskovs'ki vbyvtsi*, 137.

3. Viedienieiev and Bystrukhin, *Dvobii bez kompromisiv*, 290, 392–395; Stephen Dorril, *MI6: Inside the Covert World of Her Majesty's Secret Intelligence Service* (New York, 2000), 223–248; Peter Gross, *Operation Rollback: America's Secret War Behind the Iron Curtain* (New York, 2000), 171; Kevin C. Ruffner, "Cold War Allies: The Origins of CIA's Relationship with Ukrainian Nationalists," in *Fifty Years of the CIA* (Langley, VA, 1998), 29–30.

4. *Stepan Bandera u dokumentakh radians'kykh orhaniv derzhavnoi bespeky (1939–1959)*, ed. Volodymyr Serhiichuk (Kyiv, 2009), 3: 69–77, 95–96, 105.

5. Sudoplatov, *Special Tasks*, 257–259; Dmytro Viedienieiev and Iurii Shapoval, "Maltiis'kyi sokil: Abo dolia Myrona Matviieika," *Dzerkalo tyzhnia*, August 11, 2001; Viedienieiev and Bystrukhin, *Dvobii bez kompromisiv*, 392–399.

6. Stashinsky's Trial Transcripts, in *Moskovs'ki vbyvtsi*, 137–138; Viedienieiev and Bystrukhin, *Dvobii bez kompromisiv*, 300–309; Georgii Sannikov, *Bol'shaia okhota: Rasgrom vooruzhennogo podpol'ia v Zapadnoi Ukraine* (Moscow, 2002), 16–18.

5 慕尼黑街头

1. Leonid Shebarshin, *Ruka Moskvy: Zapiski nachal'nika Sovetskoi razvedki* (Moscow, 1996), 150–152.

2. Stashinsky's Trial Transcripts, in *Moskovs'ki vbyvtsi*, 138–141; *Shchit i mech maiora Zoricha*, television documentary, www.youtube.com/watch?v=pm5q_32UluE; Viedienieiev and Bystrukhin, *Dvobii bez kompromisiv*, photo of Colonel Aleksei [Oleksii] Daimon following p. 504; O. Daimon, "V okupovanomu Kyievi," *Z arkhiviv VUCHK-HPU-NKVD-KHB: Naukovyi i dokumental'nyi zhurnal* 12, no. 1 (2000): 245ff.; Sannikov, *Bol'shaia okhota*, 18.

3. David E. Murphy, Sergei A. Kondrashev, and George Bailey, *Battleground Berlin: CIA vs. KGB in the Cold War* (New Haven, CT, 1997), 256–259; George Blake, *No Other Choice: An Autobiography* (New York, 1991), 166–167.

4. Dmytro Lykhovii and Lesia Shovkun, "Demokrat v OUN i persha zhertva KGB," *Ukrainska pravda*, October 12, 2011.

5. Stashinsky's Trial Transcripts, in *Moskovs'ki vbyvtsi*, 141–146; Andrii Rebet, "Lev i Dariia Rebet: Moï bat'ky," paper delivered on June 24, 1998, at the Ukrainian Free University, Munich, manuscript, 13.

6. Ivan Bysaha and Vasyl Halasa, *Za velinniam sovisti* (Kyiv, 1963); Stepan Mudryk-Mechnyk, *OUN v Ukraïni i za kordonom pid provodom S. Bandery (Prychynky do istoriï, spohad)* (Lviv, 1997), 128–129; *Moskovs'ki vbyvtsi*, 145, 616–617.

7. Stashinsky's Trial Transcripts, in *Moskovs'ki vbyvtsi*, 154–160; Karl Anders, *Murder to Order* (London, 1965), 25–28.

6 神奇武器

1. Stashinsky's Trial Transcripts, in *Moskovs'ki vbyvtsi*, 161–164.

2. Ibid., 164–165.

3. Ibid., 166–167.

4. Ibid., 175–177; Anders, *Murder to Order*, 25–32.

5. Anders, *Murder to Order*, 115; Nikolai Khokhlov, *Pravo na sovest'* (Frankfurt, 1957), 113–138; "Shpion, kotoryi byl otravlen KGB, no vyzhil," *APN Nizhnii Novgorod*, January 12, 2006, www.apn-nn.ru/contex_s/26820.html; Boris Volodarsky, *The KGB's Poison Factory: From Lenin to Litvinenko* (Minneapolis, 2010), 184.

7 莫斯科的问候

1. Stashinsky's Trial Transcripts, in *Moskovs'ki vbyvtsi*, 170–172; Anders, *Murder to Order*, 35–36.

2. Author's interview with Andrii Rebet, Munich, July 1, 2012.

3. Stashinsky's Trial Transcripts, in *Moskovs'ki vbyvtsi*, 172–174; Anders, *Murder to Order*, 35–37.

4. Ibid., 174, 248–249, 615; Author's interview with Anatol Kaminsky, a close associate of Daria Rebet, July 27, 2012; Memorandum for the Record, Subject: Meeting with AECASSOWARY 2 [Mykola Lebed] and 29 [Fr. Mykhailo Korzhan], April 3, 1962, 1, Aerodynamic: Contact Reports, vol. 45, NARA, RG 263, E ZZ-19, B 23.

5. Stashinsky's Trial Transcripts, in *Moskovs'ki vbyvtsi*, 174; Anders, *Murder to Order*, 10–11, 38–39, 57; Dmitrii Prokhorov, *Skol'ko stoit prodat' rodinu* (St. Petersburg, 2005), 255.

8 红场

1. Stashinsky's Trial Transcripts, in *Moskovs'ki vbyvtsi*, 184–185; Anders, *Murder to Order*, 44–45; "Sem' sester Stalina: Ili kak stroilis' pervye sovetskie neboskreby," *Fact Magazine*, February 12, 2011, www.magazinefact.com/articles/72-figures-and-faces/751-qseven-sistersq-of-stalin-or-how-the-first-soviet-skyscrapers-were-built.

2. Stashinsky's Trial Transcripts, in *Moskovs'ki vbyvtsi*, 187.

3. "Ishchenko Georgii Avksentievich," in Nikita Petrov, *Kto rukovodil organami gosbezopasnosti, 1941–1954: Spravochnik* (Moscow, 2010), 430–431.

4. Stashinsky's Trial Transcripts, in *Moskovs'ki vbyvtsi*, 182–183; *Romantyk shakhiv ta ioho epokha: Stepan Popel'*, comp. Ivan Iaremko (Lviv, 2009).

5. Interview of Lieutenant General Vasilii Khristoforov, head of the Registration and Archives Directorate of the Federal Security Service of the Russian Federation, in the television documentary *Tainy razvedki: Likvidatsiia Stepana Bandery* (2012).

6. Stepan Bandera, "Nad mohyloiu Ievhena Konoval'tsia," in Stepan Bandera, *Perspektyvy ukraïns'koï revoliutsiï* (Kyiv, 1999), 587–591.

7. Stashinsky's Trial Transcripts, in *Moskovs'ki vbyvtsi*, 149–150, 184.

8. Ibid., 186–187; Anders, *Murder to Order*, 45.

9. Stashinsky's Trial Transcripts, in *Moskovs'ki vbyvtsi*, 185–187; Nikolai Khokhlov, *Pravo na sovest'* (Frankfurt, 1957).

9 波佩尔先生

1. Stashinsky's Trial Transcripts, in *Moskovs'ki vbyvtsi*, 194–198; Rossoliński-Liebe, *Stepan Bandera*, 354; Anders, *Murder to Order*, 51–54; Richard Deacon and Nigel West, *Spy! Six Stories of Modern Espionage* (London, 1980), 127.

2. Stashinsky's Trial Transcripts, in *Moskovski vbyvtsi*, 198–199; Steele, "Assassin Disarmed by Love," 430.

10 送医不治

1. "Delving Behind the Scenes of the Death of Stefan Bandera," CIA report, July 14, 1960, Stephen Bandera Name File, vol. 2, National Archives and Records Administration (NARA), RG 263, E ZZ-18, B 6, 15; "Ivan Kashuba's Comments Regarding Bandera's Last Moments of Life," CIA, January 4, 1960, Attachment D, ibid., 1; Wiesław Romanowski, *Bandera: Terrorysta z Galicji* (Warsaw, 2012), 5–8.

2. *Moskovs'ki vbyvtsi*, 23–24, 33, 42; Romanowski, *Bandera*, 8.

3. "Delving Behind the Scenes," 11; *Moskovs'ki vbyvtsi*, 24–25.

4. Edward Page Jr., AmConGen, Munich, to the Department of State, "Mysterious Poisoning of Stepan Bandera, Leader of the Organization of Ukrainian Nationalists (Banderists)," October 26, 1959, Stephen Bandera Name File, vol. 2, NARA, RG 263, E ZZ-18, B 6; "Delving Behind the Scenes," 9–10; *Moskovs'ki vbyvtsi*, 39; *Stepan Bandera u dokumentakh*, 3:85–88; Rossoliński-Liebe, *Stepan Bandera*, 350.

5. *Moskovs'ki vbyvtsi*, 465–466; Romanowski, *Bandera*, 9.

6. Stashinsky's Trial Transcripts, in *Moskovs'ki vbyvtsi*, 249; *Münchener Merkur*, October 20, 1959; cf. *Moskovs'ki vbyvtsi*, 26; Rossoliński-Liebe, *Stepan Bandera*, 349.

7. David Irving, *The Secret Diaries of Hitler's Doctor* (London, 2005), 108, 119, 138, 242–243, 247, 269, 280; Gilbert Shama, "Pilzkrieg: The German Wartime Quest for Penicillin," *Microbiology Today* 30 (August 2003): 120–123; *Moskovs'ki vbyvtsi*, 34–36.

11 葬礼

1. *Moskovs'ki vbyvtsi*, 471–475.

2. Ibid., 27, 471–473, 481, 487–488; Memorandum for the Record, November 18, 1959, Subject: Contact with AECASSOWARY 2 [Mykola Lebed] on October 22 and 23, 1959, 1, Aerodynamic: Contact Reports, vol. 44, f. 2, NARA, RG 263, E ZZ-19, B 23.

3. *Stepan Bandera u dokumentakh*, 3: 85–92; Romanowski, *Bandera*, 27.

4. Stepan Mudryk, *U borot'bi proty moskovs'koi ahentury* (Munich, 1980), chap. 14; Iaroslav Svatko, *Misiia Bandery* (Lviv, 2003), 57–59; *Moskovs'ki vbyvtsi*, 22, 39; Rossoliński-Liebe, *Stepan Bandera*, 350.

5. Mudryk, *U borot'bi*, chap. 14; Ivan Farion, "Shchob vriatuvaty Banderu, udar avta pryiniav na sebe . . . ," *Vysokyi zamok*, December 28, 2008.

6. Munich [base of operations] to Director [CIA], November 24, 1959, IN 11793, Stephen Bandera Name File, vol. 2, NARA, RG 263, E ZZ-18, B 6; Random Notes, The Role of Ivan Kashuba, May 2, 1960, ibid.; "Delving Behind the Scenes," 17; "Ivan Kashuba's Comments," 1.

12 中情局电报

1. Munich to Director, IN 37607, October 15, 1959, Stephen Bandera Name File, vol. 2, NARA, RG 263, E ZZ-18, B 6.

2. Sheridan Sansegundo, "William Hood: Of Moles and Double Agents," *South Hampton Star*, June 9, 2005.

3. Charles Hawley, "The US Soldier Who Liberated Munich Remembers Confronting the Nazi Enemy," *Spiegel International*, April 29, 2005.

4. John Fiehn, "Munich: New Center of Spy Intrigue," *Chicago's American*, January 17, 1960; Marta Dyczok, *The Grand Alliance and Ukrainian Refugees* (New York, 2000), 42–169.

5. Richard Breitman and Norman J. W. Goda, *Hitler's Shadow: Nazi War Criminals, U.S. Intelligence, and the Cold War* (Washington, DC, 2010), 77–80; *Stepan Bandera u dokumentakh*, 3:115–225; Anatol' Kamins'kyi, *Proloh u kholodnii viini proty Moskvy: Prodovzhennia vyzvol'noï borot'by iz-za kordonu* (Hadiach, Ukraine, 2009), 40–58.

6. Breitman and Goda, *Hitler's Shadow*, 80–82, 40–58; Dorril, *MI6*, 231–235.

7. Breitman and Goda, *Hitler's Shadow*, 82–83, 85–88; Kamins'kyi, *Proloh u kholodnii viini proty Moskvy*, 3–39.

8. Munich to Director, IN 37607, October 16, 1959, Stephen Bandera Name File, vol. 2, NARA, RG 263, E ZZ-18, B 6; Munich to Director, IN 38209, October 18, 1959, ibid.; Munich to Director, IN 38504, October 19, 1959, ibid.

13 攀升

1. Director to Munich, Frankfurt, DIR 13898, March 20, 1958, Stephen Bandera Name File, vol. 2, NARA, RG 263, E ZZ-18, B 6; Munich to Director, IN 49176, March 27, 1958, ibid.

2. Munich [General Consulate] to Secretary of State, Department of State, 10490, October 16, 1959, Stephen Bandera Name File, vol. 2, NARA, RG 263, E ZZ-18, B 6; Stepan Bandera to Osyp Bandera, November 1, 1955, in Posivnych, *Stepan Bandera*, 191–194; Stepan Bandera to Jaroslav Padoch, February 7, 1959, Jaroslaw Padoch Collection, no. 208, Ukrainian Museum and Library, Stamford, Connecticut.

3. Timothy Snyder, *The Reconstruction of Nations: Poland, Ukraine, Lithuania, Belarus, 1569–1999* (New Haven, CT, 2004), 154–178; John-Paul Himka, "Ukrainian Collaboration in the Extermination of the Jews During the Second World War: Sorting Out the Long-Term and Conjectural Factors," in *The Fate of the European Jews,*

1939–1945: Continuity or Contingency, ed. Jonathan Frankel (Oxford, 1997), 170–189; Alex J. Motyl, "The Ukrainian Nationalist Movement and the Jews: Theoretical Reflections on Nationalism, Fascism, Rationality, Primordialism and History," in *Polin: Studies in Polish Jewry*, ed. Anthony Polonsky and Yohanan Petrovsky-Shtern, vol. 26 (Oxford, 2014): 275–295.

4. Munich [General Consulate] to Secretary of State, Department of State, 10490, October 16, 1959, Stephen Bandera Name File, vol. 2, NARA, RG 263, E ZZ-18, B 6; Page, "Mysterious Poisoning of Stefan Bandera"; Telegram from the Embassy in the Soviet Union to the Department of State, October 13, 1962, *Foreign Relations of the United States* [*FRUS*], 1961–1963, vol. 5, no. 245.

5. CIA Memorandum, "Meeting with UPHILL Representatives," May 26, 1961, 1, Stephen Bandera Name File, vol. 2, NARA, RG 263, E ZZ-18, B 6; Chief of Base, Munich, to Chief, S[oviet] R[ussia Division], October 5, 1959, DOI 70–17, ibid.; Munich to Director, IN 38209, October 18, 1959, ibid.; "Delving Behind the Scenes," 4; Chief of Base, Munich, to chief S[oviet] R[ussia], DOI 70–17, October 5, 1958, Stephen Bandera Name File, vol. 2, NARA, RG 263, E ZZ-18, B 6; "Visit of Bandera to the USA," Attachment to EGMA 45003, August 27, 1959, ibid.; Reinhard Heydenreuter, "Pidhotovka ta zdiisnennia zamakhu na Stepana Banderu 1959 r. v dzerkali miunkhens'kykhs' politsiinykh aktiv," in *Ukrains'kyi vyzvol'nyi rukh* 11 (Lviv, 2007): 217.

6. E. H. Cookridge, *Gehlen: Spy of the Century* (New York, 1972); James H. Critchfield, *Partners at the Creation: The Men Behind Postwar Germany's Defense and Intelligence Establishments* (Annapolis, MD, 2003), 200–218.

7. "Herre, Heinz-Danko (1909–1988)," in Jefferson Adams, *Historical Dictionary of German Intelligence* (Lanham, MD, 2009), 183.

8. Critchfield, *Partners at the Creation*, 96.

9. *Moskovs'ki vbyvtsi*, 22, 36; "Delving Behind the Scenes," 4–6; Romanowski, *Bandera*, 24.

10. Romanowski, *Bandera*, 22–23; "Delving Behind the Scenes," 4–6; Munich to Director, IN 38504, October 19, 1959, Stephen Bandera Name File, vol. 2, NARA, RG 263, E ZZ-18, B 6.

14 头号嫌疑人

1. Director to Munich, Frankfurt, DIR 01687, November 5, 1959, Stephen Bandera Name File, vol. 2, NARA, RG 263, E ZZ-18, B 6.

2. "Research Aid: Cryptonyms and Terms in Declassified CIA Files Nazi War Crimes and Japanese Imperial Government Records Disclosure Acts," www.archives.gov/iwg/declassified-records/rg-263-cia-records/second-release-lexicon.pdf.

3. Chief of Base, Munich, to Chief, S[oviet] R[ussia Division], November 12, 1959, EGMA 45907, 2, Stephen Bandera Name File, vol. 2, NARA, RG 263, E ZZ-18, B 6; Romanowski, *Bandera*, 32–33.

4. Viedienieiev and Shapoval, "Maltiis'kyi sokil."

5. Ibid.; Viedienieiev and Bystrukhin, *Dvobii bez kompromisiv*, 392–410; Adam Kaczyński, "Spadochroniarze OUN: Historia desantów z 14 maja 1951 r.," *Inne Oblicza Historii*, https://ioh.pl/artykuly/pokaz/spadochroniarze-oun-historia-desantw-z--maja--r,1071.

6. "Delving Behind the Scenes," 11.

7. Ibid., 11–12.

8. Chief of Base, Munich, to Chief, S[oviet] R[ussia Division], November 12, 1959, EGMA 45907, 1, 2; "Delving Behind the Scenes," 10.

9. Chief of Base, Munich, to Chief, S[oviet] R[ussia Division], November 12, 1959, EGMA 45907, 1, 2; "Delving Behind the Scenes," 10.

15 积极措施

1. Stashinsky's Trial Transcripts, in *Moskovs'ki vbyvtsi*, 199; Anders, *Murder to Order*, 57.

2. Murphy, Kondrashev and Bailey, *Battleground Berlin*, 257–58; Anatolii Gus'kov, *Pod grifom pravdy. Ispoved' voennogo kontrrazvedchika. Liudi, fakty, spetsoperatsii* (Moscow, 2004), chap. 10; Eduard Khrutskii, *Teni v pereulke* (Moscow, 2006), 53–55; G. K. Zhukov, *Vospominaniia i razmyshleniia* (Moscow, 2002), 1: 331–33.

3. Murphy et al., *Battleground Berlin*, 264–266; "Soviet Use of Assassination and Kidnapping," CIA report, 1964, Center for the Study of Intelligence, https://www.cia.gov/library/center-for-the-study-of-intelligence/kent-csi/vol19no3/html/v19i3a01p_0001.htm.

4. Christopher Andrew and Oleg Gordievsky, *KGB: The Inside Story of the Foreign Operations* (New York, 1990), 384–385; Marc Fisher, "E. Germany Ran Antisemitic Campaign in West in 60s," *Washington Post*, February 28, 1993.

5. Murphy et al., *Battleground Berlin*, 325–326; *FRUS*, 1958–1960, vol. 8, *Berlin Crisis, 1958–59*, no. 348.

6. *Moskovs'ki vbyvtsi*, 468; Heydenreuter, "Pidhotovka ta zdiisnennia zamakhu na Stepana Banderu 1959 r.," 211–220.

7. *Stepan Bandera u dokumentakh*, 3:593, 601; B. Aleksandrov, "Neshchastnyi sluchai ili ubiistvo?" *Komsomol'skaia pravda*, October 22, 1959; B. Aleksandrov, "Sledy vedut k Oberlenderu," *Komsomol'skaia pravda*, October 25, 1959.

8. *Moskovs'ki vbyvtsi*, 587–589; *Stepan Bandera u dokumentakh*, 3:593, 601; Philipp Ther, "War Versus Peace: Interethnic Relations in Lviv During the First Half of the Twentieth Century," *Harvard Ukrainian Studies* 24 (2000): 251–284; Volodymyr Viatrovych, "Iak tvorylasia legenda pro Nakhtigal,'" *Dzerkalo tyzhnia*, February 16, 2008; Taras Hunczak, "Shukhevych and the Nachtigall Battalion: Soviet Fabrications About the Ukrainian Resistance Movement," *The Day* (Kyiv, 2009), no. 22; John-Paul Himka, "The Lviv Pogrom of 1941: The Germans, Ukrainian Nationalists, and the Carnival Crowd," *Canadian Slavonic Papers* 53, nos. 2–4 (2011): 209–243; Serhii Riabenko, "Slidamy "Lvivs'koho pohromu" Ivana Dzhona Khymky, *Ukrains'ka pravda*, February 20, 2013.

9. Michael Lemke, "Kampagnen gegen Bonn: Die Systemkrise der DDR und die West-Propaganda der SED 1960–1963," *Vierteljahrshefte für Zeitgeschichte* 41 (1993): 151–174; DEFA Studio for Newsreels and Documentaries, Eyewitness 1959 / W 88 www.defa.de/DesktopDefault.aspx?TabID=412&FilmID=Q6UJ9A0040QW; Rossoliński-Liebe, *Stepan Bandera*, 357–359; Tennent H. Bagley, *Spymaster: Startling Cold War Revelations of a Soviet KGB Chief* (New York, 2013), chap. 12.

10. Stashinsky's Trial Transcripts, in *Moskovs'ki vbyvtsi*, 225.

16 寄予厚望

1. Stashinsky's Trial Transcripts, in *Moskovs'ki vbyvtsi*, 202.

2. Teodor Gladkov, *Lift v razvedku: "Korol' nelegalov" Aleksandr Korotkov* (Moscow, 2002); Sudoplatov, *Special Tasks*, 48, 138–139; 241–244.

3. Khokhlov, *Pravo na sovest'*, 113–138; "Shpion, kotoryi byl otravlen KGB, no vyzhil," *APN Nizhnii Novgorod*, January 12, 2006, www.apn-nn.ru/contex_s/26820.html.

4. Volodarsky, *The KGB's Poison Factory*, 184.

5. Murphy et al., *Battleground Berlin*, 264–266.

6. Stashinsky's Trial Transcripts, in *Moskovs'ki vbyvtsi*, 202–203; Anders, *Murder to Order*, 59–60.

7. Stashinsky's Trial Transcripts, in *Moskovs'ki vbyvtsi*, 202–203; Anders, *Murder to Order*, 59–60.

8. Stashinsky's Trial Transcripts, in *Moskovs'ki vbyvtsi*, 188–189.

17 高层人物

1. Typescript of Vladimir Semichastny's memoirs with his personal corrections, in the archive of Professor Tomas Sniegon, University of Lund, Sweden, 66. Cf. Vladimir Semichastny, *Bespokoinoe serdtse* (Moscow, 2002), 193; "Ėkspertnoe zakliuchenie k zasedaniiu Verkhovnogo suda RF, May 26, 1992," *Memorial*, www.memo.ru/history/exp-kpss/Chapter5.htm; Leonid Mlechin, *Zheleznyi Shurik* (Moscow, 2004), 237.

2. Khrushchev, *Khrushchev Remembers*, 146–147; Posivnych, *Stepan Bandera*, 11–14; Sudoplatov, *Special Tasks*, 357, 378.

3. Sudoplatov, *Special Tasks*, 249, 252–253, 378.

4. Ibid., 355; Georgii Sannikov, *Bol'shaia okhota: Razgrom vooruzhennogo podpol'ia v Zapadnoi Ukraine* (Moscow, 2002), 19, 342–343; Breitman and Goda, *Hitler's Shadow*, 83.

5. Sannikov, *Bol'shaia okhota: Bor'ba s vooruzhennym podpol'em OUN v Zapadnoi Ukraine* (Moscow, 2008), 249; "Diadei v organakh KGB nemalo, a umeniia nashchupat vraga eshche ne vsegda khvataet," *Kommersant Vlast'* 994, no. 40 (October 8, 2012).

6. Filipp Bobkov, "A. N. Shelepin," *Federal'naia sluzhba bezopasnosti Rossiiskoi Federatsii* www.fsb.ru/fsb/history/author/single.htm!id%3D10317982%2540fsbPublication.html.

7. Leonid Mlechin, *Shelepin* (Moscow, 2009); Christopher Andrew and Oleg Gordievsky, *KGB: Intelligence Operations from Lenin to Gorbachev* (New York, 1990), 463; Herbert Romerstein, "Disinformation as a KGB Weapon in the Cold War," *Journal of Intelligence History* 1 (Summer 2001): 54–67.

18 个人问题

1. Anders, *Murder to Order*, 60; Stashinsky's Trial Transcripts, in *Moskovs'ki vbyvtsi*, 204.

2. Aleksandr Sever, *Smert' shpionam! Voennaia kontrrazvedka Smersh v gody Velikoi Otechestvennoi voiny* (Moscow, 2009), 410; A. A. Sokolov, *Anatomiia predatel'stva: "Superkrot" TsRU v KGB. 35 let shpionazha generala Olega Kalugina* (Moscow, 2005), 33; Vitalii Pavlov, *Operatsiia Sneg: Polveka vo vneshnei razvedke KGB* (Moscow, 1996), 116.

3. Stashinsky's Trial Transcripts, in *Moskovs'ki vbyvtsi*, 204; Anders, *Murder to Order*, 61.

4. *Moskovs'ki vbyvtsi*, 620; Anders, *Murder to Order*, 38–39, 60, 114; Steele, "Assassin Disarmed by Love"; Peter-Ferdinand Koch, *Der Fund: Die Skandale des Stern Gerd Heidemann und die Hitler-Tagebuch* (Hamburg, 1990), 107–121; Annemarie Lange, *Führer durch Berlin* (Berlin, 1963), 121; Excerpts from a report on meeting with the agent "Lipski," Archives of the Polish Ministry of Internal Affairs, Instytut Pamięci Narodowej, Warsaw, IPN BU 01355/196/J (1074/4/48), 1–2.

5. *Moskovs'ki vbyvtsi*, 620; Anders, *Murder to Order*, 60.

6. Anders, *Murder to Order*, 61.

7. Stashinsky's Trial Transcripts, in *Moskovs'ki vbyvtsi*, 208.

19　授奖

1. "Simvoly zovushchie k miru i progressu," *Pravda*, December 7, 1959, 4; "Vsenarodnyi prazdnik," *Pravda*, December 6, 1959, 1.

2. Stashinsky's Trial Transcripts, in *Moskovs'ki vbyvtsi*, 204–205; Anders, *Murder to Order*, 62.

3. Stashinsky's Trial Transcripts, in *Moskovs'ki vbyvtsi*, 206; Anders, *Murder to Order*, 62–63.

4. William Hood, *Mole: The True Story of the First Russian Spy to Become an American Counterspy* (Washington, DC, 1993), 68.

5. Stashinsky's Trial Transcripts, in *Moskovs'ki vbyvtsi*, 208–211, 226; Anders, *Murder to Order*, 63–64.

20　求婚

1. Anders, *Murder to Order*, 64; Murphy et al., *Battleground Berlin*, 488; Tennent H. Bagley, *Spy Wars: Moles, Mysteries, and Deadly Games* (New Haven, CT, 2008), 123–131; "Fabrichnikov, Arkadii Andreevich," *Mezhdunarodnyi ob'edinennyi biograficheskii tsentr*, http://wwii-soldat.narod.ru/200/ARTICLES/BIO/fabrichnikov_aa.htm; Sannikov, *Bol'shaia okhota* (2002), 343–344; "Kravchenko Nikolai Nikolaevich," in Petrov, *Kto rukovodil organami gosbezopasnosti*, 505–506.

2. Stashinsky's Trial Transcripts, in *Moskovs'ki vbyvtsi*, 209–211; Anders, *Murder to Order*, 64.

3. Anders, *Murder to Order*, 64–65; Stashinsky's Trial Transcripts, in *Moskovs'ki vbyvtsi*, 212.

4. Hood, *Mole*, 23.

5. Stashinsky's Trial Transcripts, in *Moskovs'ki vbyvtsi*, 212–213; Anders, *Murder to Order*, 64–65; Rossoliński-Liebe, *Stepan Bandera*, 355.

6. *Moskovs'ki vbyvtsi*, 620; Anders, *Murder to Order*, 38–39, 60, 114; Steele, "Assassin Disarmed by Love"; Peter-Ferdinand Koch, *Der Fund. Die Skandale des Stern Gerd Heidemann und die Hitler-Tagebuch* (Hamburg, 1990), 110–111.

7. Stashinsky's Trial Transcripts, in *Moskovs'ki vbyvtsi*, 210–215; Anders, *Murder to Order*, 65.

21 介绍新娘

1. Stashinsky's Trial Transcripts, in *Moskovs'ki vbyvtsi*, 215–216; Anders, *Murder to Order*, 67–68.

2. Koch, *Der Fund*, 114–116.

3. "Razoruzhenie—put' k uprocheniiu mira, ukrepleniiu druzhby mezhdu narodami: Doklad tovarishcha N. S. Khrushcheva na sessii Verkhovnoho Soveta SSR," *Pravda*, January 15, 1960, 1–2; The Kitchen Debate (Nixon and Khrushchev, 1959), 2 parts, www.youtube.com/watch?v=z6RLCw1OZFw&feature=relmfu.

4. Stashinsky's Trial Transcripts, in *Moskovs'ki vbyvtsi*, 215–216; Anders, *Murder to Order*, 67–68. For transcripts of conversations wiretapped by the KGB in the Moscow hotels in the late 1950s, see Osobyiarkhiv Litvy (KGB Litovskoi SSR), opis 3, delo 8411–3.

5. Stashinsky's Trial Transcripts, in *Moskovs'ki vbyvtsi*, 218–219, 226; Koch, *Der Fund*, 116–117.

6. Anders, *Murder to Order*, 68; Deacon and West, *Spy!*, 126; Koch, *Der Fund*, 116.

22 间谍月

1. Koch, *Der Fund*, 117–118.

2. Stashinsky's Trial Transcripts, in *Moskovs'ki vbyvtsi*, 217–218; *Imena Moskovskikh ulits: Putevoditel'*, ed. K. G. Efremov, 5th ed. (Moscow, 1988), 141.

3. Stashinsky's Trial Transcripts, in *Moskovs'ki vbyvtsi*, 217, 227; Koch, *Der Fund*, 117–118; Hood, *Mole*, 176–177.

4. "The Summit Conference of 1960: The Intelligence Officer's View," *Central Intelligence Agency*, https://www.cia.gov/library/center-for-the-study-of-intelligence/csi-publications/books-and-monographs/sherman-kent-and-the-board-of-national-estimates-collected-essays/8summit.html.

5. "The Paris Summit Falls Apart," UPI, www.upi.com/Audio/Year_in_Review/Events-of-1960/The-Paris-Summit-Falls-Apart/12295509435928-2; David Lawrence, "Infiltration of Communists Still Serious Problem Here," *Evening Independent*, June 16, 1960; Bem Price, "Poor Spies Pose War Threat," *Victoria Advocate*, July 30, 1991, 3A.

6. *Krovavye deianiia Oberlandera: Otchet o press-konferentsii dlia sovetskikh i inostrannykh zhurnalistov, sostoiavsheisia v Moskve 5 aprelia 1960 goda* (Moscow, 1960); Hermann Raschhhofer, *Political Assassination: The Legal Background of the Oberländer and Stashinsky Cases* (Tübingen, Germany, 1964); Viatrovych, "Iak tvorylasia legenda pro Nakhtigal'"; "Völkerrechtliche Praxis der Bundesrepublik Deutschland im Jahre 1960," in *Max-Planck-Institut für ausländisches öffentliches Recht und Völkerrecht* (1963): 345–346; *Moskovs'ki vbyvtsi*, 44–46, 592–595.

23 原地打转

1. *Moskovs'ki vbyvtsi*, 34–35, 592; "Delving Behind the Scenes of the Death of Stefan Bandera," CIA report, July 14, 1960, Stephen Bandera Name File, vol. 2, National Archives and Records Administration (NARA), RG 263, E ZZ-18, B 6. "The Visit of the

Oberkomissar of the German Criminal Police, Adrian Fuchs," CIA, May 2, 1960, Attachment C, ibid.

2. "Matviieiko Miron, shef sluzhby bezpeki OUN, 'Usmikh,' agent angliiskoi razvedki 'Moddi': protokoly doprosov," *Novosti Ukrainy*, http://noviny.su/smi-00000745.html; Author's interview with Anatol Kaminsky, July 27, 2012.

3. "Research Aid: Cryptonyms and Terms in Declassified CIA Files."

4. Chief of Base, Munich, to Chief, S[oviet R[ussia Division], May 2, 1960, EGMA 48874, 1; Stephen Bandera Name File, vol. 2, National Archives and Records Administration (NARA), RG 263, E ZZ-18.

5. "Delving Behind the Scenes," 1–2.

6. Ibid., 3–4.

7. Ibid., 7–18; "The Visit of the Oberkommissar," 3.

8. Viedienieiev and Bystrukhin, *Dvobii bez kompromisiv*, 408; Random Notes, "Role of Ivan Kashuba," May 2, 1960, Stephen Bandera Name File, vol. 2, NARA, RG 263, E ZZ-18, B 6; Chief of Base, Munich, to Director, [Central Intelligence Agency], November 29, 1961, IN 29726, 1–3, Subject Files: AEDOGMA/AEBATH, NARA, RG 263, B 5.

24 窃听器

1. Anders, *Murder to Order*, 69; Stashinsky's Trial Transcripts, in *Moskovs'ki vbyvtsi*, 227.

2. "Narodnoe khoziaistvo SSSR/1960/Sel'skoe khoziaistvo," www.mysteriouscountry.ru/wiki/index; Robert W. Gibson, "Reporter Returns. Soviet Life: Big Changes Since 1960," *Los Angeles Times*, April 17, 1986.

3. "Rasstreliannyi gorod," *Trud*, July 2, 2007 www.trud.ru/article/02-06-2007/116699_rasstreljannyj_gorod.html.

4. Steele, "Assassin Disarmed by Love," 432; Stashinsky's Trial Transcripts, in *Moskovs'ki vbyvtsi*, 227; Anders, *Murder to Order*, 70.

5. Peter Grier, "Cleaning the Bug House," *Air Force Magazine*, September 2012, www.airforce-magazine.com/MagazineArchive/Pages/2012/September%202012/0912embassy.aspx.

6. Stashinsky's Trial Transcripts, in *Moskovs'ki vbyvtsi*, 217, 229–230; Anders, *Murder to Order*, 70–71; Koch, *Der Fund*, 119.

25 家人

1. Stashinsky's Trial Transcripts, in *Moskovs'ki vbyvtsi*, 230–231; Anders, *Murder to Order*, 71.

2. Lesia Fediv, "Vin ubyv Banderu," *Shchodennyi L'viv*, May 22, 2008.

3. "Toi samyi Bohdan," *Ekspres*, October 14, 2010; Iurii Lukanov, "Try liubovi Stepana Bandery: Stsenarii dokumental'noho televiziinoho fil'mu," 1998, www.oocities.org/yuriylukanov/start_files/dorobok/dorobok01.htm; Stashinsky's Trial Transcripts, in *Moskovs'ki vbyvtsi*, 143; Ivan Farion, "Iak by mohla, sama ubyla b ubyvtsiu Bandery . . . ," *Vysokyi zamok*, October 14, 2015.

4. Iuliia Kohut, "L'viv u stratehichnykh planakh rosiis'koho tsaria," Travel Lviv: Tury po L'vovu, http://travellviv.com/uk_statti_petro1.html.

5. Stashinsky's Trial Transcripts, in *Moskovs'ki vbyvtsi*, 231–232; Anders, *Murder to Order*, 71–72; Koch, *Der Fund*, 119.

26 计划改变

1. "Baryshnikov Vladimir Iakovlevich," in Petrov, *Kto rukovodil organami gosbezopasnosti*, 182–183; Dmitrii Tarasov, *Bol'shaia igra SMERSha* (Moscow, 2010), 11–13.

2. Stashinsky's Trial Transcripts, in *Moskovs'ki vbyvtsi*, 232–233; Anders, *Murder to Order*, 72; Steele, "Assassin Disarmed by Love," 433.

3. Stashinsky's Trial Transcripts, in *Moskovs'ki vbyvtsi*, 233; Anders, *Murder to Order*, 73.

27 新年

1. Stashinsky's Trial Transcripts, in *Moskovs'ki vbyvtsi*, 210, 226; Anders, *Murder to Order*, 72–73.

2. Stashinsky's Trial Transcripts, in *Moskovs'ki vbyvtsi*, 233.; Koch, *Der Fund*, 119.

3. Stashinsky's Trial Transcripts, in *Moskovs'ki vbyvtsi*, 218; see photo of Stashinsky sisters following p. 695.

4. Stashinsky's Trial Transcripts, in *Moskovs'ki vbyvtsi*, 232.

5. Ibid., 234; Steele, "Assassin Disarmed by Love," 433; Anders, *Murder to Order*, 73.

6. Anders, *Murder to Order*, 73–74.

28 重返学校

1. Stashinsky's Trial Transcripts, in *Moskovs'ki vbyvtsi*, 234–235; see photocopies of Stashinsky's official evaluation, passport, and student identification card following p. 695.

2. Sannikov, *Bol'shaia okhota* (2008), 17.

3. Stashinsky's Trial Transcripts, in *Moskovs'ki vbyvtsi*, 235; Anders, *Murder to Order*, 75–76.

4. Inge's letter as shown in *Tainy razvedki: Likvidatsiia Stefana Bandery*, television documentary, 2012, http://my.mail.ru/community/russkiemaloross/tag/%D1%F2%E0%F8%E8%ED%F1%EA%E8%E9.

5. Steele, "Assassin Disarmed by Love," 434; Inge Pohl's police testimony, in *Moskovs'ki vbyvtsi*, 620–621; Anders, *Murder to Order*, 76; Koch, *Der Fund*, 119; Rossoliński-Liebe, *Stepan Bandera*, 355.

29 意外来电

1. Stashinsky's Trial Transcripts, in *Moskovs'ki vbyvtsi*, 235, Inge Pohl's police testimony, in ibid., 621.

2. Stashinsky's Trial Transcripts, in *Moskovs'ki vbyvtsi*, 235–236; Anders, *Murder to Order*, 89.

3. Stashinsky's Trial Transcripts, in *Moskovs'ki vbyvtsi*, 236; Anders, *Murder to Order*, 90–91; Aleksandr Bogomolov and Georgii Sannikov, *Bez protokola: Nevydumannye istorii* (Moscow, 2010), 210; Mlechin, *Zheleznyi Shurik*, 240.

30　柏林

1. "Zadanie Rodiny vypolneno! Raport geroia-kosmonavta Germana Titova tovarishchu N. S. Khrushchevu na Vnukovskom aėrodrome, 9 avgusta 1961 g.," *Pravda*, August 10, 1961, 1; "Genii i trud naroda tvoriat chudesa: Rech N. S. Khrushcheva," *Pravda*, August 10, 1961, 2.

2. "Vystuplenie N. S. Khrushcheva po radio i televideniiu 7 avgusta 1961 g.," *Pravda*, August 8, 1961, 1–2; John F. Kennedy, "The Berlin Crisis," July 25, 1961, www.presidentialrhetoric.com/historicspeeches/kennedy/berlincrisis.html; Frederick Kempe, *Berlin, 1961: Kennedy, Khrushchev and the Most Dangerous Place on Earth* (New York, 2011), 269–322.

3. Stashinsky's Trial Transcripts, in *Moskovs'ki vbyvtsi*, 236; Anders, *Murder to Order*, 90–91; Koch, *Der Fund*, 119.

31　最后时刻

1. *Moskovs'ki vbyvtsi*, 238, 621; Anders, *Murder to Order*, 92–97.

2. Kempe, *Berlin 1961*, 337.

3. *Moskovs'ki vbyvtsi*, 238, 621; Anders, *Murder to Order*, 94, 97; Kempe, *Berlin 1961*, 336; Steele, "Assassin Disarmed by Love," 434–435.

4. Kempe, *Berlin 1961*, 339–340, 345–346.

5. Stashinsky's Trial Transcripts, in *Moskovs'ki vbyvtsi*, 245; Anders, *Murder to Order*, 94–95; Kempe, *Berlin 1961*, 343–345; Steele, "Assassin Disarmed by Love," 434–435; Koch, *Der Fund*, 119–120.

32　冲击波

1. Records of the Rohrbeck Evangelische Kirchengemeinde Archive, Dallgow.

2. Sannikov, *Bol'shaia okhota* (2008), 18; Anders, *Murder to Order*, 98.

3. Bogomolov and Sannikov, *Bez protokola*, 248; Sannikov, *Bol'shaia okhota* (2002), 16–18; Aleksandr Sripnik, "17 mgnovenii iz zhizni veterana razvedki Konstantina Bogomazova," *Ezhenedelnik 2000*, November 13, 2009.

4. *Stepan Bandera u dokumentakh*, 3: 590–593; "Umer neposredstvennyi rukovoditel' operatsii po ubiistvam Stepana Bandery i L'va Rebeta," *Novosti Ukrainy*, June 25, 2008, http://rus.newsru.ua/ukraine/24jun2008/sviatohorov.html; Anatolii Tereshchenko, *Komandir razvedgruppy: Za liniei fronta* (Moscow, 2013); Sannikov, *Bol'shaia okhota* (2002), 15–17; Georgii Sannikov, "General Zubatenko," *Lubianka*, no. 8 (2008): 228–235.

5. Sannikov, *Bol'shaia okhota* (2008), 17–18; Aleksandr Skripnik, "Shchit i mech Aleksandra Sviatogorova," *2000*, no. 50 (December 13–19, 2013), www.szru.gov.ua/index_ua/index.html%3Fp=3317.html.

6. Gladkov, *Lift v razvedku*, 571–574; Murphy et al., *Battleground Berlin*, 301–304; Bogomolov and Sannikov, *Bez protokola*, 174.

7. Skripnik, "Shchit i mech Aleksandra Sviatogorova."

8. Sannikov, *Bol'shaia okhota* (2002), 16–17; Memorandum for the Record, April 22, 1976, Subject: Assassination of Stefan Bandera, 6, Stephen Bandera Name File, vol. 2, NARA, RG 263, E ZZ-18, 6; Andrew and Gordievsky, *KGB: The Inside Story*, 386; Evgenii Chernykh, "Slukhach Sovetskogo Soiuza," *Komsomol'skaia pravda*, December 20, 2012.

9. Anders, *Murder to Order*, p. 68; Viedienieiev and Bystrukhin, *Dvobii bez kompromisiv*, 271–274, photo of Oleksii Daimon following p. 504; "Personal File no. 301: Major Daimon, Aleksei Filimonovich," Archive of the Security Service of Ukraine (Kyiv), Fond 12, no. 17587; Zhan Kots'kyi [Ivan Kotovenko], "Buzynovyi dyskurs. Intermetstso." Maidan. Arkhivy forumiv Maidanu, http://maidanua.org/arch/arch2004/1083958049.html.

10. Interview of Lieutenant General Vasilii Khristoforov, head of the Registration and Archives Directorate of the Federal Security Service of the Russian Federation, in television documentary *Tainy razvedki: Likvidatsiia Stepana Bandery* (2012); Memorandum for the Record, April 22, 1976, Subject: Assassination of Stefan Bandera, 6; Aleksandr Fursenko and Timothy Naftali, *"One Hell of a Gamble": Khrushchev, Castro, Kennedy and the Cuban Missile Crisis, 1958–1964* (London, 1998), 334.

33 叛逃者

1. Joseph J. Trento, *The Secret History of the CIA* (New York, 2005), 185–188; John le Carré, "Introduction," *The Spy Who Came in from the Cold* (New York, 2012); Kempe, *Berlin, 1961*, 354–358; Murphy et al., *Battleground Berlin*, 378–381.

2. Memorandum for the Record, April 22, 1976, Subject: Assassination of Stefan Bandera, 2; Hood, *Mole*, 118.

3. Memorandum for the Record, April 22, 1976, Subject: Assassination of Stefan Bandera, 2; Rossoliński-Liebe, *Stepan Bandera*, 351.

4. Murphy et al., *Battleground Berlin*, 343–346; Michał Goleniewski personal file, Archives of the Polish Ministry of Internal Affairs, Instytut Pamięci Narodowej (Warsaw), IPN BU 01911/97/1; Tennent H. Bagley, *Spy Wars: Moles, Mysteries and Deadly Games* (New Haven, CT, 2007), 48–49; Leszek Pawlikowicz, *Tajny front zimnej wojny: Uciekinierzy z polskich służb specjalnych, 1956–1964* (Warszaw, 2004), 217ff.

5. Memorandum for Chief, S[oviet] R[ussia Division], August 24, 1961, 1–2, Stephen Bandera Name File, vol. 2, NARA, RG 263, E ZZ-18, B 6.

6. Chief of Station, Germany, to Chief of S[oviet] R[ussia Division], EGOA 15811, October 10, 1961, Aerodynamic: Operations, vol. 22, f. 1, 1–2, NARA, RG 263, E ZZ-19, B 14; Memorandum for the Record, April 22, 1976, Subject: Assassination of Stefan Bandera, 5; Iurii Lukanov, "Vin nazyvav sebe 'Mykola Sereda, ukraïnets' z Sumshchyny,'" *Hazeta po-ukraïns'ky*, December 18, 2012; Stashinsky's Trial Transcripts, in *Moskovs'ki vbyvtsi*, 256.

7. Memorandum for the Record, April 22, 1976, Subject: Assassination of Stefan Bandera, 9.

8. Ibid., 2; Rossoliński-Liebe, *Stepan Bandera*, 354–355.

34 深入调查

1. Kempe, *Berlin 1961*, 405–407; John F. Kennedy, "Remarks on Signing Peace Corps Bill," September 22, 1961, John F. Kennedy Presidential Library and Museum, www.jfklibrary.org/Asset-Viewer/Archives/JFKPOF-035-045.aspx.

2. Stashinsky's Trial Transcripts, in *Moskovs'ki vbyvtsi*, 252–254, photos following p. 695; Karl Anders, *Mord auf Befehl* (Tübingen, Germany, 1963), photos following p. 32.

3. Stashinsky's Trial Transcripts, in *Moskovs'ki vbyvtsi*, 178, 255; Memorandum for the Record, April 22, 1976, Subject: Assassination of Stefan Bandera, 2.

4. Julia Lalande, *"Building a Home Abroad": A Comparative Study of Ukrainian Migration, Immigration Policy and Diaspora Formation in Canada and Germany After the Second World War*, PhD diss., University of Hamburg (Düsseldorf, 2006), 347–352; Stashinsky's Trial Transcripts, in *Moskovs'ki vbyvtsi*, 255–256.

5. Memorandum for the Record, Subject: Meeting with AECASSOWARY 2 [Mykola Lebed], April 19, 1962, 1, Aerodynamic: Contact Reports, vol. 44, f. 2, NARA, RG 263, E ZZ-19, B 23; "Geheimdienste: Bart ab," *Der Spiegel*, November 29, 1961.

6. Anders, *Murder to Order*, 115–116.

35 新闻发布会

1. *Who Actually Killed Ukrainian Nationalist Stepan Bandera: The Dirty Affairs of the Gehlen Secret Service* (Toronto: Canadian Slav Committee, 1961), 2–3.

2. Chief of S[oviet] B[loc] Division, Memorandum: Aerodynamic—KGB Operations Against Ukrainian Emigres, April 12, 1967. Aerodynamic: Operations, vol. 36, NARA, RG 263, E ZZ-19, B 20.

3. *Who Actually Killed Ukrainian Nationalist Stepan Bandera*, 3–13; *Pravda pro te, khto spravdi vbyv Stepana Banderu: Chorni dila helenivs'koï rozvidky* (Toronto: Canadian Slavonic Committee, 1961), 5–22; Rossoliński-Liebe, *Stepan Bandera*, 356.

4. "Spione," *Der Spiegel*, June 27, 1962; Stashinsky's Trial Transcripts, in *Moskovs'ki vbyvtsi*, 265–266; Norman J. W. Goda, "CIA Files Related to Heinz Felfe, SS Officer and KGB Spy," Government Secrecy e-prints, www.fas.org/sgp/eprint/goda.pdf; Murphy et al., *Battleground Berlin*, 435–439; Evgenii Primakov et al., *Ocherki istorii rossiiskoi vneshnei razvedki*, 6 vols. (Moscow, 2002), 5:127; Chief of Base, Bonn, to Chief, E[astern] E[urope Division], EGMA27257, March 23, 1964, Subject: Protocol of Felfe Trial, 36–37, Heinz Felfe Name File, vol. 3, f. 2, NARA, RG 263, E ZZ-18, B 16; CIA Report, "KGB Exploitation of Heinz Felfe: Successful KGB Penetration of a Western Intelligence Service," 120–122, NARA, RG 263, CIA Subject Files, Second Release, Box 1.

5. *Moskovs'ki vbyvtsi*, 50–55.

6. Memorandum for the Record, April 22, 1976, Subject: Assassination of Stefan Bandera, 9; *Moskovs'ki vbyvtsi*, 50–55; *Osyp Verhun rozpovidaie* (Kyiv, 1962); M. Maksymenko, M. Davydiak, and O. Verhun, *Provokatory na Zakhodi prodovzhuiut' diiaty* (Kyiv, 1963); "Memo from Colleagues in the USSR," Archives of the Polish Ministry of Internal Affairs, Instytut Pamięci Narodowej (Warsaw), IPN BU 01355/196/J (1074/4/48), 39.

7. V. Nikitchenko, "Vsem nachal'nikam upravlenii KGB pri SM USSSR," November 27, 1961, Archives of the Security Service of Ukraine, Kyiv, fond 16, opys 1, no. 930,

fol. 210; V. Nikitchenko "Vsem nachal'nikam upravlenii KGB pri SM USSSR," February 14, 1962, Archives of the Security Service of Ukraine, Kyiv, fond 16, opys 1, no. 932, fols. 37–39.

36 高层政治

1. *Abendpost*, no. 268 (November 18–19, 1961). Cf. a Polish translation of the *Abendpost* article in the Archives of the Polish Ministry of Internal Affairs, Instytut Pamięci Narodowej (Warsaw), IPN BU 01355/196/J (1074/4/48), 13–19.

2. "Geheimdienste: Bart ab"; "Germans Hold Russian: Ex-Soviet Agent Reported to Admit Bandera Killing," *New York Times*, November 18, 1961; "Ex-Red Agent Admits Killing 2 Exile Chiefs," *Chicago Daily Tribune*, November 18, 1961.

3. *Moskovs'ki vbyvtsi*, 55–57, 62–63; Mlechin, *Zheleznyi Shurik*, chap. 5.

4. "President Kennedy Delivers Major Policy Speech at UW on November 16, 1961," HistoryLink, www.historylink.org/index.cfm?DisplayPage=output.cfm&File_Id=968.

5. "Geheimdienste: Bart ab"; John L. Steele, "Assassin Disarmed by Love."

6. *Moskovs'ki vbyvtsi*, 67–68; Charles H. Pullen, *The Life and Times of Arthur Maloney: The Last of the Tribunes* (La Vergne, TN, 1994).

7. *Moskovs'ki vbyvtsi*, 82–83, 89; Denis Smith, *Rogue Tory: The Life and Legend of John G. Diefenbaker* (Toronto, 1997).

8. "Stevenson Lashes at Russian Colonialism," *Ukrainian Weekly*, December 2, 1961; *Moskovs'ki vbyvtsi*, 84; Joe Holley, "Lev E. Dobriansky: Professor and Foe of Communism, 89," *Washington Post*, February 6, 2008; Lev E. Dobriansky papers, 8 boxes, Hoover Institution Archives.

9. *Moskovs'ki vbyvtsi*, 68–72; "Soviet Agent Confesses Killing Bandera and Rebet as 'Enemies of Soviet Regime,'" *Ukrainian Weekly*, November 28, 1961; "Yaroslav S. Stetsko Was Next on the KGB List," *Ukrainian Weekly*, December 2, 1961; "Ukrainians Picket Soviet U.N. Mission in Protest over Murder of Bandera," *Ukrainian Weekly*, December 9, 1961.

37 国会议员

1. Stashinsky's Trial Transcripts, in *Moskovs'ki vbyvtsi*, 267.

2. *Memorial Addresses for Thomas Joseph Dodd*, 92nd Cong., 2nd sess., 1972 (Washington, DC, 1972); *Report of the Select Committee to Investigate Communist Aggression and the Forced Incorporation of the Baltic States into the U.S.S.R.: Third Interim Report of the Select Committee on Communist Aggression, House of Representatives, Eighty-Third Congress, Second Session, Under Authority of H. Res. 346 and H. Res. 438* (Washington, DC, 1972).

3. Christopher Matthews, *Kennedy & Nixon: The Rivalry That Shaped Postwar America* (New York, 1997), 52–54.

4. Lisa Phillips, *A Renegade Union: International Organizing and Labor Radicalism* (Champaign, IL, 2013), 105–106; 410–411; Matthews, *Kennedy & Nixon*, 46–50; James Srodes, *Allen Dulles: Master of Spies* (New York, 2000), 410–411; Garry Wills, *Nixon Agonistes: The Crisis of the Self-Made Man* (New York, 2002), 24–28.

5. *Investigation of Senator Thomas J. Dodd: Hearings of the Committee on Standards and Conduct. United States Senate. Eighty-Ninth Congress, Second Session, June 22, 23,*

24 and 27, and July 19, 1966, Part 1: *Relationship with Julius Klein* (Washington, DC, 1966), 329–330; Jonathan H. L'Hommedieu, "Baltic Exiles and the U.S. Congress: Investigations and Legacies of the House Select Committee, 1953–1955," *Journal of American Ethnic History* 31, no. 2 (Winter 2012): 41ff.; "Congressman Kersten, Friend of Ukrainians, Dies," *Ukrainian Weekly*, November 11, 1972.

6. Memo for W. C. Sullivan, in Russ Holmes Work File, Release of Certain FBI Documents to the Senate Select Committee, Mary Ferrrell Foundation.

7. *Memorial Addresses for Thomas Joseph Dodd*; *Report of the Select Committee to Investigate Communist Aggression and the Forced Incorporation of the Baltic States into the U.S.S.R.*

8. *Investigation of Senator Thomas J. Dodd*, 20–21.

9. "The Attack on the Romanian Legation in Berne—February 1955," *Stancodrescu*, November 7, 2008, http://stancodrescu.over-blog.com/article-25803233.html; *Investigation of Senator Thomas J. Dodd*, 318.

10. John L. Steele, "Assassin Disarmed by Love," *Life*, September 7, 1962, 70–72; Memo for W. C. Sullivan, in Russ Holmes Work File, Release of Certain FBI Documents to the Senate Select Committee, Mary Ferrrell Foundation; W. A. Branigan to W. C. Sullivan, January 14, 1964, in FBI Warren Commission Liaison File 62–109090, Mary Ferrell Foundation; *Investigation of Senator Thomas J. Dodd*, 321.

11. *Investigation of Senator Thomas J. Dodd*, 21; *Moskovs'ki vbyvtsi*, 345, 603.

38 卡尔斯鲁厄

1. "Russians Ignore Protest by Allies—Guards at Wall Exchange Fire," *New York Times*, October 9, 1962.

2. "Police Guard 'Spy' on Poison Deaths Charge," *Evening News* (London), October 8, 1962; *Moskovs'ki vbyvtsi*, 106.

3. *Moskovs'ki vbyvtsi*, 106–107.

4. *Inside Dr. No Documentary* (DVD) in *Dr. No* (Ultimate Edition, 2006); David Schoenbaum, *Die Spiegel-Affäre: Ein Abgrund von Landesverrat* (Berlin, 2002); David Manker Abshire, *Triumphs and Tragedies of the Modern Presidency: Seventy-Six Case Studies in Presidential Leadership* (Westport, CT, 2001), 185.

5. Arkadii Vaksberg, *Toxic Politics: The Secret History of the Kremlin's Poison Laboratory—from the Special Cabinet to the Death of Litvinenko* (Santa Barbara, CA, 2011), 203; *Moskovs'ki vbyvtsi*, 107.

6. Volodymyr Stakhiv, "Protses proty B. Stashyns'koho," in *Pro ukraïns'ku zovnishniu polityku, OUN ta politychni vbyvstva Kremlia* (Hadiach, Ukraine, 2005), 298–299; *Moskovs'ki vbyvtsi*, 107–109.

7. Borys Vitoshyns'kyi, "Vbyvnyk pro svoï zlochyny," *Shliakh peremohy*, October 12, 1962.

8. Stakhiv, "Protses proty B," 299–300.

9. *Moskovs'ki vbyvtsi*, diagram of the courtroom with seating arrangements following p. 695; Stakhiv, "Protses proty," 299–300; Author's interviews with Andrii Rebet, Munich, July 1, 2012, and Anatol Kaminsky, July 27, 2012.

10. Borys Vitoshyns'kyi, "Pershyi den' protsesu," *Shliakh peremohy*, October 10, 1962; *Moskovs'ki vbyvtsi*, 115, 120.

11. Deacon and West, *Spy!*, 152; Liubov' Khazan, "Pisatel' i diplomat Sergei German: 'Stepan Bandera pogib ot tsianistogo kaliia, . . . '" *Bul'var' Gordona*, February 19, 2013; Koch, *Der Fund*, 107.

39 忠诚与背叛

1. "Heinrich Jagusch, deutscher Jurist; Bundesrichter (1951–1965); Dr. Jur.," *Munzinger Biographie*, http://195.226.116.135/search/portrait/heinrich+jagusch/0/10106.html; Arthur J. Olson, "German Receives Five Years as a Spy," *New York Times*, January 31, 1960; Allen W. Dulles, *The Craft of Intelligence: America's Legendary Spy Master on the Fundamentals of Intelligence Gathering for a Free World* (Guilford, CT, 2006), 108.

2. Stashinsky's Trial Transcripts, in *Moskovs'ki vbyvtsi*, 121–123, Anders, *Murder to Order*, 99–101.

3. Stashinsky's Trial Transcripts, in *Moskovs'ki vbyvtsi*, 124.

4. Ibid., 124–134; Georgii Sannikov's interview in the television documentary *Tainy razvedki: Likvidatsiia Stepana Bandery* (2012).

5. *Moskovs'ki vbyvtsi*, 115–116.

6. Adriana Ohorchak and Kateryna Shevchenko, *Ukraïns'kyi rodovid* (Lviv, 2001), 221; *Moskovs'ki vbyvtsi*, 472.

7. Stashinsky's Trial Transcripts, in *Moskovs'ki vbyvtsi*, 134; Dominique Auclères, *Anastasia, qui êtes-vous?* (Paris, 1962).

8. Stepan Lenkavsky to Jaroslaw Padoch, July 16, 1962, Jaroslaw Padoch Archive, Correspondence, no. 238; Vedeneev and Shevchenko, "Priznalsia, zabiraite."

9. Vitoshyns'kyi, "Pershyi den' protsesu."

10. Stepan Lenkavsky to Jaroslaw Padoch, May 17, 1962, Jaroslaw Padoch Archive, Correspondence, no. 238; Stashinsky's Trial Transcripts, in *Moskovs'ki vbyvtsi*, 140.

11. Stashinsky's Trial Transcripts, in *Moskovs'ki vbyvtsi*, 144; Oleksandra Andreiko, "Narys pro istoriiu sela Pekulovychi," http://xn—b1albgfsd8a2b7j.xn—j1amh; Iurii Lukanov, "Try liubovi Stepana Bandery: Stsenarii dokumental'noho televiziinoho fil'mu," 1998, www.oocities.org/yuriylukanov/start_files/dorobok/dorobok01.htm.

12. Vitoshyns'kyi, "Vbyvnyk pro svoï zlochyny"; Stashinsky's Trial Transcripts, in *Moskovs'ki vbyvtsi*, 139–140.

13. Stashinsky's Trial Transcripts, in *Moskovs'ki vbyvtsi*, 140, 146.

40 第一桩谋杀

1. Borys Vitoshyns'kyi, "Na slidakh svoiei zhertvy: Druhyi den' protsesu proty Stashyns'koho," *Shliakh peremohy*, October 12, 1962.

2. Author's interview with Andrii Rebet; Memorandum for the Record, Subject: Meeting with AECASSOWARY 2 [Mykola Lebed] and 29 [Fr. Mykhailo Korzhan], April 3, 1962, 1, Aerodynamic: Contact Reports, vol. 45, NARA, RG 263, E ZZ-19, B 23.

3. Andrii Rebet, "Lev i Dariia Rebet: Moï bat'ky," paper delivered on June 24, 1998, at the Ukrainian Free University, Munich, manuscript in author's possession, 12–14.

4. "Tsikavyi dokument," *Ukraïns'kyi samostiinyk: Spetsiial'nyi vypusk* (Munich, 1962), 50–56; Author's interview with Andrii Rebet.

5. Stashinsky's Trial Transcripts, in *Moskovs'ki vbyvtsi*, 154.

6. *Moskovs'ki vbyvtsi*, 140, 146.

7. Borys Vitoshyns'kyi, "Cholovik z Moskvy," *Shliakh peremohy*, October 12, 1962; Stashinsky's Trial Transcripts, in *Moskovs'ki vbyvtsi*, 163.

8. "Tsikavyi document," 50–56; P. Hai-Nyzhnyk, "Het'manych Danylo Skoropads'kyi (1904–1957): Do istoriï vstanovlennia starshynstva v Het'mans'komu Rodi ta spadkoiemstva v ukraïns'komu monarkhichnomu rukhovi," *Kyïvs'ka starovyna*, no. 4 (2002): 110–125.

9. Stakhiv, "Protses proty," 311–312; Stashinsky's Trial Transcripts, in *Moskovs'ki vbyvtsi*, 173.

41 重要日子

1. Borys Vitoshyns'kyi, "Z nakazu TsK partiï Stashyns'kyi zamorduvav providnyka," *Shliakh peremohy*, October 14, 1962; *Moskovs'ki vbyvtsi*, 181–182.

2. Borys Vitoshyns'kyi, "Ia pidnis zbroiu i vystrilyv," *Shliakh peremohy*, October 16, 1962; Borys Vitoshyns'kyi, "Shliakhy kryvavoï kar'iery," *Shliakh peremohy*, October 21, 1962; Borys Vitoshyns'kyi, "Potvorne oblychchia Moskvy: Pidsumky pershykh dniv sudu proty Stashyns'koho," *Shliakh peremohy*, October 21, 1962; Stashinsky's Trial Transcripts, in *Moskovs'ki vbyvtsi*, 184–199.

42 质疑

1. *Moskovs'ki vbyvtsi*, 95.

2. Stakhiv, "Protses proty B," 314–315.

3. *Moskovs'ki vbyvtsi*, 174–180.

4. Stashinsky's Trial Transcripts, in *Moskovs'ki vbyvtsi*, 200–201, 251–260.

5. *Shliakh peremohy*, October 10, 1962; *Moskovs'ki vbyvtsi*, 115–116.

6. Vitoshyns'kyi, "Potvorne oblychchia Moskvy."

7. Stepan Lenkavsky to Jaroslaw Padoch, July 16, 1962, Jaroslaw Padoch Archive, Correspondence, no. 238.

8. Stashinsky's Trial Transcripts, in *Moskovs'ki vbyvtsi*, 240–244.

9. Ibid., 239–240.

10. Ibid., 267–270.

11. Ibid., 228.

12. Ibid., 199–200.

43 检方发言

1. Stashinsky's Trial Transcripts, in *Moskovs'ki vbyvtsi*, 271; "Bohosluzhennia v Karlsruhe," *Shliakh peremohy*, October 16, 1962.

2. "Legal Arguments by Chief Public Prosecutor Dr. Kuhn," in *The Shelepin File: Planned and Executed Murders of Ukrainian Political Leaders* (London, 1975), 33–42; Stashinsky's Trial Transcripts, in *Moskovs'ki vbyvtsi*, 281–291; *Investigation of Senator Thomas J. Dodd*, 21.

3. *Moskovs'ki vbyvtsi*, 240.

4. Petro Kizko, "Stashyns'kyi—uosoblennia shpyhuns'koï systemy," *Shliakh peremohy*, October 21, 1962; Vitoshyns'kyi, "Potvorne oblychchia Mosky"; *Moskovs'ki vbyvtsi*, 403–404; "Chomu Stashyns'kyi utik na Zakhid i pryznavsia do zlochyniv?" in *Moskovs'ki vbyvtsi*, 617–620.

5. Memorandum for the Record, April 22, 1976, Subject: Assassination of Stefan Bandera, 6.

6. Stashinsky's Trial Transcripts, in *Moskovs'ki vbyvtsi*, 291–297.

7. Stepan Bandera, "Lesia Bandera (1947–2011): 'Tatu, Ty ie symvolom dlia tsiloï kraïny . . . ,'" *Ukraïns'ka pravda*, August 29, 2011.

8. "Speech by Miss Natalia Bandera," in *The Shelepin File*, 53–56; Stashinsky's Trial Transcripts, in *Moskovs'ki vbyvtsi*, 305–307, 382–383.

44 魔鬼代言人

1. Stashinsky's Trial Transcripts, in *Moskovs'ki vbyvtsi*, 297–303.

2. Ibid., 297–303; "Slovo pani mgr. Darii Rebet," *Ukraïns'kyi samostiinyk* (special issue, 1962): 28–29; Author's interview with Andrii Rebet.

3. "Mr. Kersten's Plea at Stashynsky's Trial," in *The Shelepin File*, 15–20; Stashinsky's Trial Transcripts, in *Moskovs'ki vbyvtsi*, 308–316; *Investigation of Senator Thomas J. Dodd*, 324; Legal Arguments by Attorney Dr. J. Padoch," in *The Shelepin File*, 50–53.

4. Stashinsky's Trial Transcripts, in *Moskovs'ki vbyvtsi*, 316; Stakhiv, "Protses proty B," 342.

5. Stashinsky's Trial Transcripts, in *Moskovs'ki vbyvtsi*, 316–326; Stakhiv, "Protses proty B," 342; Dariia Rebet, "Vyna, diisnist' i dotsil'nist'," in *Ukraïns'kyi samostiinyk* (special issue, 1962): 29–32; Dariia Rebet, *Na perekhrestiakh vyzvol'nykh zmahan'* (Hadiach, Ukraine, 2003), 57–60.

45 判决

1. *Daily Telegraph*, October 16, 1962; *Berliner Zeitung*, October 18, 1962; *Moskovs'ki vbyvtsi*, 359, 434–436.

2. "Sentence and Oral Opinion of the Court," *The Shelepin File*, 21–33.

3. Ibid.

4. *Moskovs'ki vbyvtsi*, 343–344; Jaroslaw Padoch to Stepan Lenkavsky, October 19, 1962, Jaroslaw Padoch Archive, Correspondence, no. 238; "The Soviet Killer's Orders Were: Liquidate Them!," *Detroit News*, December 3, 1962.

5. "Legal Arguments by Chief Public Prosecutor Dr. Kuhn," 37; "Sentence and Oral Opinion of the Court," 32.

6. *Moskovs'ki vbyvtsi*, 343.

7. Ibid., 393–394.

8. Ibid., 361, 367–369; *Investigation of Senator Thomas J. Dodd*, 334.

9. *Moskovs'ki vbyvtsi*, 346–352, 622.

46 信函未复

1. *Investigation of Senator Thomas J. Dodd*, 23–24, 314–315.

2. Jaroslaw Padoch to Stepan Lenkavsky, October 19, 1962, Jaroslaw Padoch Archive, Correspondence, no. 238; Stashinsky's Trial Transcripts, in *Moskovs'ki vbyvtsi*, 297, 341–342, 368; "2 Yanks Will Charge Nikita with Murder," *Daily News*, October 17, 1962; *Investigation of Senator Thomas J. Dodd*, 325; Philip Agee, *Inside the Company: CIA Diary* (New York, 1975), 611.

3. *Investigation of Senator Thomas J. Dodd*, 314–318, 325.

4. Ibid., 336–337, 350.

5. Melvyn P. Leffler, *For the Soul of Mankind: The United States, the Soviet Union and the Cold War* (New York, 2007), 182–192; Jonathan Haslam, *Russia's Cold War: From the October Revolution to the Fall of the Wall* (New Haven, CT, 2011), 210–213.

6. Memo for W. C. Sullivan, in Russ Holmes Work File, Release of Certain FBI Documents to the Senate Select Committee, Mary Ferrrell Foundation; *Investigation of Senator Thomas J. Dodd*, 338–341.

7. "William J. Hood Dies; CIA Man Who Signed Off on 'Unusual' Oswald Cable," February 15, 2013, JFKFacts, http://jfkfacts.org/tag/william-j-hood.

47　华盛顿来客

1. *Investigation of Senator Thomas J. Dodd*, 365.

2. "Soviet Use of Assassination and Kidnapping," CIA report.

3. *Investigation of Senator Thomas J. Dodd*, 25–26; "Memorandum of Conversation, Federal Republic of Germany Chancellor Konrad Adenauer and Dean Acheson, Special Envoy of US President Kennedy, Bonn, West Germany, 23 October 1962," in *The Global Cuban Missile Crisis at 50: New Evidence from Behind the Iron, Bamboo, and Sugarcane Curtains, and Beyond*, eds. James J. Hershberg and Christian F. Ostermann, vol. 2, Cold War International History Project Bulletin 17/18 (Washington, DC, 2012), 624–625.

4. *Investigation of Senator Thomas J. Dodd*, 25–26, 353–365.

5. Ibid., 365–367; *The Bang-Jensen Case: Report to the Subcommittee to Investigate the Administration of the Internal Security Act and Other Internal Security Laws of the Committee on the Judiciary*, United States Senate, 87th Cong., 1st sess. (Washington, DC,1961); Memorandum, Senator Dodd to Jay Sourwine, Re: Stashynsky Hearings, September 23, 1963, folder 12-53b. File Series 4: Legislative Subseries 10: Internal Security Subcommittee, James O. Eastland Collection, Archives and Special Collections, J. D. Williams Library, University of Mississippi.

6. *Investigation of Senator Thomas J. Dodd*, 365–367, 387, 479.

7. *Murder International, Inc.: Murder and Kidnapping as an Instrument of Soviet Policy*, United States Congress, Senate Committee on the Judiciary, Subcommittee to Investigate the Administration of the Internal Security Act and Other Internal Security Laws (Washington, DC, 1965); *Investigation of Senator Thomas J. Dodd*, 480; "Stashynsky, Bogdan N.," Folders 12-53a and 12-53b.

48　审判者

1. Deacon and West, *Spy!*, 152; Koch, *Der Fund*, 109, 120; "Hitler Diaries: Agent Was 'Communist Spy,'" BBC News, July 29, 2002, http://news.bbc.co.uk/2/hi/europe/2159037.stm.

2. Author's interview with Andrii Rebet; *Investigation of Senator Thomas J. Dodd*, 365.

3. John Gimbel, "The 'Spiegel Affair' in Perspective," *Midwest Journal of Political Science* 9, no. 3 (August 1965): 282–297, esp. 292; [Heinrich Jagusch], "Handeln mit Verrätern?" *Der Spiegel*, September 9, 1964; Koch, *Der Fund*, 120; Judex, "Droht ein neuer Ossietzky-Fall?" *Der Spiegel*, November 4, 1964; Gerhard Ziegle, "Rätsel um Heinrich Jagusch: Warum log der Senatspräsident seinem Vorgesetzten ins Gesicht?" *Die Zeit*, November 20, 1964.

4. Hans Joachim Faller, "Heinrich Jagusch," in *Juristen im Portrait: Verlag und Autoren in 4 Jahrzehnten* (Munich, 1988), 431–437.

5. Ziegle, "Rätsel um Heinrich Jagusch"; J. C., "Ex-Nazi Judges," *AJR Information* 20, no. 2 (April 1965): 2; Hermann Raschhofer, *Political Assasination: The Legal Background of the Oberländer and Stashinsky Cases* (Tübingen, Germany, 1964); "Urtail: Ludwig Hahn," *Der Spiegel*, no. 24 (1973); "Closing Argument [of] Professor Dr. Cornelius Nestler in the Criminal Proceeding Against John Demjanjuk (Presented before the Munich District Court on April 13, 2011)," www.nebenklage-sobibor.de/wp-content/uploads/2011/04/SKMBT_C20311050915330l.pdf; Martin Rath, "Lehrbuchfall Staschynskij: Als extralegale Hinrichtungen einmal vor Gericht kamen," Legal Tribune Online, May 8, 2011, www.lto.de/recht/feuilleton/f/lehrbuchfall-staschynskij-als-extralegale-hinrichtungen-einmal-vor-gericht-kamen.

6. *Investigation of Senator Thomas J. Dodd*, 362, 365, 292–293, 479; Erich Schmidt-Eenboom, "Empfänglich für Geheimes: Die (west)deutschen Nachrichtendienste im Äther," in Klaus Beyrer, *Verschlüsselte Kommunikation. Geheime Dienste-Geheime Nachrichten, Umschau* (Heidelberg, 1999), www.desert-info.ch/download/pdf/PDF-Forum/Kreipe.pdf; E. W. Kenworthy, "Helms Says Dodd Conferred with CIA Before Europe Trip," *New York Times*, July 27, 1966, 19.

7. Jonathan S. Wiesen, *Germany's PR Man: Julius Klein and the Making of Transatlantic Memory* (New York, 2007); *Investigation of Senator Thomas J. Dodd*, 577–578; "Dodd, Thomas," in *American National Biography* (New York, 2000); "Antikommunism ego vera," "Zachem Dodd zanimaetsia politikoi?" and "Porok ne nakazan," *Literaturnaia gazeta*, April 9, 1968, 15.

49 消失

1. Khazan, "Pisatel' i diplomat Sergei German; "CIA II, Assassin 280," Harold Weisberg Archive, Digital Collection, http://jfk.hood.edu/Collection/White%20Materials/White%20Assassination%20Clippings%20Folders/Security%20Folders/Security-CIA-II/CIA%20II%20140.pdf.

2. "Deep Mystery Shrouds Whereabouts of Stashinsky," *Ukrainian Weekly*, March 15, 1969; *The Ukrainian Bulletin*, Ukrainian Congress Committee of America, vols. 17–19, 28.

3. Memorandum for the Record. April 22, 1976, Subject: Assassination of Stefan Bandera, 6; Tom Mangold, *Cold Warrior—James Jesus Angleton: The CIA's Master Spy Hunter* (New York, 1992); "Nosenko, Yurii Ivanovich," in Richard C. S. Trahair and Robert L. Miller, *Encyclopedia of Cold War Espionage, Spies, and Secret Operations* (New

York, 2012), 261–263; Hendrik van Bergh, "Mord in München," *Das Ostpreußenblatt*, October 27, 1979.

4. "The Preparation of the Murder of Yaroslav Stetsko," in *The Shelepin File*, 60–61.

50 克里姆林宫的幽灵

1. Stetsko CIA File, nos. 100–107; Susan Rich, "Nicholas Krawciw," *International TNDM Newsletter* (Dupuy Institute), 28, www.dupuyinstitute.org/pdf/v2n4.pdf.

2. Bruce Lambert, "Chuck Connors, Actor, 71, Dies; Starred as Television's 'Rifleman,'" *New York Times*, November 11, 1992; "The Rifleman Meets Leonid Ilyich Brezhnev," www.riflemanconnors.com/leonid_brezhnev.htm; Ihor Dlaboha, "N.Y. Ukrainians Demonstrate Against Brezhnev's Visit to U.S.," *Ukrainian Weekly*, June 23, 1973.

3. *Investigation of Senator Thomas J. Dodd*, 480; Willard Edwards, "Shelepin's Role in Murder Told," *Chicago Tribune*, January 7, 1966.

4. Robert Merry, "The KGB's Ex-chief Had Britons Seething," *Chicago Tribune*, March 15, 1975; "Stunde der Rache: Generalsekretär Breschnew ist einen Mann los, der sich an seine Stelle setzen wollte. Politbüro-Mitglied Alexander Schelepin," *Der Spiegel*, April 21, 1975.

5. Leonid Mlechin, *KGB: Predsedateli organov gosbezopasnosti. Rassekrechennye sluzhby* (Moscow, 2006), chaps. 12 and 14.

51 亡命天涯

1. Typescript of Vladimir Semichastny's memoirs, in Tomas Sniegon's archive, 66. Cf. the abridged and censored Russian version in Semichastny, *Bespokoinoe serdtse*, 193.

2. Christopher Andrew and Vasili Mitrokhin, *The Sword and the Shield: The Mitrokhin Archive and the Secret History of the KGB* (New York, 1999), 367.

3. Reinhard Gehlen, *Der Dienst. Erinnerungen, 1942–1971* (Mainz, Germany, 1971); Reinhard Gehlen, *The Service* (Cleveland, OH, 1972), 241.

4. Gerhi Strauss, "Ex-KGB Assassin Now Lives in SA," "Stashinsky's First Perfect Murder as a KGB Agent"; "The Farm Boy Who Became Police Chief," all in *Cape Times*, March 5, 1984, 11.

5. Associated Press, "Ex-KGB Agent Living in S. Africa," March 5, 1984; "KGB Man Given Asylum," *Times of India*, March 6, 1984; "Assassin of Rebet, Bandera Living in South Africa," *Ukrainian Weekly*, March 18, 1984; "Kolyshnii ahent KGB B. Stashyns'kyi znaishov prytulok u PAR," *Svoboda*, March 14, 1984; Hanlie van Straaten's e-mail messages of July 12 and 16, 2013, to the author about her conversations with Geldenhuys.

6. Deacon and West, *Spy!*, 152; Khazan, "Pisatel' i diplomat Sergei German"; Records of the Rohrbeck Evangelische Kirchengemeinde Archive, Dallgow.

7. "South African Police: Special Task Force. History," www.sapstf.org/History.aspx; Legal notice no. 30811, *Green Gazette*, February 29, 2008.

8. Anatolii Lemysh, "My mnogo utrachivaem ot togo, chto boimsia vser'ez kopnut' nashu istoriiu," *Den'*, October 24, 1998; Vladislav Krasnov, *Soviet Defectors: The KGB*

Wanted List (Stanford, CA, 1986), 30; report and notes on the Soviet use of parapsychology, in Nikolai Khokhlov papers, boxes 1, 3, Hoover Institution Archives.

9. Record of author's conversation with General Geldenhuys on April 1, 2013, in author's archive; Hanlie van Straaten's e-mail messages of July 12 and 16, 2013, to the author about her conversations with Geldenhuys.

52 重归故里

1. Natalia Prykhod'ko, "Bohdan Stashyns'kyi: Ia vykonav svii obov'iazok pered Ukraïnoiu," *Livyi bereh*, August 8, 2011.

2. Taras Kuzio, "Émigré Strategies Face Soviet and Ukrainian Realities," *Kyiv Post*, November 17, 2011, www.kyivpost.com/opinion/op-ed/emigre-strategies-face-soviet-and-ukrainian-realit-117131.html; Alexander J. Motyl, "A KGB Assassin Speaks," Ukraine's Orange Blues, *World Affairs*, November 18, 2011, www.worldaffairsjournal.org/blog/alexander-j-motyl/kgb-assassin-speaks.

3. Iurii Andrukhovych, "Chuvyrla u chudovys'ko," *Khreshchatyk*, March 12, 2008; Serhii Herman, *Inge: Roman* (Kyiv, 2012); Roman Babenko, "Z koho Serhii Herman napysav vbyvtsiu Bandery Stashyns'koho," *Bukvoïd*, December 5, 2012; "Love Is Stronger Than KGB," *Fresh Production*, July 26, 2012, http://freshproduction.com/en/lyubov-silnee-kgb; "Gruzinskii rezhisser snimet film ob ubiitse Bandery s kinozvezdami Gollivuda," *Zerkalo nedeli*, December 7, 2012.

4. "SVR otritsaet prichastnost' k otravleniiu Litvinenko," News RU, November 21, 2008, www.newsru.com/russia/20nov2006/svr.html.

5. "U L'vovi bezbiletnykh pasazhyriv porivniuiut' z ubyvtseiu Bandery," *Komentari*, November 28, 2008; "Yushchenko and the Poison Theory," BBC News, December 11, 2004, http://news.bbc.co.uk/2/hi/health/4041321.stm; David Marples, "Stepan Bandera: The Resurrection of a Ukrainian National Hero," *Europe-Asia Studies* 58, no. 4 (June 2006): 555–566; Alex J. Motyl, *Ukraine, Europe and Bandera*, Cicero Foundation, Great Debate Paper no. 10/05 (March 2010); Andre Liebich and Oksana Myshlovska, "Bandera Memorialization and Commemoration," *Nationalities Papers* 42 (2014): 750–770.

6. Motyl, "KGB Assassin Speaks."

7. Nikolai Kuznetsov, "Natsional-bol'sheviki Khar'kova prizvali pereimenovat' Molodezhnyi park," *Gorodskoi dozor*, April 26, 2011; Bogdan Stashinsky blog, http://assassinstashynsky.blogspot.com/2011/04/log-5-public-confession.html; Author's interview with Anatol Kaminsky.

8. Anthony Faiola, "A Ghost of World War II History Haunts Ukraine's Standoff with Russia," *Washington Post*, March 25, 2013; Andreas Umland, "Stepan Bandera, das Faschismuskonzept, das "Weimarer Russland" und die antiukrainische Propaganda-kampagne des Kremls," Voices of Ukraine, May 12, 2014, http://maidantranslations.com/2014/05/12/stepan-bandera-das-faschismuskonzept-das-weimarer-russland-und-die-antiukrainische-propagandakampagne-des-kremls.

9. Andrew Wilson, *Ukraine Crisis: What It Means for the West* (New Haven, CT, 2014); "Nazi-Kollaborateur und ukrainischer Held," *Die Welt*, August 18, 2014; Stepan Petrenko, "V chuzhom piru pohmel'e, ili kto i zachem ubil Banderu?" *Zaria Novorossii*, October 14, 2014, http://novorossy.ru/articles/news_post/v-chuzhom-piru-pohmele-ili-kto-i-zachem-ubil-banderu.

10. Cnaan Liphshiz, "For Ukrainian Jews, Far-Right's Electoral Defeat Is the Proof That Putin Lied," Jewish Telegraphic Agency, June 2, 2014, www.jta.org/2014/06/02/news-opinion/world/for-ukrainian-jews-far-rights-electoral-defeat-is-proof-that-putin-lied; "Chomu Svoboda ne proishla v parlament?" OSP-UA, October 29, 2014, http://osp-ua.info/politicas/42990-chomu-partija-svoboda-ne-proyshla-v-parlament.html.

11. Lesia Fediv, "Vin ubyv Banderu," *Shchodennyi L'viv*, May 22, 2008.

12. Ibid.; Mariia Hoiduchyk, "Toi samyi Bohdan: Maty Stashyns'koho, diznavshys', shcho syn vbyv Banderu, zbozhevolila," *Ekspres*, October 14, 2010, http://e2.expres.ua/article/1245.

尾声：冷战重来

1. Ian Fleming, *The Man with the Golden Gun* (New York, 1965), 15–18.

2. *Moskovs'ki vbyvtsi*, 389–392; Fyodor Dostoyevsky, *Crime and Punishment* (New York, 2011 [1866]); Joseph Conrad, *Under Western Eyes* (Mineola, NY, 2003 [1911]).

3. John le Carré, *The Spy Who Came in from the Cold: A George Smiley Novel* (New York, 2012), 15.

4. Andrew and Mitrokhin, *The Sword and the Shield*, 355–358; Archie Brown, *The Rise and Fall of Communism* (New York, 2009), 206–207, 644–645.

5. Athan G. Theoharis, ed., with Richard Immerman, Loch Johnson, Kathryn Olmsted, and John Prados, *The Central Intelligence Agency: Security Under Scrutiny* (Westport, CT, 2006), 169–172; Tim Weiner, "CIA Plotted Killing of 58 in Guatemala," *New York Times*, May 28, 1997.

6. "Russia Behind Chechen Murder," BBC News, June 30, 2004, http://news.bbc.co.uk/2/hi/middle_east/3852697.stm; "Russian Foreign Intelligence Service Denies Its Participation in the Death of Yandarbiyev," NewsInfo, February 13, 2004, www.newsinfo.ru/?a=radio&sa=view_new&id=49407.

7. Boris Volodarsky, *The KGB's Poison Factory: From Lenin to Litvinenko* (Minneapolis, 2010), 62–116, 137–181, 189–253.

8. "Full Report on the Litvinenko Inquiry," *New York Times*, January 21, 2016.

9. "Drone Wars Pakistan: Analysis," New America, http://securitydata.newamerica.net/drones/pakistan-analysis.html; Daniel Byman, "Why Drones Work: A Case for Washington's Weapon of Choice," *Foreign Affairs* (July-August 2013): 32–43; Audrey Kurth Cronin, "Why Drones Fail: When Tactics Drive Strategy," *Foreign Affairs* (July-August 2013): 44–54; Marina Fang, "Nearly 90 Percent of People Killed in Recent Drone Strikes Were Not the Target," *Huffington Post*, October 15, 2016, www.huffingtonpost.com/entry/civilian-deaths-drone-strikes_us_561fafe2e4b028dd7ea6c4ff.

索　引

（以下页码为原书页码，即本书页边码）

Abwehr (Nazi military intelligence), 13, 16, 218
Adenauer, Konrad, 90, 211, 225, 289
  Kennedy, J. F., and, 219–220
Aeskewer 1. *See* Stashinsky, Bogdan
African National Congress, 304–305
Agabekov, Georgii, 130
Agaiants, Ivan, 101
Aleksandrov, Yurii, 176, 180, 182, 183–184, 189, 191, 199–200
Aleksei Alekseevich. *See* Krokhin, Aleksei
Allgemeiner Deutscher Nachrichtendienst (East German Information Agency), 102–103
All-Union Communist Party, 11
America, 140, 157, 291, 322
  Bandera, S., and, 89
  Center for Transatlantic Relations in, 311
  CIC of, 83–84
  FBI of, 287, 299–300
  Ukrainians in, 223, 227, 279–280, 299–300
  See also Central Intelligence Agency; Congress, US; Senate, US
Andropov, Yurii, 302–303
Angleton, James Jesus, 297–298
Anti-Bolshevik Bloc of Nations, 252
anticommunism, 284–286
  Nachtigall battalion and, 103–104, 150
  in West Germany, 101
Asian People's Anticommunist League, 252
assassinations, 1–3, 120, 145–146
  of Agabekov, 130
  of Bandera, S., 59–65, 67–69, 99, 113, 128, 148–153, 204–205, 254–256, 265, 311–312
  of Halan, 6, 17, 20, 23–24, 242
  of Kennedy, J. F., 287–289
  of Konovalets, 13–15, 58, 114
  Korotkov and, 108–110, 130
  of Rebet, L., 45–51, 85, 246–250
  of Romzha, 15–16
  of Shumsky, 15–16
  of Skoropadsky, D., 249
  Stalin and, 13–16, 114–115
  by Sudoplatov, 14–15, 58
atomic bomb, 29
Auclères, Dominique, 241–242
Auschwitz, 8, 22, 241, 247
Auschwitz criminals, 289–290, 294
Austria, 204
autopsy
  of Bandera, S., 70–73, 86
  of Hess, 71
  of Rebet, L., 52
Avksentievich, Georgii. *See* Ishchenko, Georgii
Avramenko. *See* Fabrichnikov, Arkadii Andreevich

Bandera, Natalia, 235, 269–270
Bandera, Stepan (Stefan Popel), 7–8
  address of, 59–60, 252
  America and, 89
  assassination of, 59–65, 67–69, 99, 113, 128, 148–153, 204–205, 254–256, 265, 311–312
  autopsy of, 70–73, 86

Bandera, Stepan (Stefan Popel, *Continued*)
BND and, 90–93, 217–218
CIA and, 81, 84–96, 98–99, 148–153
CIC and, 83
Damon and, 58–60, 65, 100, 105
funeral of, 75–77, 79–80, 104–105
KGB against, 102–103, 151
Khrushchev against, 8, 17, 113–114
kidnapping of, 37–38
Kyrychenko and, 116
Lebed and, 85, 87, 94–95, 149–151
M16 and, 84–85
Mak with, 69–70, 95–96, 98, 151
Matviyeyko and, 28–29, 31–32, 77, 96–99, 150–151
against Melnyk, 15
Munich Kripo and, 70–71
Oberländer and, 102–105, 150, 216
Bandera, Yaroslava, 79, 235
representation for, 225–226
Banderites, 7–9, 151, 246–247, 266–268
Bang-Jensen, Paul, 290
Baryshnikov, Vladimir Yakovlevich, 167, 168–169
Bayerischer Hof Hotel, 92
Bayerischer Rundfunk (Bavarian Broadcasting), 72
Benjamin, Hilde, 122
Beria, Lavrentiy, 34, 114–115
Berlin, 35–36, 65, 169, 182, 184–185, 188–192
Cafe Warsaw in, 65
See also defections; East Berlin; West Berlin
Berlin Wall, 187–188, 203, 208
Berlin Watch Committee, 203
BfV. *See* Federal Office for the Protection of the Constitution
BKA. *See* Federal Criminal Police Office
Blake, George, 36
Blecha, Kurt, 214
BND. *See* West German Federal Intelligence Service
Böblingerstrasse (Stuttgart), 236
bombs
atomic, 28
in chocolates, 14
in graveyard, 59
in mailboxes, 45–46
See also nuclear arms
Bond, James (fictional character), xii, 233, 316–317
Borshchovychi, 18–20, 22–24, 162–165 172–173, 314–315
BOSS. *See* Bureau of State Security
Brandt, Willy, 232
Brezhnev, Leonid, xi, 299, 300–301, 30[illegible]
Britain, 31, 301–302
British military intelligence service. *See* MI6
Budeit, Hans Joachim. *See* Stashinsky, Bogdan
Bulganin, Nikolai, 114
Bundesamt für Verfassungsschutz. *See* Federal Office for the Protection [illegible] the Constitution
Bundeskriminalamt. *See* Federal Criminal Police Office
Bundesnachrichtendienst. *See* West German Federal Intelligence Service
Bureau of State Security (BOSS), 304–3[illegible]
Busch, Friedrich, 217
Bysaga, Ivan (Nadiychyn), 41, 247
Rebet, L., and, 37–38

Cafe Warsaw (Berlin), 65
Canada, 89, 157
Diefenbaker, prime minister of, 221–222
Ukrainians in, 222
Canaris, Wilhelm, 158
captive nations, 221
Eisenhower on, 222–223
Castro, Fidel, 187, 202, 320
CDU. *See* Christian Democratic Union
Central Intelligence Agency (CIA), xii–xiii, 146
on assassinations, 288–289

Bandera, S., and, 81, 84–96, 98–99, 148–153
BND and, 90–91
code names in, 94–95, 211
defections and, 174
double agents and, 101–102
drones of, 322
failures of, 205–206, 210–211, 220–221
Inge and, 174, 179
Korzhan and, 148–153
Lebed and, 94
Matviyeyko and, 98–99
Charles XII (king), 164
Checkpoint Charlie, xi, 208
A Chess Player's Beginnings (Stefan Popel), 58
China, Communist, 11
Christian Democratic Union (CDU), 216
Church, Frank, 320
CIC. *See* Army Counterintelligence Corps, US
Clay, Lucius, 208–209
Cold War, xii, 33, 95
politics of, 281, 299–300
revival of, 313
Colonel X. *See* Geldenhuys, Mike
colonialism, 221–223
communism, 258–259, 272–273, 313
anticommunism, 284–286
Congress, US
Bandera, S., and, 87
defense spending of, 187
Peace Corps and, 209
Ukraine nationalism and, 223
See also Dodd, Thomas J.; Kersten, Charles J.
Connery, Sean, 233
Connors, Chuck, 300
Conrad, Joseph, 318–319
Cornwell, David. *See* le Carré, John
Counter Intelligence Corps, US, 215
Crime and Punishment (Dostoyevsky), 318
Critchfield, James H., 91
Cronin, John, 226
Crooswijk Cemetery (Rotterdam), 58–59
Cuba, 320
Kennedy, J. F., and, 233
Khrushchev and, 202
nuclear arms in, 233, 285–286, 289
Oswald and, 287

Dachauerstrasse (Munich), 39–40, 48
Daimon, Aleksei, 201–202, 218. *See also* Damon, Sergei
Dallgow, 133–134, 188
railway station of, 193
surveillance in, 189, 191–192
Damon, Sergei Aleksandrovich, 35, 108
Bandera, S., and, 58–60, 65, 100, 105
Inge and, 124, 134–135
poison gun and, 42–44
on Rebet, L., 247
See also Daimon, Aleksei
Das Grüne Blatt, 76
Davydiak, Mykhailo, 257
Deutsches Museum (German Museum of Masterpieces of Science and Technology), 1
Diefenbaker, John, 221–222
Dimmer, John, 203
disinformation, 101–103, 117
displaced persons. *See* refugees
Dobriansky, Lev, 223, 227, 285
Dodd, Thomas J.
assassinations and, 290–291, 294–295, 301
Jagusch and, 293
Kersten and, 227–228, 274, 285–286
Dostoyevsky, Fyodor, 318–319
double agents, 29, 36, 292
CIA and, 101–102
Lippolz as, 214–217
Mudryk and, 78
Dovzhenko, Alexander (Oleksandr), 49
Dr. No (movie), 233
Dräger, Siegfried. *See* Stashinsky, Bogdan
drones, 322
Drozdov, Viktor, 16
Dudaev, Dzhokhar, 321
Dulles, Allen, 81, 221, 227

Dulles, John Foster, xii, 226–227
Dzerzhinsky, Felix, 127

East Berlin
    Karlshorst in, 35, 100–102, 185
East German Committee for German Unity, 104
East German Information Agency (Allgemeiner Deutscher Nachrichtendienst), 102–103
East German Ministry of State Security (Stasi), 216–218, 292
East Germany
    border closure in, 194–196
    refugees from, 193, 232
Eastern bloc, 47, 187–188, 218
Eisenhower, Dwight, 126, 226
    on captive nations, 222–223
    Khrushchev and, 146
The Enchanted Desna (Dovzhenko), 49
English Garden, 40, 48
Erhard, Ludwig, 288
Erzgiessereistrasse (Munich), 65
Essen, Germany, 38–39
Exhibition of the Achievements of the Soviet Economy, 145

Fabrichnikov, Arkadii Andreevich (Avramenko), 119
    background on, 132
    Inge and, 138–139, 141–143, 145
Falkensee, 193–194
Fallada, Hans, 135–136
famine, 7, 57, 274
Federal Bureau of Investigation, US (FBI), 287, 299–300
Federal Court of Justice, West Germany (Bundesgerichtshof), 232–233
Federal Criminal Police Office, West Germany (Bundeskriminalamt) (BKA), 210–211, 260
Federal Intelligence Service. *See* West German Federal Intelligence Service
Federal Office for the Protection of the Constitution, West Germany (Bundesamt fur Verfassungsschutz) (Bf V), 71, 75, 210, 289
Federal Security Service, Russia (FSB), 322
Felfe, Heinz, 216–217, 219, 236–237
Fischer, Erwin, 236–237, 292
Fischer, Waldemar, 52
Fleming, Ian, xii, 316–317
Foreign Representation of the Supreme Ukrainian Liberation Council, 85, 94
Foreign Units of the Organization of Ukrainian Nationalists, 85, 88, 92
Franco, Francisco, 78
Frankfurt, 204–205
Frankfurter Allgemeine Zeitung, 76
Friedrichstadt-Palast, 120
FSB. *See* Federal Security Service
Fuchs, Adrian, 71, 148, 150, 260
    Banderites and, 151
    interrogations of witnesses and, 209–210

Gagarin, Yurii, 186
Gamse, Chaya, 67–68
Gamse, Melach, 67–68
Gehlen, Reinhard, 214, 277, 304
Gehlen Organization, 216–217
Geldenhuys, Mike (Colonel X), 304–306
Gerhardt. *See* Heidemann, Gerd
German Museum of Masterpieces of Science and Technology (Deutsches Museum), 1
Gestapo, 8, 22
Gesundbrunnen, 123, 195
Gibson, Robert W., 157
Globke, Hans, 214
Goebbels, Joseph, 136
Goleniewski, Michał, 205, 217
Golgotha Evangelical Church (Berlin), 142
Golitsyn, Anatolii, 304
Goncharov, Vadim, 201

Graver, William, 203
Great Ukrainian Famine (Holodomor) (1932–1933)
  deaths from, 7, 274
  nationalities after, 57
Gromyko, Andrei, 102
Grossmarkthalle, 70, 98
Grünwald Hotel, 38, 40
guerrilla warfare, 31, 83, 88, 115, 317
  by Banderites, 7–9
  See also Ukrainian Insurgent Army

Habsburg Empire, 164
Hahn, Ludwig, 294
Halan, Yaroslav
  assassination of, 6, 17, 20, 23–24, 242
  Bandera, S., and, 9–10
Hauptbahnhof (Munich), 51
Heidemann, Gerd (Gerhardt), 292–293
Heigel, Anton, 71
Herre, Heinz Danko (Herdahl), 89–92
Herter, Christian A., 102, 147
Hess, Rudolf, 71, 301
Heusinger, Bruno, 289–290
Hiss, Alger, 226–227
Hitler, Adolf, 8, 73–74, 158, 292
Hoffmann, Heinz, 195
Hofgarten, 51, 63
Holocaust, 88
  Nazi concentration camp survivors from, 8, 22, 67–68, 241, 247
  Nuremberg Trials on, 9–10, 228, 281
  See also Nazism
Hood, William, 81–82, 86
  on defection, 130, 204
  illegals and, 145–146
  Oswald and, 287
  poison and, 93
  visa for Stepan Bandera and, 87, 89–90
Höss, Rudolf, 294
Hotel Leningrad (Moscow), 119
Hotel Ukraine (Moscow), 56, 119
Hotel Wiesbaden (Munich), 65
House Committee on Education and Labor, 226
House Select Committee to Investigate Communist Aggression, 226, 228
Huber, Crescenzia, 259
Hungarian Revolution, 57–58
Husiak, Daria, 16–17

I Was Stalin's Agent (Krivitsky), 290
illegals, 145–146
Inge. *See* Stashinsky, Inge Pohl
Institute of Forensic Medicine at the Ludwig Maximilian University, 52, 70–73
International Women's Day, 141–142
International Workers' Day, 146
Iron Curtain, xii, 35, 132, 172
Isar River, 1
Ishchenko, Georgii (Georgii Avksentievich)
  Inge and, 141
  meetings with, 57–58, 60–61, 127
  orders from, 60–62, 253
  Serov and, 57–58
  Stalin and, 57
Ivanov, Sergei, 312

Jackson, Robert H., 228
Jagusch, Heinrich ("Judex"), 238, 258, 252–254, 263–264, 290, 293–294
  Dodd and, 293
  verdict of, 277–278, 280–281, 294
Jews, 88, 105, 147
  anti-Semitism against, 101, 103–104, 150
Joschi. *See* Stashinsky, Bogdan
"Judex." *See* Jagusch, Heinrich

Kaczor, Bronisław. *See* Stashinsky, Bogdan
Kaganovich, Lazar, 7
Karlshorst (Berlin), 35, 100–101, 102, 185
  See also KGB
Karlsplatz (Munich), 39, 48, 50–51
Karlsruhe, Germany, xiii
Kashuba, Ivan, 77, 79
  Korzhan and, 149–153
Keating, Kenneth, 285

Kennan, George, 223
Kennedy, John F., xii, 208, 223
  Adenauer and, 219–220
  assassination of, 287–289
  Kersten and, 226–227, 284
  Khrushchev and, 187–188, 286–287, 289
Kennedy, Robert, 227
Kersten, Charles J., 235
  background of, 226–227
  Dodd and, 227–228, 274, 285–286
  Kennedy, J. F., and, 226–227, 284
  trial and, 227–229, 273–275
KGB, xi, 115, 133, 313
  against Bandera, S., 102–103, 151
  disinformation from, 101–103, 117
  failures of, 200–202
  in Germany, 101
  headquarters of, 126–127
  Inge with, 122–123, 129–131, 141
  Korotkov and, 100–102
  Matviyeyko and, 96–99
  See also Shelepin, Aleksandr
Khokhlov, Nikolai, 307, 319
  defection of, 46
  poison for, 109–110, 321
Khrushchev, Nikita, xi
  assassinations and, 16, 53
  against Bandera, S., 8, 17, 113–114
  Beria and, 34, 114–115
  Cuba and, 202
  Eisenhower and, 146
  Kennedy, J. F., and, 187–188, 286–287, 289
  Kuk and, 115–116
  Nixon and, 140
  Sakharovsky and, 53
  Shelepin and, 116–118, 220
  Stalin and, 7, 10–11
  Sudoplatov and, 17, 34, 114
  in Ukraine, 6–7, 10–11
Klein, Julius, 295
Komsomol (Young Communist League), 10, 20–21, 310
Komsomol'skaia pravda (Truth of the Communist Youth League), 103
Konovalets, Yevhen
  assassination of, 12–15, 58, 114
Kordiuk, Bohdan, 235
Korolev, Sergei, 144
Korotkov, Aleksandr, 119–120, 168
  assassinations and, 108–110, 130
  as diplomat, 100–101
  KGB and, 100–102
  Shelepin and, 200
Korzhan, Michael (Mykhailo)
  CIA and, 148–153
Kovalsky, Mykola, 21
Kravchenko, Nikolai Nikolaevich, 132–133, 181
Krawciw, Nicholas, 299–300
Kreittmayrstrasse (Munich), 60, 62, 66
Kriminalpolizei. *See* Munich Kripo
Krivitsky, Walter, 290
Krokhin, Aleksei (Aleksei Alekseevich, Ognev), 124–125, 127, 145, 200–201
  background of, 119–120
Krylov, Aleksandr Antonovich. *See* Stashinsky, Bogdan
Krylova, Inga Fedorovna. *See* Stashinsky, Inge Pohl
Kuhn, Albin, 265–266, 271, 276, 280
Kuk, Vasyl (Lemish)
  Khrushchev and, 116
  Matviyeyko and, 28–30, 97
  MGB and, 28–29
Kupriienko, Ihor, 27–28
Kuzio, Taras, 311
Kyrychenko, Oleksii, 116

Laba, Ivan (Karmeliuk), 22–24, 163, 243–244
Landsberg Prison (West Germany), 292
Laves, Wolfgang, 71, 73–74, 148
le Carré, John (David Cornwell), xi, 203–204, 319, 322–323
Lebed, Mykola
  Bandera, S., and, 85, 87, 94–95, 149–152
  CIA and, 94
Lebensraum (living space), 8

Lehmann, Josef. *See* Stashinsky, Bogdan
Lehmann, Peter. *See* Stashinsky, Peter
Lenkavsky, Stepan, 243, 279–280
Life magazine, 229
Lippolz, Stefan, 214–217
Litvinenko, Aleksandr, 312, 321–322
Lodge, Henry Cabot, 158–159
Lopusnik, Bela, 234
Lozynskyj, Askold, 300
Lübke, Heinrich, 297
Ludwig Bridge (Munich), 1–2
Lukashevych, Ilarii, 20, 23
Lviv (Lwów, Lvov), 164
  massacres in, 103–105, 147, 150
Lviv Polytechnical Institute, 21

"M" (fictional character), 316–317
M16, 84–85
Maidan Square (Kyiv), 313
Mairanovsky, Grigorii, 15–16
Maisky. *See* Matviyeyko, Myron
Mak (Matviyeyko), Eugenia
  Bandera, S., with, 69–70, 95–96, 98, 151
Malenkov, Georgii, 7
Maloney, Arthur, 221–222
The Man with the Golden Gun (Fleming), xii, 316–317
Mao Zedong, 11
Marienstrasse (Berlin), 62
Markov, Georgi, 320
Martin, Ludwig, 288
Massmannplatz (Munich), 2
Matviyeyko, Eugenia. *See* Mak (Matviyeyko), Eugenia
Matviyeyko, Myron (Maisky, Moody, Smiley), 27, 85
  airdrop of, 28–30, 96
  Bandera, S., and, 28–29, 31–32, 77, 96–99, 150–151
  CIA and, 98–99
  cooperation of, 30–32
  escape of, 96–97
  KGB and, 96–99
  Korzhan and, 149
  Kuk and, 28–30, 97
  pardon of, 97
  radio game and, 31–32, 96
  Sudoplatov and, 30, 32
  See also Mak (Matviyeyko), Eugenia
Matysiakevych, Zenon, 21
Maximilian I (elector), 51
Melnyk, Andrii, 15, 58
MGB. *See* Ministry of State Security
MI6 (British military intelligence service), 29
  Bandera, S., and, 84–85
Midthun, Kermit S., 88
Miehr, Adolf, 235, 243, 259
  testimony of Stashinsky and, 261–262, 271
Mikhailovna, Elvira, 167
Ministry of State Security (MGB), 26–32
Molotov-Ribbentrop Pact, 6, 8, 114, 215
Moody. *See* Matviyeyko, Myron
Moore, Roger, 316
Moscow, 119, 143–144, 156–157, 159–160, 168–170
  Inge in, 138–140, 180
  Stashinsky's training in, 111–112, 130, 137, 156
Moscow State Pedagogical Institute of Foreign Languages (institute), 176–177, 183
Mosler, Hermann, 285
Motyl, Alexander, 311, 313
Mudryk, Stepan, 77–79
Mulka, Robert, 294
Munich, 38–41, 47–48
  refugees in, 82–83
Munich Kripo (Kriminalpolizei), 91, 99
  Bandera, S., and, 70–71
  Fuchs and, 71, 148, 150–151, 209–210, 260
  press release from, 72–73
Myskiw, Dmytro, 215–216

Nachtigall battalion, 103–105, 151
"Nadiychyn." *See* Bysaga, Ivan
National Alliance of Russian Solidarists, 109

National Bolshevik Party, 313
National Captive Nations Committee, 223
Nazi concentration camp survivors, 67–68
  from Auschwitz, 8, 22, 241, 247
Nazi military intelligence (Abwehr), 13, 16, 218
Nazism, 214, 278, 281, 295
  of Auschwitz criminals, 289–290, 294
  of Felfe, 216–217
  of Hitler, 8, 73–74, 158, 292
  Union of Persecutees of the Nazi Regime against, 103–104
Neues Deutschland, 103
Neuwirth, Hans, 225, 235, 256, 276
  on Rebet, L., 246–247
  Stashinsky's testimony and, 261, 266, 268
New America Foundation, 322
Ngo Dinh Diem, 307
Nikitchenko, Vitalii, 218
Ninovsky, Vasyl, 69–70
Nixon, Richard, 140, 226–227
NKVD (VChK, MGB, KGB), 57, 109, 114, 132
Norden, Albert, 104–105
North America, 222–223, 227, 299–300
  See also America
Nosenko, Yurii, 267–268, 298
Novocherkassk, 157–158
nuclear arms, 28, 287
  in Cuba, 233, 285–286, 289
Nuremberg Laws, 214
Nuremberg Trials, 9–10, 228, 281

Oberländer, Theodor
  Bandera, S., and, 102–105, 150, 216
  Nachtigall battalion and, 103–105, 150
  Stashinsky's trial and, 147, 251, 256
Oberle, Dr., 288
Office of Strategic Services, 81
Ognev. *See* Krokhin, Aleksei
Okolovich, Georgii, 109
Oleh. *See* Stashinsky, Bogdan
Order of the Red Banner of Valor, 110–111, 113, 127, 176, 183
Order of the Red Star, 201
Organization of Ukrainian Nationalists (OUN), 7–8, 84
  massacres by, 85
  at trial, 252, 279
  See also Bandera, Stepan; Konovalets, Yevhen; Rebet, Lev
Oswald, Lee Harvey, 287

Padoch, Jaroslav, 226, 235, 274–275, 279–280
Panama, 310
Patrushev, Nikolai, 322
Peace Corps, US, 209
Peck, Reginald, 277
Peter I (tsar), 164
Petrovsky, Hryhorii, 13
Philby, Kim, 29–31
Pius XII (pope), 10
Pohl, Fritz, 122, 135–136
Pohl, Fritz, Jr., 143, 191–195, 198
poison gun
  antidote to, 43–44, 48, 50–51, 63
  Damon and, 42–44
  firing of, 43, 50, 63, 65
  improvement on, 60, 62
Poland, 34, 82–83
Politburo (Moscow), 104, 302–303
  See also Presidium of the Central Committee of the Communist Party of the USSR
Popel, Stepan. *See* Bandera, Stepan
Popov, Petr, 82
Potsdam Conference, 34
Powers, Francis Gary, 146
Pravda, 126
Predators, 322
Presidium of the Supreme Soviet of the USSR, 113, 127
Progressive Conservatives (Canada), 222
Prykhodko, Natalia, 309–311
Putin, Vladimir, 312, 322

Radio Free Europe, 229
Radisson Royal Hotel (former Hotel Ukraina, Moscow), 56
Rauch, Joachim, 225, 262–263
Rebet, Andrii, 37–38, 49
  at trial, 235, 245–246, 273
Rebet, Daria, 37–38, 49–50, 52
  at trial, 235, 245–246, 272–273, 276
Rebet, Lev, 164
  assassination of, 45–51, 85, 246–250
  background of, 247
  Bysaga and, 37–38
  death of, 51–52
  residence of, 39–41
Rebet, Oksana, 37–38
Red Army, 8, 26, 91, 114, 132
Red Square (Moscow), 61, 186
refugees
  from East Germany, 193, 232
  in Munich, 82–83
Reinhardt, Max, 120
religion, 44, 172, 259, 318
  Golgotha Evangelical Church (Berlin), 142
  Ukrainian (Greek) Catholic Church, 10, 15–16, 39, 76
  See also Jews
Revenko, Major, 17
Romania, 228–229
Romzha, Teodor (bishop), 15–16
Rudenko, Roman, 96
Russian Orthodox Church, 10

Sakharov, Andrei, 302
Sakharovsky, Aleksandr, 53
Sannikov, Georgii, 198–200
Sarkisov, Sergei Bogdanovich, 143, 145, 159–160, 162, 165–166, 178
Savchenko, Sergei, 16
Schade, Frau, 174, 179
Schmidt, Hermann, 71–72
Schrubbers, Hubert, 289
Secret Service, US, 299
Seidel, Helmut, 236, 243, 259
  conclusion of, 275–276
  testimony and, 262
Semichastny, Vladimir, 20, 182, 303–304
Senate, US, xii
  hearings in, 285–289
  See also Congress, US
Senate Subcommittee on Internal Security, US, 285, 291
Serov, Ivan, 117, 200
  Ishchenko and, 57–58
Sheen, Fulton J., 226
Shelepin, Aleksandr, xi, 157, 182, 253
  Stashinsky's award from, 127, 220
  to Britain, 301–302
  Stashinsky's defection and, 173–175, 177, 310–311
  and Inge, 128
  Khrushchev and, 116–118, 220
  Korotkov and, 200
  Stasginsky's meeting with, 127–128
  removal of, 301
  testimony against, 253
Shorubalka, Ivan, 96
Shukhevych, Roman, 16–17, 29
Shukhevych, Yurii, 270
Shumsky, Oleksandr, 15–16
Siberia, 9
Sitnikovsky, Konstantin, 20–24, 239, 242
Skoropadsky, Danylo, 248–249
Skoropadsky, Pavlo, 248–249
Smiley. *See* Matviyeyko, Myron
Solzhenitsyn, Aleksandr, 302
South Africa
  BOSS in, 304–305
  counterinsurgency in, 307–308
  Geldenhuys of, 304–308
Soviet Army, 28
Soviet Russia Division, CIA, 94–95
Soviet secret police. *See* KGB
Spann, Wolfgang, 52, 71, 73
Sputnik, 126, 140, 144
The Spy Who Came in from the Cold (le Carré), xi, 319, 322–323
Stakhiv, Volodymyr, 275
Stakhur, Mykhailo (Stefan), 23–24, 242
Stalin, Joseph, 8, 33, 57, 117, 202, 290
  assassinations and, 13–16, 114–115
  Dulles, A., and, 81

Stalin, Joseph (*Continued*)
Khrushchev and, 7, 10–11
Petrovsky and, 13
Sudoplatov and, 12–14, 58
Stashinsky, Bogdan (Aeskewer 1; Budeit, Hans Joachim; Dräger, Siegfried; Joschi; Kaczor, Bronisław; Krylov, Aleksandr Antonovich; Lehmann, Josef; Oleh). *See specific topics*
Stashinsky, Inge Pohl (Inga Fedorovna Krylova), 120–121
abortion and, 165–166
CIA and, 174, 179
Damon and, 124, 134–135
defection and, 137, 171–175, 177–179, 219, 236–237, 268
divorce of, 292, 296, 306–307, 310–311
Fabrichnikov and, 138–139, 141–143, 145
family of, 122, 135–136, 143, 161, 165–166, 191–196, 198
with KGB, 122–123, 129–131, 141
pregnancy of, 165–166, 173–175, 177
Stasi and, 133, 311
See also Stashinsky, Peter
Stashinsky, Iryna, 19, 23–24, 163, 314
photograph of, 172–173
Stashinsky, Maria, 172–173, 314
underground and, 19–20, 22, 24
Stashinsky, Peter, 179–180, 192, 198, 307, 310–311
death of, 181–184, 189–190
Stashinsky, Petro, 18–19, 261
Stasi. *See* East German Ministry of State Security
Steele, John L., 229
Stefan. *See* Stakhur, Mykhailo
Steinstücken, 208–209
Stetsko, Yaroslav, 252, 256, 298–300, 301
Stevenson, Adlai E., 222–223
Stranek, Frau, 52
Strauss, Gerhi, 307
Strokach, Tymofii, 115
Sudoplatov, Pavel, 108
assassinations by, 14–15, 58
Khrushchev and, 17, 34, 114
Matviyeyko and, 30, 32
Stalin and, 12–14, 58
Sviatogorov, Aleksandr, 199–201
Svoboda (Freedom), political party, Ukraine, 314

Tempelhof Airport (Berlin), 36, 47
Titov, Gherman, 186–187
Transcarpathia, 37
Truman, Harry, 226
Truman Doctrine, 226

U-2, 146–147
UCCA. *See* Ukrainian Congress Committee of America
Ukraine
famine in, 7
independence of, 312
Khrushchev in, 6–7, 10–11
Ukraine nationalism, 18, 312–313
freedom fighters, 73–74
history of, 261–262
See also Bandera, Stepan; Rebet, Lev
Ukrainian (Greek) Catholic Church, 10, 15–16, 40, 76
Ukrainian Congress Committee of America (UCCA), 223, 227
Ukrainian Independentist, 37, 41
Ukrainian Insurgent Army, 8–10, 22, 270
MGB as, 26–27
Shukhevych and, 16–17
Ukrainians
in America, 223, 227, 299–300
in Canada, 222
Ulbricht, Walter, 188, 194, 203
Under Western Eyes (Conrad), 318–319
Union of Persecutees of the Nazi Regime, 103–104
United Nations, 126, 222, 285, 290, 300
"Uphill," 90
"Upswing," 90
US Army Counterintelligence Corps, (CIC), 83–84

van den Bergh, Hendrik, 305–306
van Straaten, Hanlie, 308
Vanhauer, Inspector, 210–211, 260
Vatican, 10, 16
Verhun, Osyp, 218
Villwok, Grete, 198
Villwok, Heinz, 196
Vitoshynsky, Borys, 242, 245
  on Stashinsky's testimony, 241, 244, 248, 251–252, 260–261
Volksdeutscher (ethnic German), 52, 121, 215
von Engelbrechten, Fritz, 246
von Hase, Karl-Günther, 281
Voroshilov, Kliment, 113, 127
Vorster, B. J., 305–306
Vuchetich, Yevgenii, 126

Waldfriedhof Cemetery, 75–76, 79–80
Warren Commission, xii
Warsaw, 139, 143–144, 169
Warsaw Pact, 187
Warsaw Uprising, 294
Weber, Dr., 215
West Berlin, 192–198
  evacuation from, 203–204
West German Federal Intelligence Service (Bundesnachrichtendienst) (BND), 103, 210, 304
  Bandera, S., and, 90–93, 217–218
West Germany, xi–xii
  anti-Semitism in, 101
  education in, 33
  sovereignty of, 281–282
  See also Oberländer, Theodor; West Berlin
Western Ukraine, 8–10
Winklmann, Magdalena, 67–68, 79
Wolf, Markus, 200
Wolff, Karl, 81

Yandarbiyev, Zelimkhan, 321
Yanukovych, Viktor, 313
The Yawning Heights (Zinoviev), 145
Yezhov, Nikolai, 12
Young Communist League (Komsomol), 10, 20–21, 310
Yushchenko, Viktor, 312, 321

Zander, Friedrich, 144
Zeppelinstrasse (Munich), 1–2, 62–64, 69
Zinkewych, Osyp, 300
Zinoviev, Aleksandr, 145

图书在版编目(CIP)数据

毒枪手：慕尼黑的秘密间谍 / （美）沙希利 · 浦洛基（Serhii Plokhy）著；李燕译. -- 北京：社会科学文献出版社，2020.7

书名原文：The Man with the Poison Gun：A Cold War Spy Story

ISBN 978 - 7 - 5201 - 5278 - 5

Ⅰ. ①毒… Ⅱ. ①沙… ②李… Ⅲ. ①间谍 - 情报活动 - 世界 Ⅳ. ①D536

中国版本图书馆 CIP 数据核字（2020）第 043159 号

毒枪手：慕尼黑的秘密间谍

著　　者 / ［美］沙希利 · 浦洛基（Serhii Plokhy）
译　　者 / 李　燕

出 版 人 / 谢寿光
组稿编辑 / 董风云
责任编辑 / 张金勇

出　　版 / 社会科学文献出版社 · 甲骨文工作室（分社）（010）59366527
地址：北京市北三环中路甲 29 号院华龙大厦　邮编：100029
网址：www. ssap. com. cn

发　　行 / 市场营销中心（010）59367081　59367083
印　　装 / 北京盛通印刷股份有限公司

规　　格 / 开　本：880mm × 1230mm　1/32
印　张：12. 375　字　数：279 千字

版　　次 / 2020 年 7 月第 1 版　2020 年 7 月第 1 次印刷
书　　号 / ISBN 978 - 7 - 5201 - 5278 - 5

著作权合同登记号 / 图字 01 - 2017 - 2361 号

定　　价 / 68. 00 元